Susanne Heine / Peter Pawlowsky
Die christliche Matrix

Susanne Heine
Peter Pawlowsky

Die christliche Matrix

*Eine Entdeckungsreise
in unsichtbare Welten*

Kösel

Für die Wiedergabe der Bibelstellen wurde, wo es vertretbar war, die Einheitsübersetzung herangezogen, wo nicht, auf die Zürcher Bibel zurückgegriffen, deren Übersetzung in vielem genauer ist. Wo es darüber hinaus notwendig erschien, haben wir eigene Übersetzungen verwendet. Um die Lesbarkeit des Textes zu erleichtern, haben wir auf eine durchgehende gendergerechte Ausdrucksweise verzichtet, jedoch an vielen wichtigen Stellen männliche und weibliche Formen nebeneinandergestellt.

Verlagsgruppe Random House FSC-DEU-0100
Das für dieses Buch verwendete FSC-zertifizierte Papier
Munken White liefert Arctic Paper Munkedals AB, Schweden.

Copyright © 2008 Kösel-Verlag, München,
in der Verlagsgruppe Random House GmbH
Druck und Bindung: GGP Media GmbH, Pößneck
Umschlag: Kaselow Design, München
Umschlagmotiv: © Getty Images/Susan Daboll
Printed in Germany
ISBN 978-3-466-36799-3

www.koesel.de

Inhalt

Ankündigung 9
Was Sie in diesem Buch zu lesen bekommen

HORIZONTERWEITERUNG 13
Rehabilitation des Unsichtbaren

Wozu Religion? 14
Eine Liste vorläufiger Antworten

   Dank und Bitte 15 – Projektion nach oben 16 – Frühe Religionskritik 17 – Tausch der Inhalte 19 – Quälgeist Bewusstsein 22 – Beziehungswesen Mensch 24 – Wozu Religion? 26

Die christliche Matrix 28
Existenz ohne Zufall

   Du bist gewollt 31 – Die erste Krise 32 – Du wirst begleitet 34 – Du bist nicht allein 36 – Die letzte Krise 37 – Du wirst erwartet 39 – Frieden schließen 41

Auf der Suche nach Worten 44
Spielregeln und Sprachspiele

Die Sache mit dem Turm 45 – Die zweite Sprache 46 – Missbrauch und Zerfall 48 – Die Wahrheit der Fiktion 50 – Eine gespaltene Welt 53 – Reden in Analogien 55 – Wiederentdeckung der Metapher 57 – Religion zur Sprache bringen 59

Schulen des Denkens 62
Wirklichkeit in Theorien

Filter im Kopf 63 – Ursachenforschung 65 – Was die Welt zusammenhält 67 – Sein und Sollen 70 – Dialog und Dialektik 72 – Dialektik der Liebe 74

WELTVERBESSERUNG 77
Göttlicher Nachholbedarf

Das programmierte Unheil 78
Über die Schwäche des Menschen

Jenseits von Eden 79 – Immunschwäche der Existenz 80 – Trennungen 83 – Missverständnis »Erbsünde« 84 – Der Konvertit Augustinus 86 – Im Licht der Vernunft 88

Verheißungen und Utopien 92
Ein Panoptikum der Weltverbesserer

Das Gesetz im Herzen 94 – Zeitwenden 95 – Utopische Politik 98 – Die Weisheit der Propheten 102

Zeiten der Ungeduld 105
Messianische Umtriebe

Anatomie eines Hexenkessels 106 – Propheten und Terroristen 109 – Nichts Genaues über Jesus 112 – Jenseits der Historie 114

Christus Jesus 117
Mehr als ein Prophet

Zeugnisse 118 – Der vollkommene Mensch? 119 – Gott in Christus 121 – In der Sprache der Metapher 124 – Mehr als ein Prophet 127 – Geboren von der Jungfrau 132 – Metaphern der Erlösung 134 – Hinter der Fassade 139 – Wozu das Kreuz? 142 – Conditio christiana 146

Spielarten der Liebe 149
Gott in Beziehung

Gottesgegenwart 151 – Beziehungslogik 153 – Liebe als Denkaufgabe 155 – Jesus kontra Christus? 157 – Jesus neu gelesen 160 – Absurdität des Leidens 163 – Im Netz der Matrix 166

LEBENSERWARTUNG 171
Kurze Wegbeschreibung

Hindernislauf 172
Von der jüdischen Sekte zur Weltreligion

Vom Pferd gefallen 172 – Geschichte einer Entfremdung 174 – Erste Hindernisse 177 – Ausbreitung und Verfolgung

178 – Das Kalkül des Konstantin 181 – Lernen aus der Geschichte? 182

Die dritte Sprache 185
Gesten, Riten, Liturgien

Kunst und Fest 186 – Wiederholung im Jahreskreis 188 – Einheit in vielen Formen 191 – Wirksame Zeichen 195 – Liturgie ist Gleichnis 196

Gewinn der Vielfalt 199
Religiöse Variationen

Zersplitterung und Ökumene 200 – Der Geist weht, wo er will 202 – Späte Bekehrung 204

So lebt der Mensch 207
Das Unsichtbare im Bild

Magritte malt eine Landschaft 208 – I 208 – II 208 – III 209 – IV 210 – V 211 – VI 212 – VII 214

Kleines Lexikon 216
Verzeichnis der biblischen Bücher 216
Namen, Sachen und Ereignisse 218

Quellenverzeichnis 247

ANKÜNDIGUNG
Was Sie in diesem Buch zu lesen bekommen

> All diese unbeachteten Dinge, die ans Licht kommen,
> lassen mich glauben, dass auch unser Glück
> von einem Rätsel abhängt,
> mit dem der Mensch verknüpft ist,
> und dass unsere einzige Aufgabe
> in dem Versuch besteht, dieses Rätsel zu begreifen.[1]
>
> *René Magritte*

Gebrauchsanweisungen sind eine besondere Art von Literatur. Sie müssen verständlich und unverständlich zugleich sein: Sie sollen aufklären, aber ebenso vermitteln, dass das Erzeugnis aufwendig, kompliziert, ja nahezu undurchschaubar und daher sein Geld wert ist. In einen Zwiespalt dieser Art haben sich Religionen mit großer Tradition manövrieren lassen. Sie neigen zur Verdichtung ihrer Aussagen in Formeln, die alles fassen wollen, obwohl sie nur aus ein paar Sätzen bestehen. Dadurch lesen sich Katechismen wie Lehrbücher der Mathematik: Alles ist klar, wer etwas anderes meint, hat sich verrechnet. Eingeweihte wissen sofort, was gemeint ist, aber andere Zeitgenossen mühen sich mit dem Kleingedruckten. Denn Formeln sind Konserven, sie sind lange haltbar, aber auch sie haben ein Ablaufdatum. Sie müssen aufgemacht, aufgekocht, umgefüllt werden, ihr Geschmack verändert sich im Lauf der Jahrhunderte und manche werden ungenießbar.

Die Religionen sind in einer Lage, die sie bisher nicht kannten. Die Globalisierung öffnet auch den Markt der Weltanschauungen, auf dem sich heute jedermann und jedefrau bedienen kann. Konkurrenz ist angesagt, die alles billiger macht. Die alten, klaren Formeln reden in einer Fremdsprache gegen leicht gängige Vereinfachungen. Bücher in verschiedener Tonlage versuchen, das Christentum dem säkularen Verständnis schmackhaft zu machen und ihm eine Stimme im Konzert des Weltethos zu geben. Gegen ein allseits kompatibles Christentum erhebt sich auf der anderen Seite fundamentalistischer Widerspruch. Dazwischen bleibt auf der Strecke, was das christliche Weltverständnis an Lebenskraft und Daseinsbewältigung leisten kann, wenn es nicht im Streit der Parteien verzerrt wird.

Was Sie in diesem Buch zu lesen bekommen, ist eine Wegbeschreibung in überschaubaren Etappen. Die Landschaft des Christentums ist reizvoll und abwechslungsreich, wir meiden die Direttissima, scheuen Umwege nicht und nehmen Steilstücke in Serpentinen. Für Proviant ist gesorgt, alte Vorräte werden frisch zubereitet. Die Etappengliederung erlaubt, Abkürzungen zu gehen, ein Wegstück auszulassen und später nachzuholen oder die umgekehrte Richtung einzuschlagen. Ein Sprachführer für Reiselustige in ein unbekanntes Land muss viele Details beschreiben, um Orientierung zu geben, sollte aber die Entdeckerfreude der Reisenden nicht behindern. Unterwegs können sich an jeder Ecke, hinter jedem Wort und jedem Bild überraschende Aussichten eröffnen, kann ein Stück der uns umgebenden unsichtbaren Welt, die so leicht übersehen wird, sichtbar werden.

Die Reise hält manches Abenteuer im Kopf bereit; wir treten sie ohne Denkverbote an und muten auch unseren

Lesern und Leserinnen nicht zu, den Kopf in der Garderobe abzugeben. Wir erforschen die Welt im Ganzen, und das heißt: einschließlich jener Zonen, die sich der landläufigen Vermessung entziehen, aber dem genauen Nachdenken und der angemessenen Sprache zugänglich sind. Wir zeichnen eine Landkarte des Christentums und laden Sie ein, mit dieser Karte in der Hand auf Entdeckungsreise zu gehen, wenn Sie wissen wollen, wie das Christentum »tickt«.

Horizonterweiterung

Rehabilitation des Unsichtbaren

»Das Ganze ist das Unwahre«[2] – der lapidare Satz des Theodor Adorno. Wo immer eine Idee, eine Politik, ein Lebenswerk ein Ganzes sein oder herstellen wollte, wurde dieses vermeintliche Ganze unwahr und schließlich überheblich und totalitär. Die sichtbare Welt ist ein Fragment; wenn sie ganz sein will, wird sie gefährlich. Die unsichtbare Welt geht ihr ab. Dagegen Goethe: »Glaube ist Liebe zum Unsichtbaren, Vertrauen aufs Unmögliche, Unwahrscheinliche«[3]. Verbunden mit der unsichtbaren Welt wächst die sichtbare zu einem Ganzen zusammen. Erst dieses ungeteilte Ganze ist das Wahre.

WOZU RELIGION?

Eine Liste vorläufiger Antworten

> Was haben die Religionen für eine Zukunft?
> Ich glaube, Ihnen darauf antworten zu müssen,
> dass es sich weniger
> um eine Frage des Glaubens an Gott
> als um den Glauben an den Menschen handelt.[4]
>
> *Kardinal Franz König*

Wie kommen Menschen dazu, eine unsichtbare Welt mit mächtigen höheren Instanzen anzunehmen, von Göttern oder Gott zu reden? Darüber wurden zahllose Theorien entwickelt, die zwischen der Würdigung von Religion und ihrer Ablehnung schwanken, sie entweder als unerlässliches Element menschlichen Lebens ansehen oder für eine Krankheit halten. Nachdem der letzte Staatsatheismus mit dem Zerfall der Sowjetunion Schiffbruch erlitten hat, formiert sich gerade eine neue Spielart des Atheismus. Mehrere Bestseller enthüllen als neue Erkenntnis, was die Religionskritik seit eh und je vertreten hat: Sie bestehen auf der Unsinnigkeit und Vernunftwidrigkeit von Religion, sie bündeln die Schrecken und Grausamkeiten der Religionsgeschichte zu einer Beweiskette und kommen zum Schluss, es handle sich bei Religion um einen Gotteswahn[5], denn »die Religion vergiftet alles«[6]. Diese neue Religionskritik wird mit missionarischem Eifer vorgetragen. Könnte es sein, dass darin eine gewisse Hilflosigkeit zum Ausdruck kommt, weil sich Religion auch von allen bisherigen Angriffen immer wieder erholt hat, obwohl viele Vorwürfe keineswegs aus der Luft gegriffen sind? Die außerordentliche Beständigkeit des menschheitsgeschichtlichen »Unheils« Religion muss Ursachen haben, die von ihren Gegnern offenbar nicht beseitigt werden können.

Dank und Bitte

Eine der gängigsten Erklärungen dafür heißt im Fachjargon »Kontingenzbewältigung«: Der mit Bewusstsein begabte Mensch musste seit frühester Zeit einsehen, wie begrenzt seine Fähigkeiten waren. Alles schien kontingent, zufällig, nämlich auf unerklärliche Weise geschenkt oder genommen, und ist es bis heute: das eigene Leben, Herkunft, Familie und Sprache, die Kinder, die Natur, von der man lebt, Gesundheit, Krankheit und Tod. Das Verhältnis zwischen all dem, was man selbst gestalten kann, und dem, was einem ohne eigenes Zutun gegeben oder genommen wird, war nie eine Stütze des Selbstbewusstseins. Zwar sind wir inzwischen stolz auf die Errungenschaften der Zivilisation, aber Leben und Tod sind immer noch unverfügbar. Um damit zurechtzukommen und das Leben trotzdem zu bewältigen, sei Religion entstanden. Ein erster Schritt dazu ist der Umgang mit all dem, was nicht beeinflussbar ist, indem darum gebeten und dafür gedankt wird. Bitte und Dank richten sich an jene unbekannten, unsichtbaren, unbegreiflichen Instanzen, die das Unverfügbare geben und nehmen, weil es dem Menschen schwer erträglich ist, in einem Universum des blinden Zufalls zu leben. Um Zugänge zu diesen Instanzen zu finden, wurden Bitte und Dank zu Gebeten, Riten und Opfern. Frühe Adressaten der Verehrung waren die verstorbenen Mitglieder des Stammes, die Ahnen. Indem sie nicht einfach als ausgelöscht, sondern nur in eine andere Welt versetzt begriffen wurden, konnte man sich des Schutzes ihrer Solidarität versichern und die eigene kurze Existenz in die Abfolge der Generationen hinein verlängern. Nichts anderes tun übrigens bis heute Aristokraten, die auf ihre langen Stammbäume stolz sind.

Projektion nach oben

Nun können Hypothesen aufgestellt werden, wie spätere Gottesvorstellungen entstanden sind und ob es darin eine erklärbare Entwicklung gibt. Es ist naheliegend, Projektionen vom Sichtbaren ins Unsichtbare, von der sozialen Ordnung auf die Ordnung des Himmels anzunehmen. Schon in den alten Kulturen Ägyptens und Mesopotamiens bevölkern Götter und Göttinnen den vorgestellten Himmel und sind für bestimmte Ereignisse, Begabungen und Bedürfnisse zuständig. Ebenso zeichnen die griechischen, römischen oder germanischen Mythologien das jenseitige Universum; die Namen wechseln, aber Struktur und Aufgabengebiete entsprechen überall den Knotenpunkten menschlicher Lebenserfahrung. Daher werden auch die unerklärlichen Widersprüche und Konflikte des Lebens den Kompetenzstreitigkeiten in der Götterwelt angelastet und erfordern gemäß der ordnenden Vernunft des Menschen eine himmlische Hierarchie.

Dabei könnten politische Entwicklungen eine Rolle spielen. Familien und Stämme wurden zu größeren Einheiten zusammengeschlossen, die ersten Großreiche entstanden; analog zu den sich organisierenden Gesellschaften werden nun untere und obere, Halb- und Ganzgötter einer höchsten Gottheit zugeordnet und familiäre Stammbäume geschaffen, mythische Eifersuchts- und Liebesszenen erdacht. So weit kann Religion als Abbild irdischer Zustände verstanden werden. Nicht anders als im wirklichen Leben geht es nach diesen Vorstellungen im Himmel zu, nur dass den unsichtbaren Protagonisten dieses Theaters Unsterblichkeit zugeschrieben wird.

Frühe Religionskritik

Gegen allzu menschliche Projektionen »nach oben« wandte sich schon eine antike Religionskritik. Kritias, einer der missratenen Schüler des Sokrates, meinte, dass ein kluger Mann die allwissenden Götter erfunden habe, die die geheimsten Gedanken der Menschen durchschauen, ihnen Angst machen und sie damit bei der Stange des Gehorsams gegenüber der Obrigkeit halten. Kritias hatte keine Skrupel, eine Gewaltherrschaft über Athen aufzurichten, die allerdings nur ein Jahr dauerte. Ganz anders sein Lehrer Sokrates. Auch ihm bedeuteten die Staatsgötter Athens nicht mehr viel, obwohl er sich an den üblichen Riten beteiligte. Wichtiger als die Religion war ihm die Rechtsstaatlichkeit: Er forderte, dass unter jeder Regierungsform das Recht gewahrt bleiben muss. Für seine Verurteilung waren daher politische Motive ausschlaggebend, angeklagt und zum Tod verurteilt wurde er jedoch als Atheist, der die Jugend verdirbt. In seiner Verteidigungsrede wies er den Vorwurf zurück und erklärte, dass er stets auf sein »Daimonion« höre, eine innere Stimme, die Stimme des Gottes gegen Übergriffe des Staates, eines Gottes, den er jeweils in der Einzahl apostrophiert. Auch das ist eine Form der Religionskritik, da mit dem nach innen verlagerten Gott der Mensch im Mittelpunkt steht. Im Jahre 399 v.Chr. musste

Sokrates den Becher mit giftigem Schierlingssaft trinken.

Schon zwei Jahrhunderte früher hatte sich in Israel ein anderes Paradigma durchgesetzt: Den Glauben der Israeliten an den einen einzigen Gott Jahwe verlegt das Alte Testament zwar schon in früheste Zeiten; aber es berichtet zugleich, wie lange sich die Vorstellung von vielerlei Göttern gehalten hat. Die Einflüsse der Umwelt waren nicht auszuschalten, die ausländischen Frauen in den Harems der Könige brachten fremde Götter und Riten ins Land. Die großen Propheten, darunter Elija, Jesaja und Jeremia, waren die biblischen Religionskritiker, die den Götterhimmel entvölkerten und den Glauben an den einen Gott propagierten, der sich klar von all den Himmlischen unterschied, die ansonsten die antike Vorstellungswelt besetzt hielten.

Erst als die Israeliten keinen eigenen Staat mehr hatten und ihre Oberschicht 586 v.Chr. ins babylonische Exil verschleppt worden war, hatte der Eingottglaube seinen definitiven Durchbruch. Der Gott Israels war ein unsichtbarer Gott, der nicht abgebildet werden durfte. Daher ist es zweifelhaft, ob sich frühere Ansätze eines Eingottglaubens mit der Entwicklung in Israel vergleichen lassen. Im 14. Jahrhundert v.Chr. konzentrierte der ägyptische Pharao Amenophis IV. (Echnaton) den Kult auf die Verehrung des Sonnengottes Aton, was aber mit dem Tod des Pharaos schon wieder zu Ende ging. Viel später vertrat der persische Priester Zarathustra den Glauben an den einen Gott Ahura Mazda, aber diese Art von Monotheismus unterscheidet sich ebenfalls in vielem von dem einen Gott, von dem geglaubt wurde, dass er die Geschichte Israels lenke.

Tausch der Inhalte

Somit stellt sich Religion in der Außensicht als Mittel für vielfältige Zwecke dar, die in den Hauptzweck münden, das individuelle Leben sowie das gesellschaftliche System trotz unverfügbarer Erschütterungen stabil zu halten. Geht man mit dem Soziologen Niklas Luhmann davon aus, dass es sich dabei um eine spezifische Funktion handelt, dann ergibt sich, dass Religion durch nichts anderes als wieder durch Religion ersetzt werden kann, also durch etwas, das Merkmale des Religiösen trägt.[7] Dazu gehört als entscheidendes Element die Annahme einer unsichtbaren Welt, die die sichtbare umfasst und in der selbsttätige Kräfte am Werk sind. Das ist eine formale, inhaltsfreie Bestimmung, die sich dann mit ganz verschiedenen Inhalten füllen lässt. Läuft sich der eine Inhalt tot, wird er durch einen anderen ersetzt. Seit dem 18. Jahrhundert ist dieser wiederholte Wechsel ein Element jener Verwirrungen, die die europäische Geschichte bestimmen.

Ab der Zeit des nachexilischen Judentums gegen Ende des sechsten Jahrhunderts v.Chr. war die Karriere des Eingottglaubens im Kulturkreis des Nahen Ostens und Europas nicht mehr aufzuhalten. Er setzte sich im Christentum und im Islam durch und wurde erst in der europäischen Aufklärung des 18. und 19. Jahrhunderts mit einer neuen radikalen Religionskritik konfrontiert. Die religiösen Institutionen und ihre Vertreter lieferten dafür ausreichende Anlässe. Verwicklungen der Kirchen in die feudalistische Politik Europas und das Jahrhunderte währende Bildungsmonopol des Klerus hatten zu einer unerträglichen Bevormundung und Ausbeutung der Menschen geführt. Die Reformation des 16. Jahrhunderts hatte durch die Schwerfälligkeit der römischen Kirche eine

Spaltung zur Folge, die von den Reformatoren zunächst nicht beabsichtigt war. Die darauf folgenden Kriege, mit denen Machtansprüche unter den Fahnen der gegnerischen Konfessionen ausgetragen wurden, haben Europa für Jahrhunderte in ein blutiges Schlachtfeld verwandelt. Der Osten Europas war schon seit dem Schisma von 1054 ein entfremdeter Erdteil.

Der Tausch der Inhalte hatte zunächst im Wechsel der Konfessionen bestanden. Das änderte sich nun. Die Religionskriege seit der Reformation, schon früher die Kreuzzüge (11.–14. Jh.) und die immer wieder aufflammenden Auseinandersetzungen mit dem Islam legten den Gedanken nahe, dass Friede und Menschenwürde nur ohne und gegen die Religionen garantiert werden können. Die europäische Aufklärung (anders als die amerikanische) musste daher aus politisch-historischen Gründen religionsfeindlich sein. Die Französische Revolution erhob die Vernunft zu göttlichen Ehren und feierte sie mit Riten, die der christlichen Liturgie entlehnt waren. Dieser Kritik an Religion überhaupt stand eine innerreligiöse Kritik gegenüber, die zu schweren Verwerfungen innerhalb der etablierten Kirchen, insbesondere der römisch-katholischen führte. In das landläufige Gottesbild des einen und einzigen Gottes waren längst wieder allzu menschliche Züge eingetragen worden, die den einen Gott zwar nicht mit Göttern, aber mit zahllosen Heiligen umgaben, die für verschiedene Anliegen zuständig waren und von denen manche, insbesondere Maria, die Mutter Jesu, bis heute fast göttliche Verehrung genießen. Man könnte von einer heimlichen Rückkehr des alten Polytheismus sprechen, der sich in Elementen und Denkweisen – mindestens des Volksglaubens – in den christlichen Monotheismus eingeschlichen hatte.

So waren wie schon in der Antike unterschiedliche Motive für eine grundsätzliche Religionskritik zusammengekommen. Wieder wurde Religion als menschliche Projektion entlarvt. Ludwig Feuerbach rechnete damit ab, Sigmund Freud erklärte das zur Illusion. Friedrich Nietzsche stellte Gott den Totenschein aus. In einem späten Nachklang folgte auch die innerreligiöse Kritik mit einer »Gott ist tot«-Theologie des 20. Jahrhunderts, die die Stellvertretung Gottes durch den Menschen verlangt. Von Gott sei lange genug erwartet worden, etwas für uns zu tun; nun sei es an der Zeit, etwas für Gott zu tun.[8]

Die traditionellen Religionen haben politisch abgedankt und eine Leerstelle hinterlassen, die von den Ideologien des 20. Jahrhunderts ausgefüllt wurde. Das war der gefährlichste und im großen Stil Menschen mordende Inhaltstausch. Die vorgeblich religionslosen Systeme statteten sich ihrerseits mit religiösen Allüren aus, verehrten ihre Diktatoren – von Hitler über Stalin und Mao Tsetung bis Pol Poth – wie gottgleiche Heroen und waren alles andere als Verteidiger des Friedens und der Menschenwürde. Aufklärung und Religionskritik hatten das Kind mit dem Bade ausgeschüttet und ausgeblendet, dass zwar Missbräuche unübersehbar waren, sich Religion aber nicht einfach beseitigen lässt. Heute verlieren die Kirchen nach und nach ihre Mitglieder; aber das religiöse Interesse verschwindet nicht, sondern kleidet sich neu ein. Den großen religionsfeindlichen säkularen Entwürfen stehen viele ebenso skeptisch gegenüber wie den überlieferten religiösen Systemen. Wieder werden die Inhalte getauscht, diesmal durch das Interesse für östliche Weisheit und die freien Formen der Esoterik, individuell gelebt oder in unabhängigen Gemeinschaften ohne verbindliche institutionelle Organisation.

Nicht einmal die hohe technische Zivilisation samt erfolgreicher Medizin und sozialer Fürsorge – wie es sie ohnedies nur in einem kleinen Teil der Welt gibt – ist imstande, eine so endgültige Sicherheit zu bieten, dass man die Unverfügbarkeiten des Daseins vergessen könnte. Leben, Liebe und Tod entziehen sich der Planung, und die alte religiöse Reaktion auf diese schwer erträgliche Tatsache äußert sich immer noch in Bitte und Dank. An wen freilich, ist fraglich geworden. »Woran du nun dein Herz hängst und worauf du dich verlässt, das ist dein Gott«, sagte Martin Luther.⁹ Der Adressat hat sein scheinbar eindeutiges Gesicht verloren, verbirgt sich hinter vielen Masken und bleibt dennoch ein anscheinend unverzichtbares Gegenüber.

Quälgeist Bewusstsein

Der Weg vom Polytheismus zum Monotheismus wird durchaus verschieden beurteilt – als Aufstieg und Fortschritt oder als bedauerlicher Verlust von Vielfalt und Toleranz. Tatsächlich gibt es Gründe, den Monotheismus, wo er sich mit politischer Macht verbündet hat, für Intoleranz und Gewalttätigkeit verantwortlich zu machen. Ein Monotheismus, der ein autokratisches Gottesbild pflegt und davon kurzschlüssig die Legitimation monokratischer politischer Systeme ableitet, verliert schnell sein menschenfreundliches Gesicht. Und obwohl auch das Christentum im Laufe seiner Geschichte immer wieder in diese Falle gegangen ist, widerspricht ein solcher Kurzschluss dem christlichen Bild des dreieinigen Gottes.

Damit ist noch einmal das Grundproblem genannt. Wozu Religion gut ist, entscheidet sich an der Frage, wieweit sie den Menschen vor Gewalt und Intoleranz schützt oder ihn im Gegenteil entmündigt und einem autoritären System unterwirft; wieweit sie eine konstruktive Hilfe für ein gelingendes Leben darstellt oder nur ein Narkotikum, um zu ertragen, was nicht zu ändern ist: der religiöse Mensch ein Drogensüchtiger, der – so Karl Marx – vom »Opium des Volkes« entwöhnt werden sollte. Da aber Religion sich nicht vertreiben lässt, sondern immer nur durch andere Inhalte gefüllt wird, kann die Frage nach ihrer Herkunft nicht nur historisch und soziologisch gestellt werden; auch die Psychologie ist zuständig. Die Entstehung und Veränderung von religiösen Vorstellungen schlägt sich in den Schriften und Traditionen der Religionen nieder; immer ist es aber auch eine individuelle Seelengeschichte, die solche Vorstellungen in den Menschen hervorbringt.

Das Bewusstsein als Fähigkeit des Menschen, seine Lage zu überblicken und sie anders zu wünschen, macht seine erschreckende Situation klar: Drastisch schildert der amerikanische Psychologe Ernest Becker das menschliche Dasein aus biologischer Perspektive: »Das Leben auf diesem Planeten ist ein blutrünstiges Spektakel, ein Science-Fiction-Albtraum, in dem Verdauungsorgane, an einem Ende mit Zähnen ausgestattet, jedes Fleisch wegreißen, dessen sie habhaft werden können, und die am anderen Ende aggressive exkrementale Abgänge auftürmen.« Aber der Mensch »ist ein Organismus, der weiß« und dadurch vor allem weiß, dass er sterben wird.[10] Für Becker bedeutet es einen Angriff auf die Selbstachtung, von der Natur nicht als einmaliges Individuum wahrgenommen zu werden und schließlich in einem Nichts verloren zu gehen. Um angesichts dieser natürlichen Schieflage zu einer Selbstachtung zu kommen, würde die Sehnsucht danach entstehen, etwas zu zählen, nicht ohne Sinn auf diesem Planeten gelebt, gearbeitet, gelitten zu haben und gestorben zu sein.

In einer Geschichte der Chassidim wird der Umgang mit diesem Zwiespalt handgreiflich. Da rät ein Rabbi seinem Schüler, in einer Rocktasche einen Zettel mitzuführen, auf dem steht: »Meinetwegen wurde die Welt erschaffen«, und in der anderen Tasche einen mit dem Text: »Ich bin nur Staub und Asche«; weise sein heißt, im rechten Augenblick den einen oder den anderen Zettel hervorzuziehen.[11]

Beziehungswesen Mensch

Von ihrem ersten Atemzug an sind Menschen darauf angewiesen, irgendeine Bedeutung zu haben. Sie leben davon, dass sie wahrgenommen werden, dass sie einander etwas bedeuten, und dass das Dasein in dieser Welt ihnen etwas bedeutet. Lange bevor ein Kind sprechen kann, erfährt es aus der Zuwendung der Erwachsenen, ob es willkommen ist oder als Zufall oder gar als Unfall betrachtet wird, es erfährt sich geborgen oder ausgesetzt und knüpft an diese emotionale Befindlichkeit Wünsche und Fantasien. So werden Selbstverständnis und Identität des Menschen geprägt, sein Gefühl dafür, was er in der Welt bedeutet und welche Haltung die Welt ihm entgegenbringt – eine liebevolle oder feindliche, eine bergende oder mahnende, eine lobende oder strafende. Aus diesem Grundgefühl des In-der-Welt-Seins wächst die Beziehung des Kindes zuerst zu seiner Umwelt, dann zum Weltganzen. Wenn es so weit ist, stehen wir an der Schwelle von Religion, denn Religionen sind holistische Vorstellungswelten und bieten für das Sinnbedürfnis und den Wunsch nach einer umfassenden Weltsicht ihre Inhalte an. Hier ist auch psychologisch gesehen der Ort der Entstehung von Gottesbildern, weil sich das Weltganze – so wenigstens in den monotheistischen Religionen – in der Gestalt eines handelnden Gottes personifiziert.

Die argentinische Religionspsychologin Ana-Maria Rizzuto hat sich mit der Frage der Gottesbilder in der Seele des Menschen beschäftigt. Es ist übrigens bemerkenswert, wie sie auf ihr Thema gestoßen ist. Zur Zeit des Zweiten Vatikanischen Konzils 1963 bat sie der Dekan des päpstlichen Seminars von Cordoba in Argentinien, den Priesterstudenten Möglichkeiten einer persönlichen Gottesbeziehung zu eröffnen, weil dafür das traditionelle Studium der Dogmatik nutzlos sei.[12]

Rizzuto zeigt, wie die Gestalt späterer Gottesbilder in der frühen Kindheit vorbereitet wird: Wie eindringlich eine Religion auch durch die verschiedenen religiösen Institutionen gelehrt wird, ohne die Grundlage von Beziehungserfahrungen bleibt sie angelernt. Das Angelernte lässt einen Menschen so lange innerlich kalt, als es nicht mit Gefühlen, Erinnerungen und inneren Bildern aus der Kindheitsgeschichte verbunden wird. Wer tief genug in sich selbst hineinschaut, weiß sehr gut, dass das persönliche Gottesbild die Farbe der eigenen emotionalen Herkunft trägt. Angst oder Liebe oder die Blässe unerreichbarer Distanz führen den Pinsel der Erfahrungen und malen die innere Ikone Gottes. Die Seele ist zwar beharrend, aber zugleich lebendig. Um sie zu verändern, braucht es neue Begegnungen, die imstande sind, frühere Beziehungserfahrungen zu löschen oder zu transformieren. Denn der Mensch ist ein Beziehungswesen.

Wozu Religion?

Alle Antworten auf diese Frage bleiben zwiespältig. Denn im Grunde beziehen sich alle historischen, soziologischen und psychologischen Erklärungsversuche auf den Menschen als ein mangelhaftes Wesen, auf Schwäche und Begrenztheit, die mit Fantasien und Projektionen erträglich gemacht werden. Sogar die Einsicht, dass der Mensch ein Beziehungswesen ist, kann als Mangel an Autonomie ausgelegt werden. Offenbar ist der Mensch allein nicht lebensfähig, schon von Anfang an als »physiologische Frühgeburt«, später bei erwachender Sexualität und überhaupt im Bedürfnis nach Beheimatung in Gemeinschaft. Geht man von einem Idealbild des in jeder Hinsicht unabhängigen Menschen aus, dann muss das alles als bedauerliche Schwäche erscheinen. Ein solches Idealbild ist aber leicht als unrealistisches und unmenschliches Traumbild zu entlarven. Religion nimmt den Menschen wahr, wie er ist, und verlangt nicht, dass er sein Bedürfnis nach Verbundenheit mit anderen in einer heroischen Geste über Bord wirft. Dass der Mensch ein Beziehungswesen ist, sagt die Religion, bedeutet keine Schwäche, sondern eine Chance.

Aber der unaufgebbare Wunsch nach Gemeinsamkeit findet in allen Lebenserfahrungen nur bruchstückhaft und vorübergehend Erfüllung. Über die Würdigung dieses Wunsches hinaus geben Religionen je nach ihrem besonderen Inhalt konkrete Antworten. Wer oder was tritt der Beziehungsbedürftigkeit des Menschen gegenüber? Was bleibt, wenn Menschen tatsächlich allein sind? Gibt es eine Instanz, die noch ansprechbar ist, wenn alles andere versagt? Ist da jemand, wenn niemand mehr da ist? Religion mag so oder so entstanden sein, historisch, gesellschaftlich, oder in der Seele diese oder jene Gestalt annehmen; wozu sie gut ist, wird sich an ihrer wirksamen Gegenwart entscheiden. Damit kommt aber eine andere Ebene der Wahrnehmung ins Spiel. Nur in der Beziehung zu bestimmten religiösen Inhalten kann sich erweisen, was Religion für den Menschen bringt. Einer davon, dem Christentum, gilt die Entdeckungsreise dieses Buches.

DIE CHRISTLICHE MATRIX

Existenz ohne Zufall

> Mir haben sich die Geheimnisse des Glaubens zu einer erhabenen Allegorie verdichtet, die über den Feldern meines Lebens steht wie ein leuchtender Regenbogen.[13]
>
> *Hugo von Hofmannsthal*

Was immer eine Reise an Überraschungen bereithält, so tritt man sie doch nicht planlos an. Ein Überblick ist nötig, ein Entwurf für den Ablauf, in den die wichtigsten Routen und Stationen eingezeichnet sind. Was im Einzelnen Schritt für Schritt erobert wird, folgt einer Skizze, die zusammenfasst, was bevorsteht. Wir nennen sie Matrix. Das kann vielerlei bedeuten und hat doch einen gemeinsamen Nenner.

»Matrix« – so heißt eine Firma, die Produkte für Haarpflege verkauft. Die Matrix der Finger- und Fußnägel sitzt oberhalb des Nagelmondes und bildet die Zellen, aus denen die Nägel nachwachsen. Auch das Material von Verbundwerkstoffen, in das andere Stoffe eingebettet sind, wird Matrix genannt. In der Chemie meint Matrix diejenigen Bestandteile einer Probe, die nicht analysiert werden. In allen Fällen handelt es sich um eine Grundsubstanz, um etwas Grundlegendes, Ursprüngliches; im Wort Matrix versteckt sich nicht zufällig das lateinische Wort für Mutter *(mater)*. Wenn sich eine Firma den Namen Matrix gibt, will sie damit wohl signalisieren, dass ihre Produkte gegenüber allen anderen grundlegend und unverzichtbar sind.

Die christliche Matrix 29

»Matrix« heißt auch eine Disco in Berlin, wohl in Anspielung an den gleichnamigen Kultfilm, der in das Netzuniversum, in die unsichtbaren Interaktionen im Internet entführt, aber auch in die Welt von Mythologie und Religion. Hier ist die Matrix eine geheimnisvolle Aktivität, die Menschen als Energielieferanten für eine künstliche Intelligenz benutzt, ohne dass sie es wissen. Aber es gibt eine Widerstandsbewegung unter der Leitung eines gewissen Morpheus, der sich den Helden Neo engagiert: »Ich will dir sagen, wieso du hier bist. Du bist hier, weil du etwas weißt. Etwas, das du nicht erklären kannst. Aber du fühlst es. Du fühlst es schon dein ganzes Leben lang, dass mit der Welt etwas nicht stimmt. Du weißt nicht was, aber es ist da.« Diese Matrix ist das Gesetz der Welt, eine gefährliche unsichtbare Struktur hinter den sichtbaren Dingen, die abgewehrt werden muss. Dagegen steht die verborgene Logik der christlichen Matrix, die einen anderen Zusammenhang schafft: Sie ist »ein helles Gitter der Logik«, das sich über der wirren Vielfalt des Lebens ausbreitet.[14]

Hinter allen Religionen steht eine Matrix, eine unsichtbare Struktur, in die die sichtbaren Dinge wie in ein Netz eingehängt sind; und alle haben ihre jeweilige Logik. Sie sind holistische Systeme, weil sie die Welt im Ganzen umfassen, und zum Ganzen gehört auch das Unsichtbare. Religionen geben sich nicht mit Tatsachen zufrieden, weil auch die Menschen sich damit nicht zufriedengeben, auch wenn sie nur fühlen, was sie nicht erklären können, wie Morpheus sagt. So ist es kein Wunder, dass im Rücken einer von Naturwissenschaft und Technik dominierten Welt, in der Fakten und Beweise zählen, Science-Fiction-Szenarien blühen.

Jede Religion bildet eine Welt von Bedeutsamkeit, die ihren Anker dort auswirft, wo Menschen als bewusste Lebewesen vor drei wesentlichen Rätseln stehen: Wenn die Welt, wie wir sie kennen, nicht im leeren Raum schwebt, worin ist sie dann eingebettet? Wenn diese Welt von so viel Leid durchzogen ist, was kann helfen, es zu überwinden? Und wenn der Tod die Welt regiert, wofür können wir dann leben? Solche Fragen stellen sich nicht jeden Tag, der seine Routine verlangt, aber manchmal in nachdenklicher Stimmung oder im Halbschlaf oder dann, wenn wir mit schicksalhaften persönlichen oder politischen Ereignissen konfrontiert werden.

Was freilich solche Ereignisse für uns bedeuten, wie wir sie verstehen können, das wird von den Ereignissen selbst nicht mitgeliefert und muss anderswo gesucht und gefunden werden. Die religiöse Matrix fügt diese Rätsel in ein »helles Gitter« ein, das in den verschiedenen Religionen jeweils eine andere innerreligiöse Logik aufweist. Als eine eigene Welt von Bildern und Symbolen voll existenzieller Bedeutsamkeit, die keinen Zufall kennt, verstehen sich Religionen nicht als Abbild realer Dinge und Geschehnisse. Für sie gilt, was der Poet Peter Hacks über die Kunst sagt: »Sie ist keine Nachricht über die Wirklichkeit, sondern Nachricht über eine *Haltung*, die man der Wirklichkeit gegenüber einnehmen kann.«[15]

Du bist gewollt

Die christliche Matrix hat eine »kosmische« Dimension; sie geht vom Unsichtbaren aus und führt in das Unsichtbare zurück; das Unsichtbare ist Herkunft und Ziel, die uns bekannte Welt mit ihrer Fülle von »Dingen« ist in das Unsichtbare eingebettet. Dieses Unsichtbare ist für die christliche Matrix nicht bloß eine alles hervorbringende kosmische Energie des Universums, sondern es hat einen Namen: Gott, der die Welt mit ihren Menschen will, der Schöpfer, der im Buch Genesis sagt: »Es werde«, und es ist. Die Menschen sind keine winzigen unscheinbaren Pünktchen, die auf der Erde herumkrabbeln. Sie sind kein Nichts, dem natürlichen Werden und Vergehen ausgeliefert, das nicht danach fragt, ob die Exemplare einer Gattung leiden, sich freuen oder wissen, wofür sie leben. Im Gegenteil: Dieser Gott – so sieht es die christliche Matrix – ist von sich aus aktiv und tritt damit in eine Beziehung zu seinen Geschöpfen, die ihm etwas bedeuten. Dem Beziehungswillen Gottes entspricht, dass auch die Menschen Beziehungswesen sind, die davon leben, dass sie einander etwas bedeuten, dass ihnen das gesamte Dasein etwas bedeutet und der Tod ihre unverwechselbare Bedeutung nicht auslöscht.

Daher umfasst die christliche Matrix beides, Großes und Kleines: die Welt im Ganzen, einschließlich des Unsichtbaren und jedes einzelnen Menschen, ob er noch lebt oder schon gestorben ist. Dieser Gott kennt sie alle, nimmt sie wahr und beachtet sie: »Die Haare eures Hauptes sind alle gezählt. Darum fürchtet euch nicht«, heißt es im Matthäusevangelium.[16] Jeder einzelne Mensch unter Abermilliarden zählt, weil jedes Individuum einmalig ist. Der das sagt, ist keine unpersönliche kosmische Energie, sondern jemand, dem an den Menschen liegt, ein Gott als personales Gegenüber, der in Beziehung zu ihnen treten will und sie anspricht. Im hellen Gitternetz der christlichen Matrix zeigt sich ein Gott, der die Menschen nach seinem Bild geschaffen hat, damit sie antworten können, weil sie auf ein Du bezogen sind, Beziehungswesen, die – in den Grenzen ihrer Möglichkeiten – frei sind, Ja und Nein zu sagen.

Für diesen Gott ist niemand Zufall, vielmehr ist jeder und jede gewollt. Die Dramaturgie der Matrix beginnt damit, dass der Mensch aus den Kulissen einer unsichtbaren Welt auf die Bühne tritt. Zwar gibt es viele Gründe, warum ein Kind gezeugt wird: aus Trieb und Lust, um einen Erben zu haben oder eine Familie zu gründen, weil sich das so gehört; auch »Betriebsunfälle« kommen vor, willkommene und unwillkommene, erst geliebte, dann verworfene Kinder. Der christlichen Matrix zufolge mag der Auftritt eines Menschen so zufällig scheinen, wie er will, – er folgt einer Absicht: Du kommst nicht aus der mehr oder weniger beiläufigen Verschmelzung von Keimzellen, sondern aus einer anderen Quelle, die gerade dich ausgedacht und ins Dasein geführt hat und dich deshalb willkommen heißt.

Die erste Krise

Das Dasein ist freilich kein Honiglecken, und jeder Schritt auf der Bühne des Lebens kann gefährlich sein. Kaum angekommen, wird der Mensch mit dem unerfreulichen Zustand der Welt konfrontiert: Er entdeckt, dass mit der Welt etwas nicht stimmt. Armut und Bosheit, Grausamkeiten, Krankheit und Tod lauern hinter jeder Ecke. Die

Die christliche Matrix 33

Bibel weiß, dass das so ist, und unterstellt diesem Wissen eine bedeutungsschwere Erzählung. Einstmals, noch bevor mit der Zeit die Geschichte beginnt, lebten die Menschen im Garten Eden, vereint mit Gott. Beide hatten ihre Bereiche, den Menschen stand alles zur Verfügung bis auf zwei Bäume, die zum Bereich Gottes gehörten: der Baum der Erkenntnis und der Baum des Lebens; von diesen Bäumen sollten sie nicht essen. Darin bestand die Ordnung. Aber die Menschen haben sich nicht an diese Ordnung gehalten; sie wurden »übergriffig«.[17]

Ordnung bedeutet, jedem das Seine zu geben und zu lassen. Das fängt klein an: Wer sich fremden Besitz aneignet, ungefragt die Post der anderen öffnet, in die Intimsphäre von Mitmenschen eindringt, wer Geschichten anderer als eigene erzählt und als etwas gelten möchte, was er nicht ist, der leistet sich Übergriffe, begeht Diebstahl und Plagiat. Und es endet bei Mord und Krieg, wenn nicht gefragt oder verhandelt wird. Das Gegenüber zu missachten, an sich zu reißen, was einem nicht gehört, zerstört die Ordnung und trennt Menschen und Völker voneinander.

Nach der Geschichte vom Garten Eden trennen solche Übergriffe die Menschen auch von Gott. Das ist kein historischer Bericht, sondern eine Ursprungsgeschichte. Sie wird nicht erzählt, um Adam und Eva als die Schuldigen hinzustellen, als käme die Misere der Welt davon, dass sie verbotene Früchte gegessen haben, während wir später Geborene nichts dafürkönnen. Adam und Eva sind wir alle. Die Geschichte wird erzählt, weil es hier und heute so ist und leider immer so war: Menschen hören nicht auf, sich Übergriffe zuschulden kommen zu lassen, und wie Adam und Eva streiten sie, als wären sie Kinder in der Sandkiste: Wer hat angefangen, wer ist schuld? So sind die Menschen, das ist ihre *conditio humana*, die sie sich ungern eingestehen.

Indem sie vom Baum der Erkenntnis essen, verletzen sie die Ordnung und verlassen die fraglose Unmittelbarkeit ihres Daseins. Im Sinne der christlichen Matrix sind die Menschen nach Gottes Bild geschaffen; aber durch den übergriffigen Gebrauch ihrer Freiheit liegt ein Schatten auf dem Entwurf, den der Schöpfer von ihnen gemacht hat.

In der Folge ist ihre Welt alles andere als eine Idylle. Wer die Bühne der Welt betritt, muss erleben, dass Kriege, Folter und Terror nicht aufhören, dass die Güter immer noch ungerecht verteilt sind und die halbe Welt hungert, dass viele Menschen arbeitslos oder auf der Flucht sind. Unzählbar sind auch die seelischen Verletzungen, die Menschen einander antun, »ohne es zu wollen oder zu merken, wohlmeinend vielleicht oder sich täuschend, in eigener Rechtfertigung sich beruhigend«[18]. Die christliche Matrix ist realistisch: Auch du bist in Selbsttäuschung verstrickt und der Unordnung der Welt ausgesetzt.

Du wirst begleitet

Damit ist allerdings nicht aufgehoben, dass Gott das Dasein jedes einzelnen Menschen will und ihn willkommen heißt. Zur christlichen Matrix gehört Gottes Liebe zu allen seinen Geschöpfen, auch zu denen, die verblendet und in Schuld verstrickt sind. Deshalb fragt dieser Gott den Kain: »Wo ist dein Bruder Abel?«[19] Deshalb rufen seine Propheten: »Kommt zu mir zurück!«[20] Er gibt den Menschen ethische Weisungen, er läuft ihnen nach und sucht sie, wie der Hirte einer großen Herde nach einem einzigen Schaf sucht, das sich verirrt hat.[21] Wer liebt, ist verletzlich, und der liebende Gott leidet daher unter dem verzerrten Zustand seiner guten Schöpfung, leidet an den Verblendeten und fühlt mit den Leidenden.

Das Unverwechselbare der christlichen Matrix liegt nun darin, dass Gott nicht nur Weisungen gibt und auf den rechten Weg ruft, sondern dass ihn seine Liebe dazu treibt, den Menschen in einem menschlichen Schicksal nahe zu sein: Er bleibt nicht Zuschauer, er beschränkt sich auch nicht auf die Rolle des Regisseurs, der unsichtbar hinter den Kulissen die Fäden zieht, sondern er betritt die Bühne wie jeder andere Mensch, »geboren von einer Frau«[22], und gibt sich in Jesus von Nazaret zu erkennen, der das unbeschädigte Bild des unsichtbaren Gottes ist. Er setzt sich dem durch Verblendung gezeichneten Dasein aus, ohne es freilich in sich zu tragen – der wahre Mensch, wie Gott ihn gedacht hat. Zugleich repräsentiert er den liebenden Gott, der auch den Abgründen des Daseins nicht ausweicht, indem er lieber selbst leidet, als anderen Schaden zuzufügen, indem er auf sich nimmt, was andere verdient hätten. In diesem einen Menschen ist die im Garten Eden verletzte Ordnung beispielhaft wiederhergestellt – durch Gott selbst, der seine Verantwortung nicht delegiert. So gewinnt das Wort Liebe leibliche Gestalt und werden Trennungen heilbar: zwischen Gott und Mensch und unter den Menschen. Durch Jesus, den Christus, wirst du im Auf und Ab des Lebens begleitet, weil Gott ein Bruder der Menschen geworden ist: Das signalisiert die christliche Matrix. Damit ist die Vollendung der beschädigten Schöpfung bereits in die Geschichte eingewoben.

Du bist nicht allein

Wenn Trennungen auch unter den Menschen heilbar werden, bedeutet das die Wiederherstellung menschlicher Beziehungsfähigkeit. Weil in der christlichen Matrix die unverwechselbare Würde jedes einzelnen Menschen Geltung hat, spielt niemand, der auf die Bühne des Lebens tritt, ein Einpersonenstück. Die Mitspieler in engeren und weiteren Kreisen sind zahlreich, und wenn sie begriffen haben, dass sie an einem gemeinsamen Projekt arbeiten, haben sie gut gespielt. Von der Wahrnehmung des Einzelnen durch den beziehungswilligen Gott geht der Anspruch auf gegenseitige Wahrnehmung und Würdigung untereinander aus. Da jeder und jede von der Kraft desselben Gottes gewollt ist und nicht zufällig oder irrtümlich ins Leben tritt, bestehen in der christlichen Matrix keine Unterschiede der Herkunft, des Standes oder des Geschlechts. Wenn es in diesem Sinn ein »Lernziel« des Lebens gibt, so ist es die Kunst der Liebe und die Praxis der Solidarität.

Die christliche Matrix greift dabei weiter aus und bezieht sich keineswegs nur auf Menschen gleicher Weltanschauung. Denn Gott »lässt seine Sonne aufgehen über Bösen und Guten, und er lässt regnen über Gerechte und Ungerechte«. Jesus betont das mit seiner provokanten Forderung, auch die Feinde zu lieben.[23] Das bedeutet nicht, für sie zärtliche Gefühle zu hegen, sondern niemandem, auch ihnen nicht das Existenzrecht abzusprechen, denn auch sie sind gewollte Geschöpfe Gottes und Mitspieler auf der Bühne des Lebens. Sie verkörpern ein dramatisches, störendes, burleskes oder tragisches Element im Spielplan; sie sind eine Herausforderung zum Widerstand.

Die christliche Matrix

Nach dem Beispiel Gottes sollte Solidarität nicht an Vorbedingungen geknüpft sein. Im Matthäusevangelium wird von einem König erzählt, der sagt: »Ich war hungrig, und ihr habt mir zu essen gegeben; ich war durstig, und ihr habt mir zu trinken gegeben; ich war fremd und obdachlos, und ihr habt mich aufgenommen; ich war nackt, und ihr habt mir Kleidung gegeben; ich war krank, und ihr habt mich besucht; ich war im Gefängnis, und ihr seid zu mir gekommen.« Aber die Angesprochenen wissen nicht, wovon die Rede ist, sie erinnern sich nicht, dem König jemals die aufgezählten Liebesdienste erwiesen zu haben. Und sie bekommen die klassische Antwort: »Was ihr für einen meiner geringsten Brüder [und Schwestern] getan habt, das habt ihr für mich getan.«[24] Die sonderbare und lang ausgeführte Behauptung der Hilfe, das Missverständnis und seine Aufklärung bedeuten, dass – wenn es um Hilfe und Beziehung geht – jeder beliebige nackte, kranke, hungernde, gefangene Mensch mit dem König zu identifizieren ist. Dieser König tritt als Richter beim Weltgericht in die Szene und nennt somit die Regeln seines Urteils. Du bist nicht allein, also wird dir zugemutet, die Menschen um dich wahrzunehmen, wie auch du darauf angewiesen bist, wahrgenommen zu werden.

Die letzte Krise

Gottes Beziehungswille und Liebe zu den Menschen bedeutet keine Gnadendusche, die kriterienlos auf alle herabrieselt. Es ist nicht egal, wie ein Leben geführt und gestaltet wird. Aber alle moralischen Anstrengungen bleiben ambivalent und anfällig für Selbsttäuschungen. »Gut gemeint« ist noch nicht »gut gemacht«. Selbst große individuelle und politische Verbrechen werden oft aus der

Überzeugung begangen, im Glauben, dazu mit guten Gründen berechtigt zu sein.

Keine menschliche Ordnung kommt ohne gerichtliche Instanzen aus, die zur Rechenschaft ziehen. Andernfalls würde Chaos herrschen, weil Menschen notorisch übergriffig sind. Es braucht nur eine Katastrophe wie eine Flutwelle auszubrechen, die die Ordnung außer Kraft setzt, und schon wird geplündert und gemordet und mit Waisenkindern das große Geschäft gemacht. Im Windschatten von Kriegen, die ihre Verbrechen immer im Namen irgendeiner angeblich heiligen oder gerechten Sache verüben, geht es nicht anders zu. Dabei hat jede handgreifliche oder subtile Gewalt gegen Mitmenschen eine entscheidende Voraussetzung, nämlich die Herabwürdigung der anderen. Erst muss ihnen das menschliche Gesicht geraubt werden; nachdem die Gegner zu »Untermenschen« erklärt wurden, kann man ihnen leicht Gewalt antun. Menschliche Gerichte, ob sie strikt nach Paragrafen vorgehen oder mildernde Umstände gelten lassen, sind der Verblendung nicht entnommen. Nur Gott, der letztgültige Richter, respektiert, dass seine Geschöpfe nach seinem Ebenbild entworfen sind.

Die christliche Matrix, die sich als Bogen über die Lebensgeschichte jedes einzelnen Menschen spannt, zeichnet auch ein Bild vom Ende der Vorstellung: Wer von der Bühne abtritt, kann sich nicht auf den Applaus des Publikums verlassen. Eine andere Instanz ist für das unbestechliche Urteil zuständig. Nur Gott tastet die Würde der Person nicht an, und das durchbricht den Kreislauf der Selbstrechtfertigung, lässt es »wie Schuppen von den Augen fallen«, ohne dass es einer Anklageschrift bedarf. Das ereignet sich nicht erst nach dem Ende des Daseins, das wiederholt sich nach allen Zwischenakten und durchzieht ein Leben. Mit Gott konfrontiert, kann der Mensch sich als Ebenbild dessen erkennen, der mitfühlt und mitleidet, der die Wunde der Schuld heilt, weil er keine der Verblendung unterworfenen Sklaven will. So kann ohne Selbstrechtfertigung Rechenschaft gegeben und die Erfahrung gemacht werden, schon gerechtfertigt zu sein. Weil du gewollt warst und begleitet wurdest, kannst du der Treue Gottes gewiss sein. Sein Gericht steht im Zeichen der christlichen Matrix und bedeutet Befreiung.

Du wirst erwartet

Die christliche Matrix enthält zuletzt die entscheidende Zusage, nämlich im Reich Gottes erwartet zu werden. Aber dieses von Gott allein regierte Reich, das »Himmelreich«, ist, wie Jesus sagt, schon mitten unter uns.[25] Darin zu leben bedeutet, dass etwas beginnt, das nicht endet, sondern zu seinem Ziel kommt, indem die Macht des Todes gebrochen wird. Der Tod ist ein Skandal, ein »Stachel«, der nicht nur im natürlichen Dasein sitzt; er sitzt auch im Bewusstsein, weil wir unser ganzes Leben lang wissen, dass wir sterblich sind. Der Tod ist unbegreiflich, eine Tatsache, die kein Mensch gutheißen kann. Wann hat jemand ein »gutes Alter« erreicht, mit 75, 80 oder 90? Diese verbreitete Redewendung vertuscht, dass kein Alter »gut« ist, weil der Tod immer zu früh kommt und seine Schatten in Krankheit und Leiden vorauswirft.

Literatur und Philosophie sind voll von Versuchen, dem Tod den Schrecken zu nehmen, etwa durch die Vorstellung, im Sterbeprozess würden sich Leib und Seele voneinander trennen: Nur der Leib, die »irdische Hülle«, verwest, aber die Seele fliegt unverletzt Richtung Himmel, auf mittelalterlichen Bildern oft als kleines Kind dargestellt, das dem Mund eines Sterbenden entschlüpft. Sollte die Unsterblichkeit darin bestehen, dass wir irgendwo ortlos als Energie oder reines Bewusstsein herumschweben? Da fragt sich, wo »ich« dann bleibe; denn damit ist nicht das erfüllt, was Menschen hoffen, nämlich als individuelle Persönlichkeit nicht verloren zu gehen.

Nun steht der Tod nicht nur am Ende einer Lebenszeit, sondern kann sich auch ins Leben einmischen. »Wir wissen«, heißt es im 1. Johannesbrief, »dass wir aus dem Tod ins Leben hinübergegangen sind, weil wir die Brüder (und Schwestern) lieben«.[26] Hier geht es nicht um ein vom Dasein in der Welt abgekoppeltes »Jenseits«, sondern um eine Vorwegnahme des Kommenden im Hier und Jetzt. Demnach ist es also die Liebe, die über den Tod hinaus Leben bedeutet. Damit sind nicht schwankende und leicht irritierbare Liebesgefühle gemeint, vielmehr die Herausforderung, das uneingeschränkte Ja Gottes zu seiner Schöpfung nachzuvollziehen und dabei verletzlich und mitfühlend zu bleiben. Ein Mensch wird zweimal geboren, sagt Jesus in einem nächtlichen Gespräch mit Nikodemus[27]: einmal aus dem Leib der Mutter, ein zweites Mal aus dem Geist Gottes, der ein Gott des Lebens und der Liebe ist und nicht des Todes. Wenn du von der Bühne des Lebens abtrittst und in die Kulissen der unsichtbaren Welt zurückkehrst, aus denen du gekommen bist, wirst du – neugeboren aus dem Geist – im Reich Gottes eine endgültige Heimat finden.

Frieden schließen

Lassen wir noch einmal den Vorhang für zwei Szenen aufgehen: Zwei Paare von Großeltern sitzen mit ihren Enkelkindern zusammen, welche wissen wollen, wie die alten Leute ihr Leben gelebt haben. Die einen Großeltern erzählen vom Krieg, von den Gräueltaten, davon, wie sie unschuldig in ein schreckliches Szenarium hineingeschlittert sind. Sie erzählen, wie ihre Eltern sie vernachlässigt haben, wie oft sie von anderen hintergangen wurden, wer ihnen was angetan hat, dass sie sich ein anderes, ein besseres Leben gewünscht hätten und froh sind, wenn sie bald sterben können. Die anderen Großeltern erzählen, was sie in ihrer Kindheit erfreut hat, von den ersten Blumen im Frühling und vom Wunder einer duftenden Rose. Sie erzählen von ihrer Wanderschaft durch Entbehrungen, von dem, was ihnen gelungen ist, und dem, was sie versäumt haben, davon, dass sie Freunde gefunden haben, dass ihnen Leben, Freude und Hoffnung in dunklen Zeiten geschenkt wurden und dass sie nicht an den Tod glauben.

Die Fakten und Ereignisse im Leben dieser beiden Großelternpaare mögen vergleichbar sein, aber während den einen das Leben nichts bedeutet, bedeutet es den anderen sehr viel. Es ist die unterschiedliche Haltung, die sie zu vielleicht ganz ähnlichen Ereignissen einnehmen. Die zweite Szene wird den Enkelkindern Mut machen, ein Leben mit der Haltung ihrer Großeltern zu führen. Die christliche Matrix meint eine solche Haltung, sie steht wie ein leuchtender Regenbogen über den Feldern des Lebens, eine unsichtbare Welt von Bedeutsamkeit, die alles umfasst: jedes einzelne Leben, die Welt mit ihren Schrecken, die im vorläufigen Zeichen des Kreuzes steht. Diese Matrix ist eine Formel nicht nur für das Leben des einzelnen Menschen, sondern ebenso für die Welt, den gesamten Kosmos, das Davor und Danach. Aus der Kraft des unsichtbaren Gottes ist die Welt als seine Schöpfung hervorgegangen, er ist es, der sie hält, damit sie nicht ins Nichts zurückfallen kann, aus dem sie gekommen ist. Die christliche Matrix kennt keine ewige Wiederkehr und Wiedergeburt, sondern Anfang und Ziel für Mensch und Kosmos. Ihre Botschaft lautet: Du bist gewollt, bevor du ins Leben trittst, so wie die Welt nicht absichtslos entstanden ist. Trotz aller Verblendung ist dir Begleitung im Auf und Ab des Lebens zugesichert und niemals verlierst du vor Gott deine Würde; er, der die Würde gibt, hält auch den Kosmos in Bewegung. Und wenn dein Leben ans Ende gelangt, erwartet dich der treue Gott in einem anderen, ungebrochenen Leben. Denn auch die Welt wird aufgehoben werden in einer neuen Schöpfung.

In der christlichen Matrix geht es nicht darum zu verleugnen, was sich an Unrecht und Schrecken in der Welt ereignet, sondern darum, wie wir darin bestehen können, ohne in Verzweiflung zu fallen oder gewalttätig die Welt um jeden Preis gerecht machen zu wollen und damit noch mehr Schaden anzurichten. Das macht nicht glücklich und führt nicht zu dem, was Menschen hoffen und wonach sie sich sehnen, nämlich Frieden mit der Welt schließen zu können, auch wenn Leid, Mühsal und Endlichkeit jetzt noch bleiben. Denn die christliche Matrix öffnet den Blick über den begrenzten Auftritt auf der Bühne des Lebens hinaus auf Herkunft und Zukunft. Deshalb konnte Matthias Claudius, dessen ganzes Leben von Kriegswirren erschüttert war, dieses Lied dichten, und er hat empfohlen, es täglich zu singen:

Die christliche Matrix 43

> Ich danke Gott und freue mich
> wie's Kind zur Weihnachtsgabe,
> dass ich bin, bin!
> Und dass ich dich,
> schön menschlich Antlitz, habe!²⁸

Und Dietrich Bonhoeffer schrieb im Gefängnis angesichts des nahen Todes von »der Welt, die unsichtbar sich um uns weitet«. Er konnte etwas von der Kraft Gottes erfahren, die die sichtbare Welt umschließt:

> Von guten Mächten wunderbar geborgen
> erwarten wir getrost, was kommen mag.
> Gott ist bei uns am Abend und am Morgen
> und ganz gewiss an jedem neuen Tag.²⁹

AUF DER SUCHE NACH WORTEN
Spielregeln und Sprachspiele

> Es ist ja ein stummer Mensch gegen einen redenden
> schier als ein halb toter Mensch zu achten.
> Und kein kräftigeres noch edleres Werk
> am Menschen ist, denn reden. [30]
> *Martin Luther*

Auf den ersten Blick erscheint die christliche Matrix als eine wilde Mischung von Tatsachen und Fantasiegeschichten. Denn immerhin hat Jesus gelebt, aber der Garten Eden ist gewiss kein historisches Faktum; Geburt und Tod sind unbestreitbar, aber was ist von der unsichtbaren Welt hinter den Kulissen zu halten? Unsere Kultur, die sich dem naturwissenschaftlichen Geist und der Technik verschrieben hat, macht es nicht leicht, damit zurechtzukommen, denn sie legt nahe, in unversöhnlichen Alternativen zu denken: entweder Fakten oder Fiktionen, entweder objektive Tatsachen oder subjektive Einbildung. Als »wahr« gilt dann nur das, was sich objektiv fassen und beweisen lässt, alles andere ist »unwahr«, unvernünftig, ein Hirngespinst. Was für eine Art Wahrheit können also so »unvernünftige« Worte vermitteln, die notwendig sind, um die Logik einer Religion, um die christliche Matrix zur Sprache zu bringen?

Die Sache mit dem Turm

Blenden wir zurück zu einer alten Geschichte[31]: Zu Babel (Babylon) wollten die Menschen einen Turm bauen, der bis in den Himmel reicht. Das konnte nicht gut gehen, Wolkenkratzer sind bis heute eine gefährdete Spezies von Architektur; Gott, der im Himmel wohnt, ließ sich diesen Übergriff in sein Reich nicht gefallen und verwirrte die Sprache. Seither reden die Menschen aneinander vorbei, sprechen in verschiedenen Sprachen und brauchen einen immensen Aufwand an Übersetzungsarbeit, um sich zu verständigen.

Nichts von der Geschichte muss man für »wahr« halten, nur das Ergebnis, die Sprachverwirrung, ist unbestreitbar. Was aussieht wie eine geradlinige Abfolge von Ursache und Wirkung, muss umgekehrt aufgerollt werden. Mit der Schwierigkeit, sich zu verständigen, müssen wir leben, mussten schon die Erzähler der Geschichte leben, und sie suchten herauszufinden, was diese Schwierigkeit zu bedeuten hat. Die Geschichte liest sich, als würde eine Begebenheit erzählt mit der Frage, was daraus geworden ist; in Wirklichkeit wird ein Ergebnis erzählt, mit der Frage, was es denn bedeuten könnte, dass es so ist, wie es ist.

1913 hat der deutsche Archäologe Robert Koldewey die Reste eines babylonischen Tempelturms ausgegraben, eine Zikkurat, die zu den sieben Weltwundern der Antike zählte. Der Turm soll 91 Meter hoch gewesen sein, eine beachtliche Leistung von Lehmziegelarchitekten vor 3 700 Jahren. Hinter der Geschichte mag also sogar die Erinnerung an Fakten stehen. Aber deswegen wurde sie nicht erzählt. Keine Frage, dass sich das damalige babylonische Imperium ein Denkmal setzen wollte; Menschen wollen hoch hinaus und einander übertreffen wie die Erbauer der Sippentürme in San Gimigniano oder der Wolkenkratzer in New York. Worum es aber geht – und Türme sind nur ein besonders sinnenfälliger Ausdruck dafür –, ist die permanente Übergriffigkeit des Menschen, die schließlich auch den Bereich Gottes nicht respektiert. Übergriffe führen zur Zerstörung von Ordnung, und das heißt auch: der Ordnung der Sprache – man versteht einander nicht mehr.

Die Frage ist also, was die Geschichte vom Turmbau bedeutet, und die Antwort lässt sich vom Faktum eines hohen Turmes nicht ableiten. Die Geschichte ist innovativ und auf eine gerade nicht archäologische Weise wahr, nämlich dass wir verschiedene Sprachen sprechen und in derselben Sprache aneinander vorbeireden. Das beschäftigt uns andauernd, macht es schwer, sich zu einigen, und führt unentwegt zu Konflikten.

Die zweite Sprache

Lassen wir einmal die Vielfalt der 6 500 Sprachen beiseite, die heute auf der Erde gesprochen werden. Innerhalb ein und derselben Sprache gibt es wenigstens zwei verschiedene Sprachen, die sich der wechselseitigen Übersetzung widersetzen, und jede der beiden neigt dazu, sich in Formeln zu verdichten, die Außenstehenden unverständlich sind. »Es gibt zwei Sprachen in einer Sprache, zwei Weisen der Rede, zwei Ebenen des Sprachgebrauchs«, schreibt der holländische Dichter Huub Oosterhuis. »Da ist zunächst die Sprache der klaren Wahrheiten, der Begriffe und Formeln. Die Sprache der klaren Logik, der objektiven Information, der exakten Wissenschaft. ...

Sprechen heißt dann: das Rätsel enträtseln, etwas definieren, abgrenzen.« Es ist die Sprache der Fakten, aber sie reicht nicht aus, »wenn man sich Luft machen will und sagen möchte, was einen erfüllt, was verborgen und fast unaussprechlich ist. Wenn es sich um Liebe und Tod, Gott und den Menschen handelt«.[32] Dafür braucht es die Sprache, in der wir ausdrücken, was uns etwas bedeutet. Ein geliebter Mensch ist auch ein Faktum, das wissen die Mediziner und Biologen; aber was er denjenigen bedeutet, die ihn lieben, lässt sich in keiner Faktensprache ausdrücken. Dazu müssen Geschichten erzählt, Bilder und Metaphern verwendet werden. Oder vielleicht noch einfacher: Dazu muss ein sehr persönliches und darum brüchiges und angreifbares Bekenntnis abgelegt, etwas bezeugt werden.

Deshalb ist die Sprache der Bedeutsamkeit auch die Sprache der Religionen. Wer die Bibel oder sonst ein heiliges Buch einer Religion aus historischer Perspektive liest, stößt wohl auf einige unbestreitbare Fakten. Ausgrabungen und alte Dokumente bestätigen, dass es sich nicht nur um schöne Literatur handelt. Aber die Bedeutung der Fakten und die Geschichten, die dazu erzählt werden, bleiben dem Blick von außen verborgen. Gerade auf sie kommt es aber an, wenn man herausfinden will, was etwas bedeuten soll.

Also muss, wenn es um Religion geht, die zweite Sprache, die Sprache der Bedeutsamkeit gesprochen werden. Dazu ist es nicht nötig, in eine Sprachschule zu gehen, wir üben diese Sprache tagtäglich. Jeder Mensch spricht sie von Kind an, wenn etwas beurteilt wird, wenn man etwas schön oder hässlich, gut oder schlecht findet, wenn ich sagen will, dass ich etwas schätze oder verabscheue, liebe oder hasse. Das alles sind Bedeutungen, die sich auf Fakten beziehen. Fakten freilich sind mehrdeutig und können Deutungen vielleicht korrigieren, aber nicht aushebeln. Ein Mann schenkt seiner Frau eine Rose; sie muss herausfinden, was das bedeutet, ob es aus Liebe, aus Bewunderung, aus schlechtem Gewissen oder als Bitte um Vergebung geschieht. Eine Unternehmerin scheitert in einer Verhandlung; sie muss herausfinden, was das Ergebnis bedeutet, ob sie etwas Unzumutbares verlangt hat oder ob ihr Gegner ihr keinen Erfolg gönnen wollte. Ein Politiker macht Karriere; die Wähler müssen herausfinden, ob er Vertrauen verdient oder als Gefangener seiner Machtinteressen eine Gefahr zu werden droht.

Missbrauch und Zerfall

Insofern sind nicht erst die Religionen, sondern auch Politik und Kultur von der Sprache der Bedeutsamkeit bestimmt, die Vertrauen oder Misstrauen stiftet und damit Wirklichkeit schafft. Darin liegt die Gefahr der Sprachverwirrung. Während sich die Sprache der Fakten und Definitionen beweiskräftig nachvollziehen lässt, ist die »zweite Sprache« anfällig für Verführung und Missbrauch. Das kann schwerwiegende Folgen haben. »Es ist mir völlig die Fähigkeit abhandengekommen, über irgendetwas zusammenhängend zu denken oder zu sprechen.« Hugo von Hofmannsthal schrieb das 1902, am Beginn des vorigen Jahrhunderts in einem fiktiven Brief, den er dreihundert Jahre zurückdatierte, vielleicht um zu verbergen, dass es ihm selbst, hier und heute so ging: Die Worte »zerfielen mir im Munde wie modrige Pilze«. In der doppelten Fiktion eines alten Dokuments und einer Sprache zur Beschreibung von Sprachlosigkeit versucht der Dichter mitzuteilen, dass ihm der selbstverständliche Umgang mit Worten und Sätzen nicht mehr möglich ist. Das hat konkret mit Hofmannsthals Schritt vom frühen magisch-mystischen Lyriker zum Schreiber handfester Theaterstücke zu tun, aber es hat – das wissen wir erst im Nachhinein – eine um vieles weiter reichende Bedeutung. Im 20. Jahrhundert wucherte der Missbrauch der Sprache im Dienste politischer Ideologien. Linke und rechte Diktaturen ergingen sich in Machtfantasien und Verschwörungstheorien und benutzten dazu nicht die Sprache der Fakten, sondern der Bedeutsamkeit, indem sie auch an religiöse Worte wie »Heil« und »Erlösung« andockten und damit der Irreführung und Lüge dienten. Bedeutungen zerfielen »wie modrige Pilze«, sodass die missbrauchten Worte nicht mehr verwendbar waren, wie es der Dichter vorausgesehen hatte.[33]

Mit den Folgen leben wir heute. Es herrscht eine große Skepsis gegenüber allen »großen Worten« und »großen Erzählungen« und ein Misstrauen gegen jede gekonnte Rhetorik. Die einfachen, alltäglichen Metaphern, mit denen man sich über Jahrhunderte verständigt hat, sind nicht mehr literaturfähig und werden zum Kitsch gerechnet. Kann man heute noch »das Recht mit Füßen treten«, jemandem »ewige Treue schwören« oder »das Herz brechen«? Diese verständliche, gleichwohl übertriebene Vorsicht der Rede hat sich ausgebreitet »wie ein um sich fressender Rost«[34]. Kaum noch ist es möglich, Programme zu entwerfen, Zukunftsvisionen auszusprechen, noch weniger, eine religiöse Dimension zur Sprache zu bringen. Viele Predigten wirken platt, und das ist nicht einfach ein persönliches Versagen der Prediger oder Predigerinnen: Die traditionelle religiöse Sprache trägt nicht mehr. Der Theologe Karl Rahner meinte sogar, dass das Wort »Gott« uns heute anblicke »wie ein erblindetes Antlitz«[35].

Die Abwehr von allem, was durch eine Sprache der Bedeutsamkeit den Verdacht erregt, etwas wider bessere Einsicht einreden zu wollen, hat längst sowohl die Politik als auch die Wissenschaft erfasst. Deshalb beschränkt man sich heute sicherheitshalber auf die Sprache der Fakten. In der Politik wird nicht mehr von Ideen und Visionen, sondern von angeblich objektiven Sachzwängen gesprochen, und als wissenschaftlich gilt, was beweisbar, mathematisch errechnet und statistisch belegt ist. Dort, wo religiöse Motivation, Vorstellungen und Handlungsvollzüge noch von Interesse sind, werden statistische Erhebungen eingesetzt, die religiöse Vorstellungen und Praktiken in platten Begriffen wie Jenseits, Auferstehung oder Kirchgang abfragen, während gleichzeitig der Facettenreichtum religiöser Sprache versiegt.

Die Wahrheit der Fiktion

Das hat durchaus verständliche Gründe. Was uns den zivilisatorischen Fortschritt gebracht hat, war die Entschiedenheit, mit der alles zum Objekt gemacht wurde, auch die lebende Natur, um leidenschaftslos mit ihr umgehen zu können, sie zu analysieren und sie als Faktum dingfest zu machen und zu nutzen. René Descartes hat den entscheidenden Schritt dazu getan, indem er den menschlichen und tierischen Organismus mechanisch auffasste und Vivisektion (am lebenden Tier) praktizierte. Biologie und Medizin haben unterdessen auch den Menschen als Objekt studiert und damit große Erfolge erzielt, wofür wir nur dankbar sein können. Auch die Psychologie versteht sich weitgehend als Naturwissenschaft, und moderne Hirnforscher meinen, dass Sigmund Freud in ihr Lager übergelaufen wäre, hätten die Erkenntnisse damals schon den Stand von heute erreicht. Aber der Mensch ist nun einmal, schreibt Ernest Becker, »kein willenloses Tröpfchen Protoplasma, sondern ein Wesen mit einem Namen in einer Welt voller Symbole und Träume und nicht nur voller Materie«[36]. Daher spielen auch Visionen, Fantasien und Wünsche eine entscheidende Rolle, sei es spielerisch oder ernsthaft. In unserer Kultur wird beides gelebt, wenn auch voneinander getrennt: hier Wirtschaft, Organisation, Technik, dort virtuelle Szenerien, Netzwerke der Fantasie, Traumwelten der Literatur und des Films.

Warum gehen Menschen ins Kino, ins Theater, warum lesen sie Romane oder gar Gedichte? Alljährlich präsentiert die Frankfurter Buchmesse über 100.000 Neuerscheinungen, darunter wenigstens ein Drittel »fiktionale Literatur«. Das Fernsehen kommt kaum nach mit der Produktion von Filmen, die allabendlich den Bildschirm füllen müssen. Die großen Qualitätsunterschiede machen es nicht leicht, das Bedürfnis zu erklären, das durch diese schier grenzenlose Welt der Fiktionen befriedigt wird. Unterhaltung, Ablenkung, Lust am Spiel mit der Fantasie und das Angebot von Erlebnissen, die man im eigenen, langweiligen Leben nicht machen kann – das erklärt nicht alles.

Dokumentationen knüpfen an ein reales Ereignis an, das sie auf dessen Bedeutung hin auslegen. Bei der reinen Fiktion liegt die Sache komplizierter. Bloße Erfindung kann leicht in Unsinn kippen. Aber die bedeutenden Werke der verschiedenen fiktionalen Genres hängen nicht im luftleeren Raum, sie knüpfen vielmehr an das Dilemma des Menschen an, spielen damit und verarbeiten es: Willenskraft und Schwäche, Versagen und Sehnsucht, Liebe und Hass sind die Ingredienzien, aus denen Fiktionen gemacht werden, und Leser oder Zuschauer wissen genau, dass von ihnen selbst die Rede ist. Solche Fiktionen sind »virtuelle Tatsachenberichte« über die Beschaffenheit der menschlichen Natur. Und sie tun, was schon die Bibel im Buch Genesis getan hat: Sie erzählen Geschichten, die keinen historisch überprüfbaren Sachverhalt darstellen wollen, sondern die Frage umkreisen, wie der Mensch ist, wie er sein könnte, wie er sich verhält, was ihm gelingt, wie er scheitert und wie er Rettung erfährt. Darin liegt die Wahrheit der fiktionalen Darstellung und sie ist damit weit mehr als bloße Fiktion.

Umberto Eco macht darauf aufmerksam, dass nicht nur in Dichtung und Film Fiktionales erzeugt wird, sondern dass Leser und Zuschauer einen großen Anteil daran haben. Und er hat dafür eine eindrucksvolle Metapher gefunden. Er spricht vom »Wald der Fiktionen«, in den die Leser eines Romans hineingeführt werden. Dieser »Wald ist ein Garten mit sich verzweigenden Pfaden. Und wenn es in einem Wald keine ausgetretenen Pfade gibt, kann jeder sich seinen Weg selbst suchen, kann sich entscheiden, rechts oder links um einen bestimmten Baum herumzugehen und die Entscheidung bei jedem weiteren Baum wiederholen. In erzählenden Texten muss der Leser ständig Entscheidungen treffen«[37].

Literatur, die mit dem Erzählen von Geschichten menschliche Probleme interpretiert, ist selbst noch einmal der Deutung der Leser ausgesetzt. Das gelingt dort nicht, wo im Wald des Umberto Eco die Pfade allzu sehr ausgetreten wurden und überall Warntafeln aufgestellt sind, dass das Verlassen der markierten Wege nicht gestattet sei. Vorgeschriebene Deutungen werden für den Wanderer im Wald nicht bedeutsam – das ist der Irrtum einer Theologie, die mit dogmatischen Festlegungen jede Abweichung verhindern will. Die Bibel hingegen bleibt durch ihre Vielfalt und innere Widersprüchlichkeit weitgehend offen und spottet späterer Denkverbote. Sie ist voll von bedeutungsfähigen, deutungsbedürftigen Geschichten. Das Neue Testament überliefert die erzählerischen Analogien und Metaphern, mit denen Jesus von Nazaret seine Botschaft vermittelte: Er redete nicht in philosophischen oder theologischen Sätzen, sondern erzählte Gleichnisse – ärgerlich für Leute, die es exakt wissen wollen. Es sind Bedeutungsgeschichten, die selbst wieder gedeutet werden müssen. Die Jahrhunderte seither haben einerseits gezeigt, wie schwer es ist, sich auf gemeinsame Interpretationen zu verständigen, andererseits aber auch, wie bedeutsam diese Geschichten für Menschen zu allen Zeiten geworden sind. Es ist nicht leicht, die existenzielle Wahrheit in dieser fiktional-narrativen Welt zu finden, aber eben diese Wahrheit lässt sich nicht anders zur Sprache bringen. Diese Sprache ist die »zweite Sprache«, deren viel beklagte Unschärfe durch einen Bedeutungsreichtum aufgewogen wird, wie keine Faktensprache ihn hat und auch nicht haben kann.

Eine gespaltene Welt

Hingegen lässt die Dominanz der Faktensprache den gepflegten kulturellen Umgang mit der Sprache der Bedeutsamkeit verkümmern. Eine Landschaft liegt ungepflegt brach und wird zu einer Stätte von erstaunlichem Wildwuchs: Seltene Blumen blühen zwischen Unkraut, Bäume voller Früchte stehen im wuchernden Gestrüpp. Die Welt wächst zusammen, Sprach- und Vorstellungswelten vermischen sich, Bruchstücke aus ganzen Weltanschauungen werden angeschwemmt; Versatzstücke einer buddhistischen Daseinshaltung oder von schamanistischen Praktiken, vermischt mit dem Horoskop und den Mondphasen, erlangen Bedeutung, und in diesem Mischmasch können auch Elemente der christlichen Matrix Aufnahme finden. Dass Bedeutungswelten heute als Patchwork auftreten, ist kein Zufall, sondern der Gegenschlag zur dominanten Orientierung an Fakten und zu einer Dogmatik, in der Bedeutungen als Fakten dargestellt werden. Denn die individuelle Person, das Subjekt, setzt sich dagegen zur Wehr, auf ein analysierbares Objekt zu schrumpfen, und kreiert und verteidigt die eigenen bedeutsamen Sprach- und Handlungsräume. Sich unter dieser Voraussetzung mit der religiösen Matrix einer bestimmten Tradition zu beschäftigen, erscheint dann leicht so, als würde man sich wieder von außen kommenden »Fakten« ergeben müssen. In dieser fatalen Alternative bleibt das Bedeutsame bloß subjektiv und das Objektive bedeutungslos. Wir haben es mit einer gespaltenen Welt zu tun. Die christliche Matrix verbindet die beiden »Welten«, denn wo es um Lebensziele, um die verletzlichen Beziehungen zwischen Menschen oder um unverfügbare Erfahrungen geht, drängt sich die Suche danach auf, was Widerfahrnisse faktischer Art »für mich« bedeuten könnten.

Was bedeutest du mir? Was bedeute ich dir? Was bedeutet es, dass ich einem Menschen begegnet bin, eine Arbeit nicht fertiggebracht, einen Unfall erlitten habe? Was bedeutet mir das Leben überhaupt? Bedeutungen liegt immer ein faktisches Ereignis zugrunde, aber die Sicht darauf, die Einordnung ins Ganze der eigenen Lebensvorstellungen gibt dem Faktum Farbe und Kontur. Würden wir nicht nach der Bedeutung dessen fragen, was uns zustößt, wären wir reif für den Zoo; würden wir Bedeutungen »erfinden«, die sich auf nichts beziehen, was sich ereignet hat oder vorgefallen ist, wären wir reif für die Psychiatrie. Bedeutung wird also nicht gemacht, sondern gefunden, und das setzt den Bezug auf ein Bedeutungsganzes voraus[38], von dem sich auch sagen lässt, dass es selbst aktiv ist, indem es uns in Gestalt einer Erkenntnis, einer Einsicht, eines »Aha-Erlebnisses« findet.

Reden in Analogien

Bedeutsamkeit braucht eine eigene Sprache, und dazu gehört die analoge Rede, in der ein »Gegenstand der Anschauung auf einen anderen Begriff übertragen wird, dem keine Anschauung direkt korrespondiert«, so die Definition.[39] »Nach Analogien denken, ist nicht zu schelten: Die Analogie hat den Vorteil, dass sie nicht abschließt und eigentlich nichts Letztes will.«[40] Der Philosoph Immanuel Kant bringt dafür ein schönes Beispiel. Er vergleicht eine Diktatur (kein Gegenstand der Anschauung) mit einer Handmühle. Was haben sie gemeinsam? An der Getreide- oder Kaffeemühle (ein Gegenstand der Anschauung) wird willkürlich gedreht, und die Körner werden rücksichtslos zermahlen.[41] Niemand käme auf die Idee, dass der autoritäre Staat eine solche Mühle *ist*; die Analogie bringt aber zum Ausdruck, wie eine Diktatur mit Menschen umgeht. Paulus greift eine andere Analogie auf: Er wünscht sich, dass die Menschen in der christlichen Gemeinde ohne Konflikte zusammenwirken, indem sie ihre verschiedenen Gaben einbringen, und drückt dies in der Analogie des menschlichen Organismus aus, der durch das Zusammenspiel aller Organe aufrechterhalten wird; er bezeichnet die christliche Gemeinde als den Leib Christi.

Ohne analoge Rede keine religiöse Sprache. Auch wenn es heißt: »Gott ist Vater«, handelt es sich um eine Analogie. In der Alltagssprache verbindet sich damit eine Fülle von Bezügen: biologische Abstammung, soziale Verantwortung, wahrgenommen oder versäumt, bestimmte gute oder schlechte Eigenschaften. Nun ist einsichtig, dass versäumte Verantwortung und schlechte Eigenschaften von Gott nicht ausgesagt werden können, also wird nach idealen Erfahrungen gesucht, die sich für viele Menschen eher mit der Mutter als dem Vater verbinden, weshalb sie Gott Mutter nennen. Aber was ist schon ideal? Solche Ableitungen stehen immer in der Gefahr, menschliche Verhältnisse zu überhöhen. Besonders die gängige Vater-Analogie lässt es leicht zu einer Gleichsetzung kommen: Gott ist Vater, der Vater ist Gott. Diese Identifikation hat durchaus Geschichte gemacht dadurch, dass Männer (Väter, Regenten, Priester etc.) nicht nur aus Versehen, sondern auch mit Absicht und aus Interesse aus dem direkten Bezug zu Gott eine gegenüber Frauen höhere Würde und Autorität für sich in Anspruch genommen haben.

Von Gott aber können überhaupt keine biologischen, auch keine soziologischen Aussagen gemacht werden, denn die Bedeutung Gottes als Vater steht in keinem symmetrischen Verhältnis zur Bedeutung eines menschlichen Vaters. Um deutlich zu machen, dass es sich um eine sprachliche Analogie handelt und Gott nicht Vater *ist*, wie auch eine Diktatur keine Handmühle *ist*, wurden Abgrenzungen eingeführt. Verneinend: Gott ist nicht wie irdische

Väter *(via negationis)*, oder überhöhend: Gottes Vatersein übersteigt alle positiven Vater- (oder Mutter-)erfahrungen und ist der Inbegriff und damit Maßstab von Väterlichkeit und Mütterlichkeit *(via eminentiae)*.

Die Sprache der Bedeutsamkeit als analoge Rede ist interessanterweise besonders dort gefährdet, wo es um die religiöse Dimension geht. Analogien werden als Identität missverstanden, Beziehungen zwischen Ungleichem in ein Verhältnis unmittelbarer Abbildung oder Ableitung gesetzt: Während die Handmühlenanalogie unmittelbar einleuchtet, vielleicht sogar als originell und treffend empfunden wird, heißt es bei religiösen Analogien: Das ist ja nicht echt, nicht wirklich, nur so erfunden, wir wollen wissen, wie es wirklich, nämlich faktisch ist. Um dieses Missverständnis aufzudecken, genügt es, durch einander gegenübergestellte Sätze kenntlich zu machen, dass zwischen analoger Sprache und direkt beschreibender Sprache ein Unterschied besteht: Maria ist in den Himmel aufgefahren, Maria ist in die Küche gegangen; die Letzten Dinge, der letzte Zug; ich weiß, dass mein Erlöser lebt, ich weiß, dass meine Mutter lebt; Jesus ist in Betlehem geboren, Jesus ist auferstanden.[42]

Wiederentdeckung der Metapher

Werden die Unterschiede solcher Aussagen nicht wahrgenommen, dann fällt unter das Verdikt des Kitsches, was Kultur und Religion an »zweiter Sprache« hervorgebracht haben. Diese Sprache bezieht Blaise Pascal auf die Ordnung des Herzens: »Das Herz hat seine Ordnung; der Geist hat die seine, die besteht in Grundsätzen und Beweisen. Das Herz hat eine andere. Man beweist nicht, dass man uns lieben solle, durch geordnete Darlegung der Ursache der Liebe«[43], so lautet das Zitat aus dem 17. Jahrhundert genau, und man könnte es, schon seines Alters wegen, zu den verbrauchten, heute kitschig klingenden Formulierungen rechnen. Lässt sich so vom Herzen sprechen, wo doch offensichtlich die Blutpumpe nicht gemeint und kein Arzt in der Nähe ist? Es ist möglich, so zu sprechen, denn es ist ein Sprechen in Metaphern, in denen die analoge Rede zu Bildern und Gleichnissen ausgefaltet wird. Unter Schriftstellern wird bisweilen das Ende der Metaphern ausgerufen, weil solche Sprachgebilde ins Ungenaue abheben würden. »Wir können alles sagen«[44], auch ohne Metaphern, wird da behauptet, daher sei nur die präzise Arbeit der Beschreibung einer anständigen Literatur angemessen. Fragt sich freilich, wie das Herz beschrieben werden kann, wenn es nicht biologisch-medizinisch gemeint ist.

Metapher heißt zunächst wörtlich nichts anderes als »Übertragung«, nämlich die Übertragung eines anschaulichen Ausdrucks auf etwas schwer Fassbares, das sich nicht direkt und unvermittelt sagen lässt. Ohne Metaphern kann mindestens die Hälfte des menschlichen Wissens nicht in Worte gefasst werden. Fakten lassen sich beschreiben, aber Erfahrungen, Empfindungen, Hoffnungen, Visionen können nur in der Sprache der Metaphern eingefangen, ausgesagt und weiter kommuniziert werden. Ein Ofen kann glühen, eine Liebe ebenso, und der Gleichklang der Worte lässt leicht übersehen, dass im ersten Fall ein Faktum benannt, im zweiten Fall mit einer Metapher versucht wird, einer bestimmten Bedeutung von Liebe Ausdruck zu geben. Freilich können Metaphern in Krisen geraten, sich verbrauchen, auch absterben, und bereits dieser Satz ist eine Metapher, aus dem Horizont menschlicher Erfahrung von Leben und Tod genommen. Aber es kann nicht darum gehen, sie zu vermeiden, sie aus dem Sprachgebrauch auszuscheiden, sondern sie, wenn nötig, zu »rekonstruieren«. So wie Restaurateure alter Gemälde den Firnis entfernen und dann vorsichtig Schicht für Schicht entstellende Übermalungen abheben, bis sie zur Leuchtkraft des Originals vorgestoßen sind, so müsste man sich auch alten Metaphern nähern, um herauszufinden, was sie ursprünglich gemeint haben. Sie sind übermalt, in unpassende Zusammenhänge gestellt worden, sie haben ihre Leuchtkraft eingebüßt. Man sollte sie nicht nach ihrem heutigen Aussehen beurteilen, sondern herausfinden, wofür sie einmal gestanden sind. Dann ist es möglich, dass sie wieder zu uns sprechen: »erinnern, um Neues zu sagen«[45]. Denn »ein Jenseits der Metapher, ein metaphernfreier Ort, ist für die theologische Rede von Gott unerreichbar«[46].

Religion zur Sprache bringen

Religiöse Sprache ist durch und durch metaphorisch, denn schon von Gott lässt sich nicht anders als metaphorisch sprechen. Da es sich bei Gott um keinen Gegenstand der Anschauung handelt, müssen Begriffe aus dem anschaulichen Bereich auf ihn übertragen werden. So sind bereits Aussagen, dass Gott spricht, handelt oder liebt, metaphorischer Art. Aufgrund der Asymmetrie zwischen Gott und Mensch können keine endlichen Gedanken, Vorstellungen, Gegenstände oder Lebewesen mit Gott gleichgesetzt werden. Nun kommt es bei der Gottesrede bzw. der religiösen Sprache überhaupt häufig zu einer Verwirrung, die Charles Dickens in seiner Erzählung »Große Erwartungen« schildert: Ein Waisenknabe namens Pip, der das

Grab seiner Eltern besucht und die Grabinschriften studiert, erzählt: Ich las »in den Worten ›Gattin des Obigen‹ eine sehr lobende Erwähnung der Erhebung meines Vaters in eine bessere Welt«. Seinen Katechismus, der ihn verpflichtete, »in demselben [zu] wandeln alle Tage meines Lebens«, verstand er hingegen als Aufforderung, »durch das Dorf von unserem Hause aus immer in einer ganz besonderen Richtung zu gehen und davon niemals ... abzuweichen«. Was macht Pip? Im einen Fall versteht er die wörtliche Bedeutung der Inschrift als religiöse Metapher, im anderen Fall nimmt er eine religiöse Metapher wörtlich.[47] Für solche Missverständnisse kann religiöse Sprache nicht nur bei Kindern sorgen.

Jesus selbst hat nichts Schriftliches hinterlassen, mehr noch: Soviel wir von ihm wissen, steht »am Anfang des Christentums kein Theologe, sondern ein Erzähler«[48]. Theologische Begriffssprache ist nicht unnötig, aber sekundär; daher ist religiöse Sprache primär immer auf literarische Mittel angewiesen.

Metaphern, besonders religiöse, können die Art und Weise, wie wir uns angewöhnt haben, die Welt zu sehen, erweitern und überschreiten und neue Weisen der Weltsicht schaffen. Ihre innovative Kraft beziehen sie aus der Spannung, die entsteht, wenn ungewöhnliche Begriffe aufeinandertreffen. Ein nicht religiöses Beispiel für das, was wir erleben, wenn wir denken, wäre etwa dieses: »Das Hirn ist ein verzauberter Webstuhl, auf dem Millionen huschender Schiffchen ein sich auflösendes Muster weben.«[49] Innovative Metaphern leben davon, dass etwas Unerwartetes, Unerhörtes gesagt wird, wie etwa, wenn es heißt, dass Gott die »Motte für Efraim« ist, oder – nach einer anderen Übersetzung – »Eiter für Efraim, Fäulnis für das Haus Juda«[50]. Die krassen und völlig unpassenden Bezeichnungen für Gott provozieren eine neue Bedeutung: Efraim ist vom Weg Gottes abgekommen, und der Prophet Hosea droht dem Schuldigen mit Vernichtung wie durch Fäulnis und Mottenfraß. Ebenso unerhört ist der Zusammenstoß in der Aussage, dass Jesus als der Christus Gottes Sohn ist, wenn die Sohnschaft wörtlich genommen wird als biologische Abstammung oder auch als mentale Adoption. Denn mit Gott und Mensch prallen Konzepte aus zwei einander ausschließenden Bereichen aufeinander, Gott kann nicht Mensch sein und der Mensch nicht Gott, und doch ist dieses »Gott in Christus Jesus« die christliche Grundmetapher. Metaphern können freilich so weit verblassen, dass sie nicht mehr als solche erkannt werden, weil sie durch allzu häufigen Gebrauch als Formeln in das übliche Sprachrepertoire eingegangen sind, keine Überraschung mehr bedeuten und keine neue Einsicht hervorbringen, wie es mit dem »Sohn Gottes« ohne Zweifel geschehen ist.

SCHULEN DES DENKENS
Wirklichkeit in Theorien

> Die Menschen haben bisher vieles gedacht,
> aber vermutlich über ihr Denken nicht nachgedacht.
> Ebenso haben sie manche Jahre gesprochen,
> aber über die Sprache nicht nachgedacht.[51]
>
> *Immanuel Kant*

Wer genau wissen möchte, wie etwas faktisch ist, muss sich bewusst sein, dass die Welt immer nur so aussieht, wie wir imstande sind, sie zu sehen. Es ist ein nützlicher Irrtum zu glauben, wie wir etwas sehen, so sei es tatsächlich – ein Irrtum freilich, ohne den es kaum möglich wäre, das normale, alltägliche Leben zu bewältigen. Das geht so lange gut, als die Sicht der Menschen rund um uns in etwa mit der eigenen übereinstimmt. Schon wenn jemand aus einem anderen Land anreist, von einer anderen Tradition oder Weltanschauung herkommt, ändert sich das Bild. Dieselbe Sache wird plötzlich anders gesehen – ein gern benützter Anlass für sinnlose Auseinandersetzungen, wenn jeder oder jede meint, die Wirklichkeit sei eben genau so, wie sie ihm oder ihr erscheint.

Filter im Kopf

Niemand hat die Wirklichkeit eins zu eins in der Hand oder vor Augen, auch nicht die Naturwissenschaftler, die sehr gut wissen, dass die Beweiskraft der Experimente von den Hypothesen abhängt, mit denen sie die Experimente entwerfen. Zwischen Wirklichkeit und Wahrnehmung schiebt das Bewusstsein einen Filter ein und zensuriert, färbt und ordnet, was da an Informationen hereinkommt. Viele Erfahrungen gehen in diesen Filter ein, und Denkformen spielen eine Rolle, die im Bewusstsein vorgegeben sind. Aus ihnen entstehen vorgeschaltete Theorien, die den Blick lenken; denn die Wirklichkeit ist viel zu komplex, um sie in ihrer ganzen Fülle aufzunehmen. Es gibt psychische Erkrankungen, die daher kommen, dass der Filter zu durchlässig geworden ist, sodass ein Mensch nicht mehr ordnen kann, was auf ihn einstürmt. Oder der Filter ist zu dicht und lässt keine denkbare Alternative mehr zu; auch Engstirnigkeit und Starrköpfigkeit können krank machen. Filtern heißt in jedem Fall auch auswählen, und so können Täuschungen entstehen. Wer mit einem Schwarz-Weiß-Film fotografiert, kann auf seinen Fotos keine Farben erwarten; ist die Wirklichkeit deswegen farblos? Wie ich etwas sehe, ist schon durch meine Sichtweise zugerichtet, wir haben die Wirklichkeit nur durch den Filter von Theorien, die sich verschiedenen Denkweisen verdanken.

Sprache und Denken sind zwar eng miteinander verflochten, wir denken sprachlich und sprechen denkend; aber das Gedachte kann nicht ohne Weiteres ausgesprochen werden. Alltagssprachliche Wendungen verraten das: »Mir fehlen die Worte«, oder »ich suche die richtigen Worte, um meine Gedanken auszudrücken«, oder wenn die Rückfrage kommt: »Was hast du dir gedacht, wenn du das sagst?«. Hinter dem sprachlichen Ausdruck ereignet sich ein Prozess im Bewusstsein. Nehmen wir an: Ein Mensch sitzt im Kino und nimmt plötzlich Brandgeruch wahr. Er ruft aber nicht gleich »Feuer«, sondern bedenkt, dass eine solche Reaktion Panik auslösen würde; er verzichtet auf den Schreckensruf und damit auf eine sprachliche Äußerung. Sein Zögern ist das Ergebnis seines Nachdenkens; wenn er weiterdenkt, wird er noch rechtzeitig etwas unternehmen, damit das Kino nicht abbrennt. Denken vollzieht sich als ein inneres Selbstgespräch mit bisweilen schwerwiegenden Folgen.[52]

Über Denken und Sprechen nachzudenken, ist keine einfache Sache – etwas von der angenehmen Unbefangenheit im Umgang mit der Welt und den Menschen geht verloren: Die Welt ist nicht unbedingt so, wie wir sie sehen und über sie denken, und was geredet wird, deckt sich nicht unbedingt mit den Gedanken. Manches wird verschwiegen oder so geäußert, dass die Gedanken hinter den Worten nicht eindeutig zu erkennen sind. Dennoch ist es notwendig, Gedanken zu äußern, denn »das Reden ist die Vermittlung für die Gemeinschaftlichkeit des Denkens«[53]. Kein anderer Weg führt zum Gedankenaustausch; um aber Missverständnisse möglichst zu vermeiden und nicht aneinander vorbeizureden, ist es wichtig zu wissen, in welcher Denkform sich ein Gespräch bewegt.

Es gibt eine überschaubare Zahl von Theoriefiltern des Denkens, aber nicht jede dieser Denkformen ist für alles brauchbar. Für das Thema dieses Buches sind drei Denkformen besonders interessant: die *Kausalität*, also das Denken über Ursache und Wirkung; die *Ontologie*, bei der es um das »Wesen der Dinge« geht, und die *Dialektik*, in der aus der Verbindung von Gegensätzen Einheit erkannt wird.

Ursachenforschung

Die Frage »Warum?« scheint unauslöschlich ins Gehirn eingepflanzt. Sie ist die hundertmal wiederholte Frage der Kinder, und sie verstummt nicht bis ins hohe Alter. Was immer sich vorfindet oder geschieht, wirft die Frage auf, warum es so und nicht anders ist, warum etwas geschehen ist, welche Ursachen dahinter stehen – das heißt, man geht in der Geschichte zurück, um zu erfahren, wie sich eines aus dem anderen ergeben hat. Die Naturwissenschaften haben diese Denkform der Kausalität zur Perfektion gebracht und daraus einen eindrucksvollen technischen Fortschritt entwickelt.

Schon weit schwieriger ist die Anwendung der Kausalitätsfrage auf Menschen, denn in diesem Bereich setzt sich das in der Schuldfrage fort: Wer ist daran schuld und aus welchem Grund? Kein Zweifel, Menschen verursachen alles Mögliche, sie machen Geschichte, sie zetteln Kriege an, sie beschädigen die Umwelt und das Klima, sie schaffen großartige Kunstwerke, sie machen anderen das Leben schwer oder lebenswert. Aber die Ursache Mensch ist nicht einfach zu fassen, sie ist ein Bündel von schwer durchschaubaren Motiven. Und wenn jemand schon etwas verursacht hat, ist er dann auch im moralischen Sinne schuld daran?

Die geradezu zwanghafte Frage nach der Ursache hat bisweilen schreckliche Blüten getrieben: War die Ernte schlecht, meinte man zuzeiten, es wären Hexen gewesen, die das Unglück verursacht hätten und verantworten müssten. Ist der Fluss über die Ufer getreten, die Wirtschaftslage den Bach hinuntergegangen, hat man die Juden beschuldigt. Sündenböcke sind bis heute die Opfer des Bedürfnisses nach einer schnellen und einleuchtenden Klärung von Ursachen in Stammtischgesprächen oder Wahlkämpfen: Schuld sind die Muslime, die Ausländer oder die Sozialschmarotzer, die Türken oder die Chinesen. Politiker, die mit komplexeren Erklärungen aufwarten, haben nur geringe Chancen.

Die Naturwissenschaften sind so erfolgreich geworden, weil sie konsequent die Warum-Frage stellen. Zugleich aber ist diese Warum-Frage auch in vielen anderen Bereichen geradezu eine Manie geworden. Täglich kann man die Ergebnisse empirischer Studien in der Zeitung lesen, warum Alkohol krank macht, aber auch heilsam sein kann, warum das Rauchen Krebs erzeugt, aber Nikotin gegen Alzheimer hilft, warum sich das Klima erwärmt, warum die Sozialausgaben steigen oder sinken müssen, warum Atomkraftwerke gebraucht werden oder warum sie gefährlich sind. Die pausenlose Warum-Frage wird, wenn Menschen involviert sind, zur ebenso pausenlosen Schuldfrage. Es wird nach den Ursachen für den bedauerlichen Zustand der Welt gefragt und daraus werden Anschuldigungen entwickelt, die nach Sündenböcken suchen.

Freilich können wir uns Antworten auf die Warum-Frage nicht ersparen, weil diese Frage die Geschichte ernst nimmt und aus ihr Prognosen für die Zukunft entwickelt. Die Frage nach der Ursache für den bedauerlichen Zustand der Welt ist auch eine biblische Frage, aber die Texte gehen anders damit um. Sie erzählen zwar eine Ätiologie, eine Ursprungsgeschichte, aber in Form eines Mythos, der außerhalb der Geschichte angesiedelt ist. Damit wird signalisiert, dass es nicht möglich ist, dahinter nach einer weiteren Ursache zu suchen, und somit ist die Ursachenforschung abgeschlossen. Die Ursache erhält dadurch den Charakter einer Prämisse, einer Denkvoraussetzung[54], die gesetzt wird und von der aus weitergedacht werden kann. Damit tragen die Erzählungen der Genesis vom »Sündenfall« oder vom Turmbau zu Babel zwar dem eingefleischten Kausalitätsdenken Rechnung, aber ohne die Sache immer weiter und ohne Bremse nach rückwärts zu verfolgen. Im Übrigen ist die Theorie vom Urknall auch keine Erklärung, sondern das, was die Physiker eine Extrapolation nennen: Aus vielerlei Beobachtungen und Berechnungen der Astrophysik wird auf eine Anfangssituation geschlossen, hinter die weiter zurückzugehen nicht mehr möglich ist. Wir können uns die Warum-Fragen nicht einfach verbieten. Ursachenforschung stellt eine unerlässliche Denkform dar, aber sie kann nicht immer Antwort geben, weil manche Fragen eine andere Denkform erfordern.

Was die Welt zusammenhält

Wenn also mit dem Denken in Kausalitäten nicht alles erklärbar ist, mehr noch, wenn diese Denkform zu Verzerrungen führt, sobald sie unterschiedslos auf alles und jedes angewendet wird, dann ist eine andere Theorie gefragt: die Ontologie, die das Wesen der Dinge betrifft.[55] Diese Denkform geht von einer allem zugrunde liegenden Einheit aus, von einer unsichtbar wirkenden Kraft, die alles hervorbringt und in vielfältigen Formen in Erscheinung tritt. Auf die Suche nach dieser Kraft, die »die Welt im Innersten zusammenhält«[56], begibt sich Goethes

»Faust« schon in der ersten Szene. Da lautet die Frage nicht: Was ist die Ursache?, sondern: Wie ist das Wesen der Dinge beschaffen?. Weil sich diese Frage Mystiker und Alchimisten gestellt haben, scheint sie heute auf den ersten Blick gänzlich unmodern und überholt. Genau besehen, ist aber das Gegenteil der Fall. Auf gelungene ebenso wie auf gefährliche Weise hat diese Art zu denken eine ungebrochene Lebenskraft.

Am 10. Dezember 1948 verabschiedete die Vollversammlung der Vereinten Nationen die Erklärung der Menschenrechte mit einer Präambel und 30 Artikeln: »Alle Menschen sind frei und gleich an Würde und Rechten geboren. Sie sind mit Vernunft und Gewissen begabt und sollen einander im Geist der Brüderlichkeit begegnen« (Artikel 1). »Jeder hat Anspruch auf die in dieser Erklärung verkündeten Rechte und Freiheiten ohne irgendeinen Unterschied, etwa nach Rasse, Hautfarbe, Geschlecht, Sprache, Religion, politischer oder sonstiger Überzeugung, nationaler oder sozialer Herkunft, Vermögen, Geburt oder sonstigem Stand« (Artikel 2). In diesem Text wird nicht gefragt, aus welcher Ursache einem Menschen solche Rechte zugesprochen werden, sie werden zugesprochen, weil er oder sie ein Mensch ist, ob alt oder jung, schwarz oder weiß, Frau oder Mann. Auch wer blind, taub oder sonstwie beeinträchtigt ist, gilt als Mensch, ebenso ein Kranker oder Sterbender. Denn Würde, Vernunft und Gewissen gehören gemäß dieser Denkform unverlierbar zur Natur, zum »Wesen« des Menschen, unabhängig davon, wie dieser Mensch aussieht und auftritt, welche Eigenschaften er hat, in welchem Zustand er sich befindet oder wodurch er möglicherweise schuldig geworden ist.

Vom Wesen des Menschen her zu denken, lässt sich nicht kausal begründen oder empirisch »beweisen«, und doch ergeben sich daraus entscheidende Folgen für Rechte und Pflichten: Recht auf Leben, Schutz des Lebens, Freiheit und Sicherheit, die Abschaffung von Zensur, Folter und Sklaverei. So grundsätzlich zu denken, sieht mit Absicht davon ab, die Kette der Ursachen in die Geschichte zu verfolgen und daraus Schlüsse zu ziehen. Wesensdenken ist zeitlos. Das scheint in manchen Teilen der Welt inzwischen selbstverständlich und ist doch keineswegs unumstritten. Bei der Abstimmung im Dezember 1948 gab es keine Gegenstimme, aber acht Enthaltungen durch die Sowjetunion, Saudi-Arabien, Südafrika und die Staaten des Ostblocks. Denn dahinter steht ein bestimmtes Menschenbild, das nicht von allen geteilt wird. Es hat keine zwingende Evidenz, sondern man muss es wählen und sich dafür entscheiden.

Die Erklärung der Menschenrechte hat zwar Vorläufer mit gewissen Einschränkungen in der amerikanischen Unabhängigkeitserklärung (1796) und Verfassung (1787) sowie in der entsprechenden Erklärung der Französischen Revolution (1789); der unmittelbare Anlass war aber der vorausgegangene massive Missbrauch des Wesensdenkens. So wie das Denken in Ursachen, obwohl notwendig, in Irrtümer führen kann, so hat auch das Wesensdenken eine gefährliche schwarze Kehrseite. Der nationalsozialistische Rassismus schrieb Juden ein übles Wesen zu, während Arier alle guten Eigenschaften in sich vereinigten, und zwar nicht als individuelles Verdienst, sondern schlicht, weil sie ein »arisches Wesen« hatten. Daher konnte gereimt werden: Am deutschen Wesen wird die Welt genesen.

Dass sie daran nicht genesen würde, wusste der Psychologe C.G. Jung 1936 noch nicht, als er den Aufstieg Adolf Hitlers als die Manifestation des Wotan-Archetyps begrüßte, der zur deutschen Kollektivpsyche gehöre und ausgebrochen sei, um dem »Aufklärungswahn« Einhalt zu gebieten.[57] Für Jung gibt es eine Menge unterschiedlicher »Wesensarten«, deutsche, jüdische, männliche oder weibliche, und der Amerikaner ist »vom Neger durchzogen«[58], womit sich deutlich unterschiedliche Wertungen verbinden. Hier wird zu einer zeitlosen und unbeeinflussbaren Hervorbringung der Natur erklärt, was mit geschichtlichen Prozessen zu tun hat, die einem zeitlichen Wandel unterliegen.

Sein und Sollen

Aber im Windschatten einer Kultur, die auf Selbstbestimmung, Freiheit und Verantwortung jedes Einzelnen pocht, ist ontologisches Denken gerade heute wieder gefragt. Gegen die Flut von moralischen Appellen, gegen die wachsende Überforderung durch einen Staat, der sich zurückzieht und dem einzelnen Bürger Verantwortungen aufhalst, die er kaum tragen kann, bietet nicht nur Jung mit seiner ontologischen Theorie eine Entlastung, ein Gefühl der Gelassenheit, das aus dem Vertrauen in die Natur wächst. In diesen Denkhorizont gehören auch die Pädagogin Maria Montessori und die humanistische Psychologie mit Abraham Maslow oder Carl Rogers, die sich mit der New-Age-Bewegung verschwisterte. Sie meinen, der Mensch würde sich von Natur aus voll entfalten wie eine Pflanze, die genug Wasser und Sonne hat, wenn nicht irgendwelche moralischen Forderungen dazwischenkommen. Aus dieser Perspektive werden auch die östlichen

Religionen gesehen und willkommen geheißen, und ontologisches Denken ist die verbindende Basis der heutigen unübersehbar vielfältigen Esoterikszene: Sie alle bauen darauf, dass unser Dasein nicht nur aus Zerreißproben besteht, sondern in einem sicheren Seinsgrund wurzelt. Da wird die Tätigkeit des Bewusstseins gern als Störfaktor von außen angesehen, der das innere stille Walten der Natur behindert. Während alles, was mit Ethik zu tun hat, lediglich als ein äußerer Zwang gilt, der zu nichts Gutem führt, könne die natürliche Selbstentfaltung nicht fehlgehen.

So weit kann man es übertreiben. Nun zeigt die Erklärung der Menschenrechte, dass die ontologische Denkform durchaus einen Sinn hat, wo sie am Platz ist. Auch die biblischen Schriften bedienen sich dieser Denkweise. In der Schöpfungserzählung in Genesis 1 wird die Würde des Menschen Gottebenbildlichkeit genannt, und es spricht einiges dafür, darin die frühe Quelle für die Menschenrechte zu sehen. In schöner Deutlichkeit macht die Erzählung dann aber klar, dass es mit der Feststellung der Menschenwürde noch nicht getan ist; denn die Würde macht frei – auch zu jeder Art von Übergriffen: Es handelt sich um eine beschädigte Würde. Was – ontologisch gedacht – schon wirklich ist, muss im Verlauf der Geschichte immer erst verwirklicht werden. In der Erklärung der Menschenrechte kommt das auch sprachlich deutlich zum Ausdruck: Die Menschen *sind* gleich an Würde und *sollen* einander entsprechend brüderlich, geschwisterlich begegnen. Somit ist es die Spannung zwischen Sein und Sollen, die das menschliche »Wesen« ausmacht.

Die christliche Theologie kommt ohne die ontologische Denkform nicht aus, aber auch da kann sie missbraucht werden. Denn es kommt einem hierarchischen Führungsanspruch durchaus entgegen, wenn geschichtliche Entwicklungen und Ereignisse als wesenhaft und daher unveränderlich erklärt werden. Das geschieht besonders in der römischen Kirche: Die Tradition, das Amt des Priesters und des Bischofs werden dadurch »heiliggesprochen« und unantastbar gemacht. Auch das römische Dogma von der unbefleckten Empfängnis Marias kann als eine Grenzüberschreitung verstanden werden: Was allein Jesus Christus zukommt – nämlich ohne Sünde zu sein (gemeint ist die sogenannte »Erbsünde«), wird auf seine Mutter ausgedehnt. In der christlichen Matrix spielt die ontologische Denkform jedoch in Bezug auf Jesus Christus eine unverzichtbare Rolle. Dass Gott sich in Christus zu erkennen gegeben hat, bildet die zentrale Prämisse des Christentums. Da nicht einzusehen ist, warum das Denken ausgerechnet aus der Religion ausgeklammert sein sollte, fragt sich, wie die Verbindung zwischen einem geschichtlichen Menschen und dem ewigen Gott zu denken sei. Es geht nicht um die Frage, ob wir uns ein solches Wesen vorstellen können, sondern ob es gedacht werden kann. Das betrifft die ontologische »Logik«, die besagt, dass das »Sein« unserem erkennenden und handelnden Umgang mit der Welt *vorausgesetzt* ist. Jesus Christus ist die Prämisse, die Voraussetzung allen Nachdenkens über Gott und Welt in der christlichen Religion.

Dialog und Dialektik

Ursachendenken, Wesensdenken – und man könnte noch andere denkende Annäherungen an die Wirklichkeit aufzählen –, aber es bleibt zuletzt noch die Frage: Wie kommt das Denken in Gang? Die einfache Antwort lautet: im

Gespräch. Denken lässt sich nicht von der Sprache trennen, Frage und Antwort stehen einander gegenüber, und wenn beides nicht auf zwei Personen verteilt ist, das Gespräch also nicht mit anderen geführt wird, dann mindestens mit einem selbst. Daraus hat sich früh eine philosophische Methode entwickelt und ist durch Platon berühmt geworden, der seine Bücher in Dialogen verfasst hat: Im Mittelpunkt von Rede und Gegenrede steht Sokrates, der seine Gesprächspartner zum Denken anregt, sie durch einleuchtende Beispiele und geschickte Argumentation geradezu zum Denken »verführt«. Unter Dialektik[59] versteht Platon daher die Kunst der Gesprächsführung, die in der Bewegung von Frage und Antwort einander widersprechende Ansichten zu einer wahren Einsicht führt.

Bücher in Dialogform haben eine lange Tradition. Die mittelalterlichen Theologen entwickelten ihre Thesen in Disputationen, Religionsgespräche zwischen Christen, Juden und Muslimen wurden in Wechselrede aufgezeichnet, der Humanist Erasmus von Rotterdam oder der skeptische Aufklärer Gotthold Ephraim Lessing griffen zum Mittel literarischer Dialoge, um ihre Überzeugungen durch Widerlegung von Gegenargumenten einsichtig zu machen und zu verbreiten: These und Gegenthese, Behauptung und Widerspruch, Argumente dafür und dagegen mit dem Ziel, aus den Gegensätzen herauszukommen. Das wurde dialektisches Denken genannt, das freilich auch seine problematischen Seiten hat, denn es kann als Methode dazu dienen, die Gegensätze dadurch aus der Welt zu schaffen, dass sie retouchiert und zugeschmiert werden. Bei der Frage, worin ein Drittes bestehen könnte, das die Gegensätze überwindet, stößt man häufig auf eine bereits vorgegebene »Lehre« wie schon bei

Platon; denn Sokrates hat nach allem Hin und Her zuletzt immer recht. So geht es auch in Lessings Dialog »Ernst und Falk« zu: Falk ist Freimaurer, und das Frage- und Antwortspiel endet damit, dass Ernst die Vorzüge der Freimaurerei einsieht; eine derartige Literatur ist weniger Dialektik als Propaganda.

Dialektik der Liebe

Die Liebe ist ein naheliegendes Exempel für dialektische Überlegungen. Zwei Menschen verbinden sich und bleiben doch verschieden. Darauf baute Georg W. F. Hegel auf, aber er brachte die Dialektik durch die Verbindung mit der Idee eines Fortschritts in Misskredit, der keine Rücksicht auf die einzelnen Menschen nimmt. Das Ich vergisst sich nach Hegel in der Begegnung mit dem Du, um dann zu sich zurückzukehren, bereichert um ein höheres Bewusstsein als das »Dritte«. Diese Bewegung schreitet fort, bis zuletzt alle Gegensätze im höchsten Bewusstsein aufgehoben sind. Hegel nennt es den Welt-Geist, der überall am Werk sei, insbesondere bei Helden wie Alexander dem Großen oder Napoleon. Diesen Welt-Geist identifiziert er mit Gott – ein missratener Gott freilich, denn seinem Reich haben sich alle Menschen zu unterwerfen –, ein totalitärer Staat aus dem Kopf des Philosophen wie schon jener, den Platon zwei Jahrtausende früher in Syrakus errichten wollte. In der Logik eines solchen Welt-Geistes ist alles, was in der Welt geschieht, notwendig und ohne Rücksicht auf die Opfer gerechtfertigt. Hegels Weltentwurf wurde im Marxismus »vom Kopf auf die Beine gestellt« und hat dieser Art der Dialektik am nachhaltigsten einen schlechten Ruf eingebracht. Missbrauch kann freilich eine Denkform dort nicht aus der Welt schaffen, wo sie angemessen ist.

In seinem »Dialogischen Prinzip« versteht auch Martin Buber den Menschen als ein Beziehungswesen, das erst aus der Begegnung mit dem Du erfährt, wer er oder sie selbst ist, aber er geht damit viel offener um. Im Sinne der Dialektik sind Ich und Du etwas Verschiedenes, »Gegensätze«, als Individuen voneinander getrennt. Aber indem sie einander sprechend begegnen, überwinden sie diese Trennung, wenn auch nicht auf Dauer, so doch immer wieder. Für Buber lässt sich diese Dialektik aber nicht in irgendetwas Höheres aufheben. Zwar wollen sich Ich und Du einerseits innig miteinander verbinden, andererseits wollen sie aber auch bei sich selbst bleiben und ihre Eigenständigkeit bewahren. Mit einem solchen Spannungsfeld umzugehen, setzt voraus, dass man es denken kann, denn für sich allein genommen ist beides zerstörerisch: Symbiose oder Egozentrik beschädigen die Würde der Partner und die Beziehung.

Das Denken entwickelt sich dialogisch, aber Dialektik ist nicht nur ein Verfahren des Gesprächs. Die Wirklichkeit selbst hat etwas mit dem Hin und Her des Gesprächs zu tun und muss daher dialogisch verstanden werden. Das beste Beispiel ist der Mensch selbst: Zwar lassen sich manche seiner Eigenschaften und Verhaltensweisen im Sinne der Ursachenforschung von Vorfahren und Erziehung ableiten, aber niemals das Ganze der Person. Der Mensch, dieses verschränkte Wesen aus Natur und Geist, aus Leiblichkeit und Bewusstsein, ist nur dialektisch zu fassen: Er ist Leib, aber nicht nur, er ist Geist, aber nicht nur. Nur mit zwei einander entgegengesetzten Aussagen trifft man die Sache, und keine der beiden Aussagen kann für sich allein stehen. Sie brauchen sich gegenseitig, wenn nicht nur ein Teil, sondern das Ganze in Worte gefasst werden soll.

Dialektisches Denken spielt auch in der christlichen Matrix eine entscheidende Rolle, weil der christliche Weltentwurf sonst in unverständliche Widersprüche zerfallen würde. Sichtbare und unsichtbare Welt, Gott und Mensch, Leben und Tod haben nur insofern miteinander zu tun, als man sie aufeinander bezogen denkt. Sie scheinen einander auszuschließen und bilden doch ein unbeschreibliches Ganzes – unbeschreiblich, weil die Mittel des Denkens und der Sprache nicht ausreichen. Aber es gibt einleuchtende Analogien: die Dialektik der Liebe und das Wesen des Menschen. So wie Leib und Geist im Menschen unlösbar miteinander verflochten sind, so auch Natur und Geschichte und zuletzt auch Gott und Welt. Nicht zufällig hat Nikolaus von Kues im 15. Jahrhundert Gott als das »Ineinanderfallen der Gegensätze« (*coincidentia oppositorum*) beschrieben, als vorausgesetzte Einheit und Aufhebung aller Gespaltenheit der Welt. Aber wie das geschieht, um einer endgültigen Fülle Platz zu machen, das bleibt einem neuen Himmel und einer neuen Erde vorbehalten, die nicht Menschenwerk sein können. Mit dem dialektischen Denken kommt auch die Sprache an die Grenze ihrer Möglichkeiten und hat zugleich eine letzte Chance, vor dem scheinbar gegensätzlichen Aufbau der Wirklichkeit nicht zu verstummen.

Weltverbesserung

Göttlicher Nachholbedarf

»Unglaublich, das ist einer, mit dem man sprechen kann, über Millionen Lichtjahre und Galaxien, der sich kümmert um dich, als wärst du etwas. Wenn das kein Trost ist in der Welt der Treulosen, der Autounfälle, Kindervergifter, Landesverräter und Mörder. Gott ist kein Schuft. ... Lasst ihn wirken! Er soll auch was tun, den ganzen Rest. Es ist ja schließlich seine Welt. Bis wir hinüber sind. Beim Saphir, beim Grundstein des zweiten Tores der ewigen Stadt, der aus Glas und Gold, könnten wir einander treffen. Nehmt doch noch etliche mit! Fast bin ich sicher, wir könnten es schaffen.«[60]

DAS PROGRAMMIERTE UNHEIL
Über die Schwäche des Menschen

> Denn die machtvollen realen Bösen wollen das Böse
> gerade nicht um seiner selbst willen;
> sie hüllen sich in Illusionen des Guten.
> Dies hat eine radikale, vielleicht erschreckende Konsequenz:
> Der Glaube an das Gute eint die Guten wie die Bösen.[61]
>
> *Martin Seel*

Der große Entwurf des christlichen Sinngebäudes widerspricht der Welt, wie sie ist. Das kann auch nicht anders sein, denn niemand bräuchte solche Entwürfe, würden sie nur bestätigen, was wir sehen und wissen. Denn schaut man sich den pausenlosen Anlauf der Menschheit gegen die vielen Gestalten des Unheils an, gegen Krankheit und Tod, gegen Ungerechtigkeit und politische Unordnung, dann scheint es doch merkwürdig, wie wenig erreicht wurde. Zwar hat die Medizin Erfolge erzielt, zwar gibt es Zonen der Erde, in denen einigermaßen Rechtsstaatlichkeit herrscht und Krieg vermieden wird; aber anderswo verhungern die Menschen noch immer massenhaft, herrschen Seuchen, die in Europa längst ausgerottet sind, und werden Konflikte nach wie vor mit Waffen ausgetragen. Der hoffnungsvolle Entwurf eines Lebens in Frieden muss sich fragen lassen, ob er mehr ist als ein Märchen für Kinder, die das Leben noch nicht kennen. Wir rollen den Fall von vorne auf.

Jenseits von Eden

Noch einmal zurück also zum 3. Kapitel des Buches Genesis. Das ist einer der großen Texte in der Hebräischen Bibel über die fragile Würde des Menschen. Dieses Kapitel trägt in den meisten Bibelausgaben die Überschrift »Der Sündenfall«, aber das Wort Sünde kommt darin nicht vor. Das hilft zunächst einmal, dieses Wort nicht moralisch zu verstehen, wie es gang und gäbe ist. Schon gar nicht geht es um Sexuelles, das in der Regel damit assoziiert wird, auch nicht um Diätsünden oder sündteure Schuhe.

Der Clou der Erzählung liegt in der Wendung »Gut und Böse erkennen«. Das verspricht die Schlange der Frau und das tritt auch wirklich ein, als Adam und Eva, das erste Menschenpaar, vom Baum der Erkenntnis gegessen haben: Es gehen ihnen die Augen auf, und sie wissen nun um einen bedeutsamen Unterschied. Ein Ursprungsmythos wie diese Geschichte muss vom Ende her gelesen werden, nicht anders als die Geschichte von der babylonischen Sprachverwirrung, von der schon die Rede war. Das Ende, das Ergebnis macht eine entscheidende Aussage über den Zustand des Menschen. Eingekleidet in eine ursächliche Begründung wird erzählt, dass es so ist, wie es ist. Die Geschichte erklärt nichts und beweist nichts und löst das Rätsel nicht, warum Menschen zwar zwischen Gut und Böse unterscheiden können, aber trotzdem oft so destruktiv gegen sich und andere sind. Im Bild vom Baum der Erkenntnis erinnert sie an einen menschlichen Grundkonflikt, dass nämlich Menschen die Fähigkeit zur Einsicht besitzen, aber Gut und Böse zu unterscheiden, heißt noch lange nicht zu wissen, wie das jeweils Gute oder Böse konkret aussieht. Dazwischen gelagert sind Irrtum, Illusion, Unbewusstes, Verblendung, Umtriebe der Gefühle; und die Folge besteht in einer oft undurchschaubaren Zweideutigkeit von Worten, Gesten, Motiven und Handlungen. Wie das konkret aussieht, lässt sich aus den Lehrbüchern der Psychologie entnehmen, die in einer Vielzahl von Szenarien dokumentieren, dass Menschen häufig mehr von unerkannten Mechanismen getrieben werden als von bewusster Überlegung.

In der christlichen Matrix wird zwischen Sünde in der Einzahl und Sünden in der Mehrzahl deutlich unterschieden. Das Wort Sünde ist ontologisch gedacht und macht eine Aussage über den Zustand des Menschen, über seine *conditio humana*, und nicht über konkrete moralische Verfehlungen. Die mangelnde Unterscheidung in der religiösen Alltagssprache, in Predigten und frommen Büchern führt zu einer Fülle von Missverständnissen und zu dem Urteil, das Christentum würde die Menschen schlechtmachen, ihnen Schuldgefühle einpflanzen und ihr Selbstwertgefühl beschädigen. Die Rede davon, dass wir »alle Sünder sind«, wie sie sich vor allem im evangelischen Ambiente großer Beliebtheit erfreut, stößt mit Recht auf Widerstand, wenn damit gemeint sein sollte, dass »wir alle« moralisch verkommen sind, als wäre niemand imstande, verantwortlich zu denken und zu handeln.

Immunschwäche der Existenz

Nun verhält es sich aber umgekehrt: Gerade dort, wo Menschen darum bemüht sind, das Rechte zu tun, nach bestem Wissen und Gewissen zu handeln, stellt sich eine widersprüchliche Erfahrung ein: »Das ganze Leben besteht aus Wollen und Nichtvollbringen, Vollbringen und Nichtwollen«[62], nennt das Goethe in aller Kürze. Und Paulus schildert es im Brief an die Römer eindringlich: »Das Wollen ist zwar bei mir vorhanden, das Vollbringen des Guten jedoch nicht. ... Denn nicht, was ich will, das Gute, tue ich, sondern was ich nicht will, das Böse, führe ich aus. ... Dem Gesetz Gottes stimme ich freudig zu gemäß dem inneren Menschen; ich sehe aber ein anderes Gesetz in meinen Gliedern, das dem Gesetz meiner Vernunft widerstreitet und mich im Gesetz der Sünde ... gefangen nimmt.« Und er schließt mit der Klage: »Ich unglücklicher Mensch.«[63] Das »Gesetz«, von dem Paulus spricht, ist die Tora, die ethische Weisung, zusammengefasst in den Zehn Geboten. Schon in der jüdischen Tradition ist damit nicht Gesetzlichkeit im Sinne eines bloß äußerlichen Zwanges gemeint, sondern das freiwillige Wollen des Guten aus Gewissensgründen. Paulus gehört zu denjenigen Menschen, die diesen Anspruch höchst ernst nehmen, die nicht nur Gutes vollbringen, sondern auch Gefühle, Neigungen, Fantasien – den inneren Menschen, wie er sagt – ausschließlich am Guten ausrichten wollen.

Je stärker sein Bemühen, desto heftiger jedoch muss Paulus die Erfahrung eines Widerstands machen, den er »in seinen Gliedern« ortet. An anderen Stellen spricht er von »seinem Fleisch«. Damit ist nicht die berühmt-berüchtigte Fleischeslust im sexuellen Sinn gemeint, sondern weit darüber hinaus das, was sich vor allem im Bereich des Emotionalen abspielt: Gefühle des Hasses, der Abwehr, des Nicht-wirklich-Wollens, Ehrgeiz, Beachtungsbedürfnis, Unabhängigkeit durch Macht über andere, Rechthaberei, Angst, ausgeschlossen zu werden oder zu versagen – also alles, was zu den realistischen Bedingungen des Menschseins zählt: Sünde als Zustand, als *conditio humana*. Aus diesem Zustand folgen dann freilich die

»Sünden« im Plural, die mehr oder weniger große konkrete Schuld, die anderen Schaden zufügt.

Paulus ist seine innere Zerrissenheit bewusst geworden, und das ist schon viel. Meist gehen dem Verleugnungen und Fluchtversuche voraus. Wenn in Wirtschaft und Politik gravierende Missstände und Korruption auffliegen, dann steht das Ausmaß in einem direkten Verhältnis zu einer langen Zeit der Vertuschung. Martin Luther nimmt die »Diener Gottes«, die geistlichen Herren aufs Korn, die in Gebärden und Worten in großer Demut auftreten, hinter der sich der allergrößte Hochmut verbirgt, ohne dass ihnen das selbst bewusst wäre.[64] Eine andere Fluchtstrategie schiebt alles auf die äußeren Umstände, die »böse Welt«; und die Rhetorik der »mildernden Umstände« lautet: Ich bin eben nur ein Mensch, schwach und unvollkommen, ihr müsst mich nehmen, wie ich nun einmal bin. Hinzu kommt die Neigung zur Selbsttäuschung. Eine biblische Geschichte verdeutlicht das: Als Jesus beim letzten Mahl ankündigt, einer von seinen engsten Vertrauten würde ihn verraten, fragen diese höchst bestürzt: Doch nicht ich? Und Petrus, der zu diesem Zeitpunkt noch nicht ahnt, dass ihn bald darauf die Angst zum Verräter machen würde, beteuert: Mein Leben würde ich für dich geben.[65] Wie schnell ehemals hilfreiche Nachbarn zu Räubern, Mördern und Vergewaltigern werden können, hat zuletzt der hautnahe Krieg auf dem Balkan gezeigt. Das alles ist Schuld, es sind »Sünden«, die verantwortet werden müssen, aber dahinter steht »die Sünde« als unaufhebbare Immunschwäche, die – um im medizinischen Bild zu bleiben – moralische Krankheitsanfälligkeit des Menschen.

Trennungen

Der Garten Eden, in dem die Geschichte spielt, wird oft Paradies genannt, obwohl dieses Wort dort nicht vorkommt. Aber bleiben wir einmal dabei, dann erscheint es verwunderlich, dass zu einem paradiesischen Zustand Verbote gehören sollen. Das ist freilich eine Perspektive, um die es in dieser Erzählung nicht geht. Vielmehr leben die Menschen in diesem Garten vereint mit Gott. Wie es schon für die Beziehungen unter Menschen entscheidend ist, dass alle ihren eigenen Bereich haben, gilt das umso mehr dann, wenn Gott mit im Spiel ist. Im Bild der zwei Bäume, deren Früchte für die Menschen tabu sind, wird der Bereich Gottes abgesteckt, werden die Beziehungen geordnet. Aber die Menschen halten sich nicht an die Ordnung, sondern werden »übergriffig«, nehmen sich die Freiheit heraus, etwas an sich zu reißen, was ihnen nicht gehört. Auch hier erklärt und beweist die Geschichte nichts, sie sagt nur, dass es so ist, dass die Menschen so sind.

Übergriffe führen zu Trennungen, denn jede Beziehung, auch die Beziehung zu Gott, hat ihre Ordnung und ihre Regeln, die nicht verletzt werden dürfen. Durch die Verletzung der Ordnung, die den Unterschied zwischen Gott und Mensch markiert, wird eine Trennung vollzogen, die sich in weiteren Trennungen fortsetzt. Wenn die Geschichte erzählt, dass sich Adam und Eva durch gegenseitige Schuldzuweisungen entzweien und voneinander isolieren, dann sagt sie damit wiederum etwas über die *conditio humana*: In die Beziehung hat sich der Machtdiskurs eingeschlichen. Die Gottebenbildlichkeit geht zwar nicht verloren, aber sie wird dadurch verdunkelt, dass Menschen darauf vergessen, dass sie empfangend von dem leben, was ihnen gegeben wird von Gott und den Mitmenschen. Stattdessen nehmen sie sich, was sie wollen und zu brauchen meinen, werden sie emotional zwingend, erpresserisch und oft auch gewalttätig. Indem sie Ordnungen und Regeln der Beziehung verletzen, verletzen sie auch sich selbst. Zur Entzweiung untereinander kommt die innere Zerrissenheit und in der Folge die ewige Suche nach sich selbst, nach dem eigenen Selbst, nach einer Identität, die Antwort auf die Frage gibt: Wer bin ich? Zuletzt gehört zur *conditio humana* die Trennung vom Leben, der Tod, der sich als Inbegriff der Immunschwäche der Existenz durchs Leben zieht, alle menschlichen Gaben bedingt und begrenzt und auch für alles steht, was schiefgeht und misslingt.

Missverständnis »Erbsünde«

Es ist also dieser Zustand des vielfältigen Getrenntseins, der in der christlichen Matrix mit dem Wort »Sünde« (in der Einzahl) bezeichnet wird, woraus dann die Sünden (in der Mehrzahl), die vielen schuldhaften Verfehlungen folgen, für die wir aufgrund unserer – relativen – Freiheit Verantwortung tragen.

Im Laufe der Tradition wurde immer wieder versucht, »die Sünde« inhaltlich zu bestimmen, und dadurch kam es zur Identifikation mit jeweils einer bestimmten Schuld wie Egoismus oder Hochmut, mit Selbstliebe oder Selbstbehauptung, mit Existenzsicherung aus Sorge um sich selbst oder, als die andere Seite der Medaille, mit Angst und Verzweiflung, mit Sucht nach Anerkennung und Ruhm, mit Risikoverhalten oder Lust am Grauen und Bösen. Alles das können, wie die Wirklichkeit zeigt, Elemente von Schuld sein, aber nicht deren Ursprung im Sinne der *conditio humana*, denn sonst gäbe es keine Beispiele für Selbstlosigkeit und Altruismus, wie die vielen karitativen Vereinigungen zeigen, die sich für die Linderung der Not in der Welt engagieren. Eher noch weist das Wort »Konkupiszenz« in die Richtung des Verständnisses von Sünde, das »Begehren«, das bei Augustinus eine prominente Stellung einnimmt, wenn damit Übergriffigkeit gemeint ist: auf etwas aus sein und sich nehmen, was zum Bereich anderer gehört, und dadurch die Ordnung von Beziehungen zu stören. Augustinus aber verknüpft das Begehren mit sexueller Begierde und hat damit eine lange und fatale Wirkungsgeschichte ausgelöst.

Augustinus legt Genesis 3 so aus, dass es der freie Wille des Adam war, aus Hochmut Gott den Gehorsam aufzukündigen. Das nennt er die Ursünde, die sich – wie er meint – in einem grundlegenden Widerspruch zwischen Körper und Geist manifestiert. Zum Geist gehört der Wille und zum Körper das Begehren, das Augustinus nun mit der Geschlechtslust identifiziert. Er sieht das dadurch bestätigt, dass die Genitalien unabhängig vom Willen durch »hitzige Lust« erregt werden, während sich Augustinus wünschen würde, dass auch sie dem Geist dienstbar sind und »durch den Wink des Willens« in Bewegung gesetzt werden. Die »Fleischeslust« aber halte das scharfe und umsichtige Denken nieder, und der Geist könne sich dagegen nicht durchsetzen. Darin liegt für Augustinus der Ursprung der Scham; der Geist schämt sich, »dass sich ihm der Leib widersetzt, der ihm doch ob seines tieferstehenden Wesens unterworfen ist«. Das Resümee: Damals also, im Garten Eden, »begann das Fleisch zu begehren wider den Geist, und wir werden mit diesem Widerspruch behaftet schon geboren und von jener ersten Sünde überkommen wir den Anfang des Todes und tragen wir in unsern Gliedern und unserer verderbten Natur den Kampf mit dem Tode oder den Sieg des Todes«[66].

So wird für Augustinus die Ursünde durch die sexuelle Lust bei der Zeugung auf die nächste Generation übertragen wie eine unheilbare Geschlechtskrankheit. Das freilich ist ein Widerspruch in sich. Denn wenn es sich bei der Sünde nicht um konkrete Schuld handelt, sondern um einen Zustand des Menschen, um seine *conditio humana*, dann gehört dieser Zustand zum Menschen und kann nicht durch Zeugung immer wieder neu erzeugt werden. Eine Übertragung, wodurch auch immer, ist also nicht denkbar.[67] Das Wort »Erbsünde« unterstützt den Augustinischen Widerspruch, ein Wort übrigens, das es nur im Deutschen gibt und das fatalerweise weder mit Sünde im landläufigen Verständnis noch mit Vererbung etwas zu tun hat. Augustinus hat in lateinischer Sprache geschrieben und spricht vom *peccatum originale*, was meist mit Ursprungssünde oder Ursünde übersetzt wird und der Ursprungserzählung von Genesis 3 entspricht. Wenn etwas vererbt oder geerbt wird, dann immer in Bezug auf die folgende Generation, also in einem geschichtlichen Prozess. Hier spielt der Zeitfaktor eine Rolle, indem etwas übergeben oder übertragen wird, und dieser Zeitfaktor spielt in der Ursprungserzählung und damit im Verständnis von Sünde (in der Einzahl) gerade keine Rolle.

Der Konvertit Augustinus

Innerhalb der christlichen Tradition ist Augustinus der Einzige, der die Geschlechtslust zur Sünde stempelt, was allerdings enorm nachhaltig bis in die heutige säkulare

Alltagssprache hinein gewirkt hat. Durchgesetzt hat sich auch die Bezeichnung »Erbsünde« – ein hoch missverständlicher Begriff, der am besten aus dem Lexikon gestrichen werden sollte. Denn was damit gemeint ist, bezeichnet eine unbestreitbare Verfassung, die alle Menschen prägt und der niemand entkommt: unsere Endlichkeit in jeder Hinsicht, nicht nur, was die Lebenszeit angeht, sondern auch die ethische Labilität, die verhindert, aus Willen und Gewissen immer und überall das Gute zu tun.

Angesichts der Breitenwirkung des Augustinischen Konzepts mag es interessant sein, sich die Lebensumstände dieses Theologen vor Augen zu halten, der übrigens in vielem ein hochrangiger Denker war. Er selbst hat in seinem Buch der »Bekenntnisse« über sein Leben Auskunft gegeben. In seiner Jugend ging er eine Lebensgemeinschaft mit einer Frau ein, deren Namen er in seinen sonst sehr gesprächigen »Bekenntnissen« nicht nennt. Ihr blieb er fünfzehn Jahre lang treu und mit ihr hatte er einen Sohn namens Adeodatus. Aber seine Mutter Monica, eine sittenstrenge und ehrgeizige Christin, missbilligte die Verbindung, veranlasste Augustinus, sich von seiner Lebensgefährtin zu trennen, und versuchte, eine standesgemäße Ehe für ihn zu arrangieren. Augustinus litt unter der Trennung, sie blieb eine Wunde, die nicht heilte. Zur standesgemäßen Eheschließung kam es aber nicht mehr, denn inzwischen hatte sich Augustinus zu einem zölibatären christlichen Leben bekehrt. Wie Bekehrte in der Regel auf ihr davorliegendes Leben mit Abscheu blicken, schildert auch Augustinus im Rückblick diesen Lebensabschnitt in den dunkelsten Farben und spricht von »bösen Dünsten«, die dem Schlamme seiner Fleischeslust entstiegen waren, um ihn in den Sündenpfuhl zu tauchen.[68] So lässt sich verstehen, wie Augustinus persönlich zu seiner negativen

Einschätzung von Sexualität gekommen ist; aber daraus wurde ein Programm christlicher Leib- und Erosfeindlichkeit und die Legitimation einer kirchlichen Zweiklassengesellschaft, in der das ehelose Leben der Mönche, Nonnen und Priester über Jahrhunderte höher gewertet wurde als das der »einfachen« Christen mit Familie.

Im Licht der Vernunft

Die Lesart der Erzählung von Genesis 3 wird unter dem Aspekt eines geschichtlichen Ablaufes auf fatale Weise verdreht. Dann sind nämlich Adam und Eva, die mythischen Stammeltern, die reale Ursache und an den Misslichkeiten des irdischen Lebens schuld und geben ihr Verhängnis an jedes neugeborene Kind weiter. Das läuft auf Kollektivschuld hinaus, die mit Recht zurückgewiesen wird, denn was irgendwelche Vorfahren angestellt haben, kann uns keiner vorwerfen. Zudem geht die feine, aber wichtige Unterscheidung zwischen »der Sünde« in der Einzahl und »den Sünden« in der Mehrzahl verloren, und es kommt zu einer Sprachverwirrung, die sich durch die Predigten aller Jahrhunderte zieht, wenn das Wort Sünde sowohl für die *conditio humana* als auch für persönlich zu verantwortende Schuld verwendet wird.

Hier stellt die Sprache vor eine unangenehme Schwierigkeit: Sünde durch Einzahl und Mehrzahl zu unterscheiden, ist im Fluss der Rede fast unmöglich; verwendet man aber, wo die Mehrzahl am Platz wäre, das Wort Schuld, so lässt sich gerade dieses nicht in die Mehrzahl setzen – man kann zwar an Schulden schuld sein, aber dann wäre die Moral auf die Finanzwirtschaft heruntergekommen. Dennoch sollte das Wort Sünde für die *conditio humana* reserviert bleiben und trotz des sprachlichen Problems von Schuld geredet werden, wenn es um die einzelnen moralischen Verfehlungen geht, die das Leben begleiten. In der kirchlichen Sprache wird diese Unterscheidung leider selten aufmerksam getroffen.

Die Augustinische Verknüpfung von Sünde und Sexualität konnte als vernunftwidrig und als Entwürdigung des Menschen überhaupt verstanden werden, und dagegen war leicht zu argumentieren. Immanuel Kant erklärt, dass der Grund des Bösen nicht »in der Sinnlichkeit des Menschen und den daraus entspringenden natürlichen Neigungen gesetzt« werden kann, denn wir können diese Neigungen nicht verantworten, »weil sie als anerschaffen uns nicht zu Urhebern haben«[69]. Die Aufklärung sah es nur als eine Frage der Zeit an, bis die Menschen endgültig zur Vernunft kommen würden, nachdem sie sich von der Entmündigung durch altmodische religiöse Vorstellungen wie der »Erbsünde« befreit hätten. Im Januar 1777 gab Gotthold Ephraim Lessing einige Fragmente des damals bereits verstorbenen Reimarus heraus, eines Lehrers für orientalische Sprachen am Hamburger Gymnasium. Eines der Fragmente handelt von der »Verschreiung der Vernunft auf den Kanzeln«: Die Vernunft, die edelste Gabe der Natur, werde schlechtgemacht und als eine »schwache, blinde, verdorbene und verführerische Leiterin« hingestellt. Lessing ist davon überzeugt, dass die »Zeit der Vollendung« kommen wird, da der Mensch »das Gute tun wird, weil es das Gute ist«[70]. Etwa eine Generation später war es der Pädagoge und Schulreformer Friedrich Diesterweg, der auf die Emanzipation der Schule von der Kirche und auf eine Bildung zur Selbstbestimmung im Zeichen der Humanität und Verantwortungsfähigkeit setzt. Er wehrt sich dagegen, vernunftwidrige religiöse Lehren in die Köpfe der Kinder zu verpflanzen, und glaubt an das »Dasein der ewigen Vernunft«, die den Menschen zum Werk »eines vernünftigen oder göttlichen Weltreichs« befähige.[71] Und in seiner Vorlesung über Pädagogik ist Immanuel Kant von der »entzückenden« Vorstellung der zukünftigen »Vollkommenheit der menschlichen Natur« in einigen Generationen beseelt[72]; einige Generationen später hatten sich die Europäer bar jeder Vernunft in den Ersten Weltkrieg verstrickt. Hier und bei vielen anderen zeigt sich das aufgeklärte Fortschritts- und Vervollkommnungsideal, das auf den selbstverantwortlichen Menschen setzt, der zu Liebe, Eintracht und Gerechtigkeit aus freien Stücken von Natur aus fähig sei. Dabei ist allen die »Erbsünde« der größte Dorn im Auge, weshalb sich z.B. der Erzieher Christian Gotthilf Salzmann von einer ordentlichen Moralerziehung verspricht, mit der Zeit die »Erbsünde auszurotten«[73].

Die Neuzeit baut auf Verantwortlichkeit und Ethik; schon bei den Humanisten, dann besonders in der Frühaufklärung, ebenso in der heutigen allgemeinen Meinung findet sich die Idee, der Zuwachs an Autonomie schreite beständig fort und führe schrittweise zu einer Aufwärtsentwicklung des Menschengeschlechts und damit der Welt. Der realistische Blick auf den Fortgang der Geschichte zeigt aber, dass zwar da und dort vieles verbessert werden konnte, aber im Rücken davon sich auch wieder vieles verschlimmert hat.

Dem Traum von einer vervollkommnungsfähigen Menschheit steht eine Welt gegenüber, die immer mehr oder weniger einem Pulverfass gleicht. Dass das »Prinzip Verantwortung« weltweit permanent unterlaufen wird, führt aber in einer strikten Aufklärungskultur nicht zum realistischen Blick auf die *conditio humana*, sondern zu verstärkten moralischen Appellen. Odo Marquardt hat die treffende Diagnose von der Tribunalisierung der neuzeitlichen Gesellschaft als Schuld(un)kultur gestellt, in der Menschen einander nur noch als Richter und Gerichtete begegnen.[74] Was immer geschieht, es wird Gericht gehalten: Jemand muss daran schuld sein, möglichst einer oder eine oder wenige, damit man gezielt zugreifen und das Übel ausmerzen kann. Dabei werden diejenigen, die am bedauerlichen Zustand der Welt schuld sind, meist bei den anderen gefunden, Sündenböcke für Übeltaten, die man sich selbst nicht eingestehen will. Die Predigt der christlichen Kirchen kann sich diesem Trend kaum entziehen und ist weithin auf einen Moraldiskurs geschrumpft, den die einen, die es betrifft, ohnehin nicht hören, und der die anderen, die sich redlich bemühen, nur verärgert.

Deshalb ist die Unterscheidung von Sünde und Schuld so wichtig. Viele schuldhafte Verfehlungen geschehen nicht in böser Absicht, sondern aus Verwirrung, aus falscher Einschätzung und leider auch oft nach bestem Wissen und Gewissen; sie sind deswegen nicht weniger gravierend. Im 3. Kapitel der Genesis geht es darum, sich der Selbsttäuschung und der begrenzten Reichweite dessen bewusst zu werden, was wir erkennen und tun. Mit Martin Luther gesprochen zeigen alle Gebote und ethischen Maximen, ja selbst das Gewissen, nur auf, »was wir sollen und doch nicht können«[75]. Damit wird Schuld nicht irrelevant, aber durch die christliche Matrix in einen größeren Zusammenhang gestellt: Gott, so heißt es, hasst die Schuld, nicht die Schuldigen, denn die Menschen sind seine Geschöpfe, die er ins Dasein gerufen hat, und sie bleiben es.

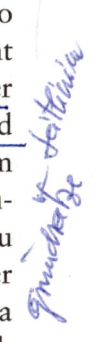

VERHEISSUNGEN UND UTOPIEN
Ein Panoptikum der Weltverbesserer

> Der Mensch ist das Wesen, welches die oberste Stufe der sichtbaren Schöpfung einnimmt, welches sich sogar für das Ebenbild Gottes ausgibt, worüber sich jedoch Gott nicht sehr geschmeichelt fühlen dürfte.[76]
>
> *Johann Nestroy*

Man könnte den Rest dieses Buches mit allen Varianten des Zwiespalts zwischen guter Absicht und schlechtem Ausgang, zwischen menschlicher Größe und menschlicher Niedertracht füllen. Die Geschichte ist voll davon, die ganze Literatur dreht sich um nichts anderes. Aus der Distanz betrachtet, schauen wir einem großen Welttheater zu, aber das distanzierte Vergnügen ist sofort zu Ende, wenn man als Betrachter selbst in die Zerreißprobe gerät und seine eigene Hinfälligkeit erleben muss. Da hört dann die Gelassenheit auf, und das Bewusstsein, das immer mehr weiß, als es vorfindet, entwirft eine Alternative. Denn wir haben nicht die Absicht, alles hinzunehmen, oder mit einem markigen Spruch von Ulrich Barth: »Wir stecken nicht nur in der Scheiße, wir können uns auch vorstellen, dass es anders wäre.«[77]

Gerade die biblische Religion kann sich das vorstellen, muss es sich vielleicht sogar vorstellen. Mehrere Tage, an denen Gott einen Teil der Schöpfung entstehen lässt, enden in der Erzählung der Genesis mit dem Satz: »Gott sah, dass es gut war.«⁷⁸ Was aber daraus geworden ist, sieht nicht besonders gut aus. Auf der Welt liegt der Schatten des Leidens, der Ungerechtigkeit und des Todes. Die ganze Schöpfung ist davon betroffen. Die Welt – ein Chaos? Die Erzählung der Weltschöpfung in der Genesis entwirft dagegen das Szenarium einer Ordnung, die das Chaos bannt. Dazu gehört, dass die Menschen als Mann und Frau zu Ikonen Gottes geschaffen und befugt sind, über alles zu herrschen. Wie die Stellvertreter eines Chefs sind sie beauftragt, alles im Sinne des Chefs verantwortlich zu verwalten, daher nichts zu zerstören und kein Chaos aufkommen zu lassen. Und damit sie sich an diese Aufgabe erinnern, wird zuletzt als Höhepunkt der siebente Tag zum Ruhetag Gottes erklärt: der Sabbat als Tag Gottes, an dem die Menschen ruhen und Gott die Ehre geben sollen.

Das hat allerdings nicht geklappt, die Verwalter haben ihre Vollmacht missbraucht und damit dem Chaos wieder eine Chance gegeben. Nun ist auch hier ein Stück biblischer Lesetechnik anzuwenden, denn die Autoren der Genesis tragen spätere Ereignisse in die Texte ein und interpretieren sie durch Erzählungen von einem Anfang. Diese Schöpfungsgeschichte stammt aus einer Zeit, als das babylonische Exil der Juden (586 bis 538 v.Chr.) zu Ende ging. Man versuchte, sich einen Reim auf den erfolgreichen Übergriff der Babylonier zu machen. Warum wurden Jerusalem und der Tempel zerstört, warum war die politische Selbstständigkeit verloren gegangen und der Großteil des Volkes in ein fremdes Land abtransportiert worden? Dieses furchtbare Schicksal wurde nun als von Gott gegebene Chance zur religiösen Erneuerung gesehen. Aus der rückwärtsgewandten Lesart betrachtet, sagt die Schöpfungserzählung: So ist es gut, weil es am Anfang so war. Der Sabbat steht für die religiöse Ordnung, die wieder eingehalten werden soll. In der wiederholten Wendung, dass alles gut sei, liegt die Einsicht, dass nur ein geordnetes Leben das Chaos bändigen kann.

Das Gesetz im Herzen

Allerdings scheinen die menschlichen Verwalter ihrer Aufgabe grundsätzlich nicht gewachsen zu sein. »Da sah Gott auf die Erde, und siehe, sie war verderbt«[79], heißt es noch in der Genesis. Hat also Gott etwas gutzumachen, liegt es an ihm, seine Schöpfung, die er für gut befunden hatte, zu verbessern? In die Verehrung des Schöpfergottes ist die Forderung verpackt, dass er die Welt endlich gut machen soll, damit man an ihn als einen guten Gott glauben kann. In der Logik des biblischen Gottesglaubens, der immer wieder fordernd auftritt, kommt genau das zur Sprache: Die Propheten des Alten Testaments können sich nicht nur vorstellen, dass es auf der Welt anders zugeht, sondern sie verkünden mit Bestimmtheit, dass es anders werden wird.

»Siehe, es kommen Tage ...« – eine Vision des Propheten Jeremia[80] kündigt an, dass Gott seine ethische Weisung in das Herz der Menschen schreiben wird, und Ezechiel[81] verspricht, Gott werde den Menschen »ein anderes Herz und einen neuen Geist« geben, damit sie nach seinen Gesetzen leben. Der ersten Schöpfung wird eine zweite, neue Schöpfung folgen: »Denn siehe, ich schaffe einen neuen Himmel und eine neue Erde«[82], so verkünden sie den Spruch Gottes. Solche Texte gibt es mehrfach, und sie kündigen eine Welt an, in der tatsächlich alles vertrauensvoll und gut ist. »Dann wohnt der Wolf beim Lamm, der

Panther liegt beim Böcklein, Kalb und Löwe weiden zusammen, ein kleiner Knabe kann sie hüten. Kuh und Bärin freunden sich an, ihre Jungen liegen beieinander, der Löwe frisst Stroh wie das Rind. Der Säugling spielt vor dem Schlupfloch der Natter, das Kind streckt seine Hand in die Höhle der Schlange. Man tut nichts Böses mehr und begeht kein Verbrechen.«[83] Irgendwann werden die Menschen also nicht nur wissen, was gut ist, sondern es auch tun. Gute Aussichten! Das wäre eine definitive Weltverbesserung. Aber wann soll das stattfinden?

Zeitwenden

Die biblischen Visionen haben eine besondere Tonart, weil sie eingewoben sind in den Glauben an den einen Gott. Aber die Vorstellung, dass es auch anders sein könnte, und der Entwurf einer neuen Welt ohne Leiden und Bosheit finden sich auch in anderen Kulturen. Ein Goldenes Zeitalter wird entweder an den Anfang der Welt gesetzt oder in die Zukunft hinein entworfen. Der römische Dichter Vergil, der im 1. Jahrhundert v.Chr. lebte, zeichnet in der berühmten Vierten Ekloge seiner Buccolica das Gemälde eines anbrechenden heilen Zeitalters. Die Bilder, mit denen er es beschreibt, sind denjenigen der Bibel sehr ähnlich: »Die Rinder fürchten sich nicht vor mächtigen Löwen .... Dann stirbt die Schlange aus und das trügerisch-giftige Krautwerk.«[84]

Eine Generation später stellt Ovid in seinen »Metamorphosen« ein Goldenes Zeitalter an den Anfang der Geschichte, in dem die Menschen von selbst, ohne geschriebenes Gesetz oder drohende Strafe tun, was recht ist. Auch hier wird ein paradiesischer Zustand beschrieben aus der Überzeugung, dass es anders sein könnte, ja sein müsste, als es in der Realität mit ihren Intrigen und Kämpfen, mit Misstrauen, Unrecht und Lüge tatsächlich ist. Ob als kritischer Ausgangspunkt menschlicher Geschichte am Anfang oder als erhofftes heiles Zeitalter am Ende – dass die Welt, wie sie ist, nicht einfach hingenommen werden kann, ist als explosives Moment in die europäische Geschichte eingeschrieben.

Die ersten Christen hofften auf den unmittelbar bevorstehenden Anbruch des Gottesreiches. Diese Hoffnung flammte immer wieder auf, ein Anlass dazu war die erste Jahrtausendwende. Im 12. Jahrhundert beschwor Joachim von Fiore den Beginn des Zeitalters des Heiligen Geistes. Seiner Vorstellung vom »Dritten Reich«, das tausend Jahre währt, bemächtigte sich später der Nationalsozialismus als quasi-religiöse Legitimation seiner Politik. Im 16. und 17. Jahrhundert versuchten verschiedene christliche Gruppen neue Daten für die heile Endzeit festzuschreiben. Charles T. Russell, der Gründer der Zeugen Jehovas, hatte zunächst für 1914 das Ende dieser Welt berechnet; heute gilt es für diese Gemeinschaft immer noch als unmittelbar bevorstehend.

Vergil knüpft seine Erwartung einer Zeitenwende an die Geburt eines Knaben und nennt eine Jungfrau als Mutter. Schon davor liest man im Alten Testament, dass ein Kind mit Namen Immanuel (d.h. »Gott mit uns«) geboren wird, ein Herrscher, der Gerechtigkeit und Frieden auf ewig etabliert.[85] Beides haben die Christen später als Vorschau auf die Geburt Jesu interpretiert und mit der Hoffnung auf den unmittelbar bevorstehenden Anbruch der Gottesherrschaft verbunden. Diese visionäre Schau aus unterschiedlichen Zusammenhängen läuft auf die Vorstellung hinaus, dass eine neue Zeit mit der Geburt eines neuen Menschen beginnt, was einer naheliegenden Erfahrung entspringt. Hannah Arendt nennt die Geburtlichkeit ein prägendes Merkmal des Menschen; allzu einseitig wird oft die Tatsache, dass der Mensch sterblich ist, zu seinem einzigen Charakteristikum erhoben. So wie der Tod in Krankheiten und bei Abschieden seinen Schatten vorauswirft, so bedeutet geboren zu sein, dass immer neue Anfänge möglich sind, die dem Tod ein immer wiederkehrendes Argument entgegensetzen. So geht auch die Faszination des Weihnachtsfestes von einem Kind aus, und der Kinderkönig, eine Figur mittelalterlicher Spiele, steht als heilbringende Gestalt im Mittelpunkt von Hugo von Hofmannsthals letztem Drama »Der Turm«.

Quer durch Religion und Literatur wird nach einem neuen Anfang, nach dem Anbruch eines heilen Zeitalters Ausschau gehalten. Während die Astrologie, seit den Sumerern als Wissenschaft geachtet, in den Schatten der Naturwissenschaft geraten ist, treten in esoterischen Gruppen neue Bilder vollkommener Welten ans Licht. Die New-Age-Bewegung, die sich schon dem Namen nach als Hoffnungsträgerin einer neuen Zeit versteht, meint, dass in den 1970er-Jahren das Wassermann-Zeitalter angebrochen sei, als der Frühlingspunkt durch das Sternbild des Wassermanns zog; damit sei das Fische-Zeitalter abgelöst worden, das mit Jesus von Nazaret begonnen habe. Nach der neuerlichen Wende würde nun endlich die angekündigte Zeit des Friedens beginnen, wie sie ein Lied des Musicals »Hair« besingt: »Wenn der Mond im siebten Hause steht und Jupiter auf Mars zugeht, herrscht Friede unter den Planeten, lenkt Liebe ihre Bahn. ... Harmonie und Recht und Klarheit, Sympathie und Licht und Wahrheit, niemand wird die Freiheit knebeln, niemand mehr den Geist umnebeln. Mystik wird uns Einsicht schenken, und der Mensch lernt wieder denken, dank dem Wassermann.« Die Wahrscheinlichkeit, dass sich solche Visionen erfüllen, ist nicht größer als bei den vorangegangenen, die gleichfalls radikale Wenden ankündigten, mit oder ohne genaue Zeitangabe. Aber die Sehnsucht danach taucht in immer neuen Gewändern auf. Sooft sie enttäuscht wird, so oft entsteht sie neu.

Utopische Politik

Enttäuschungen oder zu langes Warten machen ungeduldig und provozieren dazu, die erhoffte Weltverbesserung selbst in die Hand zu nehmen. Das beginnt mit einem Entwurf idealen Lebens, sucht nach einer politischen Hand zur Durchführung und ist doch zum Scheitern verurteilt, wenn es nicht gar in der Katastrophe endet. Der Philosoph Platon hat versucht, den idealen Staat zu errichten, weil er davon überzeugt war, dass nur Philosophen aufgrund ihrer geistigen Überlegenheit imstande seien, die Politik zu lenken. Mehrere Reisen ins sizilianische Syrakus dienten dazu, die dortigen Stadtherrscher für seine Überzeugung zu gewinnen, freilich vergeblich. Seine Vorstellungen von einer gleichgeschalteten Erziehung, strenger Selektion der Besten, das Verbot von Kunst und Emotionen, der Verzicht der Herrschenden auf Familie und Privateigentum und das Programm einer Eugenik zeigen schon die Züge vieler späterer politischer Utopien: Die heile Welt wird durch Zwangsmaßnahmen hergestellt und desavouiert sich solcherart selbst als unheil und unmenschlich. In Syrakus blieben Krieg, Intrige und Mord weiterhin auf der Tagesordnung.

Eineinhalb Jahrtausende später entwarf der englische Lordkanzler Thomas Morus seine »Utopia« (1516) als fiktiven Bericht von einer Reise zur Insel gleichen Namens, wenn auch ohne die Absicht, damit reale Politik zu machen. Auch hier zeigen sich autoritäre Züge in der Kontrolle des Staates, der über seine Bürger entscheidet, von ihnen absoluten Gehorsam und die Preisgabe der Individualität verlangt.

Das Buch erschien 1516, unmittelbar vor der Reformation, in deren Verlauf radikale christliche Utopisten sehr wohl Politik machten. Ein gewisser Melchior Hofmann aus der Gruppe der Wiedertäufer blieb noch ein Theoretiker mit der Ankündigung des Königsreichs Christi im Jahr 1533 mit Weltuntergang, Gottesgericht und einem neuen Jerusalem der Gerechten. Andere setzten das in die Tat um und errichteten in der Stadt Münster zwischen 1534 und 1535 eine Schreckensherrschaft. Die Anführer, Jan Matthys und nach dessen Ermordung Jan van Leiden, verstanden sich als Wegbereiter des himmlischen Jerusalems. Sie gingen daran, die Stadt gewaltsam von allen gottlosen Menschen zu reinigen. Dies führte zu Vertreibungen, zu einem wilden Bildersturm, zur Vernichtung von Bibliotheken. Ehebruch, Diebstahl oder Verleumdung wurden mit dem Tod bestraft. Der Münsteraner Hauptprediger Bernhard Rothmann lieferte die Begründung: »Gottes Volk, das übrig bleibt und unbefleckt und rein in allem gehorsam sein soll, muss die Erde einnehmen und Christus dem König auf der ganzen Erde zu Diensten stehen. Dies wird alles zu dieser Zeit geschehen und auf Erden, wo die Gerechtigkeit alsdann wohnen soll.«[86]

Diese kurze blutige Episode kann als Modell für spätere Versuche gelten, Utopien politisch durchzusetzen – von der Französischen Revolution, die ihre Kinder gefressen hat[87], bis zum Marxismus, der als soziale Bewegung zur Befreiung des Menschen aus Knechtschaft begann, in der russischen Revolution seine Opfer forderte und unter Stalin endgültig in eine menschenverachtende Diktatur ausartete. Die rückwärtsgewandte Ideologie des Nationalsozialismus ging nicht anders vor. Schon Maximilien Robespierre hatte die Terrorherrschaft des Revolutionstribunals (1793–1794) als Mittel zum Zweck betrachtet, der »ewigen Gerechtigkeit« zur Herrschaft zu verhelfen, »deren Gesetze nicht in Marmor und nicht in Stein, sondern in die Herzen aller Menschen eingeschrieben sind«, um »den Willen der Natur« zu erfüllen.[88] Damit knüpfte er an die Philosophie von Jean Jacques Rousseau an, der an die Wiederherstellung des guten menschlichen Naturzustandes durch einen entsprechenden Gesellschaftsvertrag glaubte.

Unterdessen gab es zahlreiche literarische Entwürfe besserer Welten, so etwa »The New Atlantis«, die Francis Bacon 1614 schrieb, eine Sozialutopie, in vielem derjenigen von Platon ähnlich. Um 1740 sagte Johann Albrecht Bengel den Beginn des Tausendjährigen Reiches für den 18. Juni 1836 voraus. Diese Erwartung ergriff auch Georg W. F. Hegel, Friedrich Hölderlin und August Wilhelm Schelling, die vier Jahrzehnte nach Bengels Tod im Tübinger Stift wohnten und sich 1793 das Losungswort »Reich Gottes« gaben. Im Januar 1795 schrieb Hegel an Schelling: »Das Reich Gottes komme und unsre Hände seien nicht müßig im Schoße! ... Vernunft und Freiheit bleiben unsere Losung.«[89]

Auch nach der Ablösung vom Gottesbezug zugunsten der Vernunft wurde unvermindert an eine utopische Weltverbesserung geglaubt. Sie verwandelte sich weiter in eine

Fortschrittsidee, die nicht weniger gewaltsame Züge aufweist; das Schicksal des Einzelnen wird dem allgemeinen Fortschritt untergeordnet, der seine Opfer fordert. So blickte etwa Louis-Sébastien Mercier 1772 auf das Jahr 2440 voraus: »Gewissen Staaten steht eine Epoche bevor, die unausbleiblich kommen muss, eine schreckliche blutige Epoche, die aber den Beginn der Freiheit anzeigen wird ... Das Ganze ist ein schmerzhaftes Heilmittel, es wird aber nicht zu vermeiden sein, wenn der Staat in hilfloser Lähmung und die Seelen der Menschen in Betäubung versunken daliegen.«[90] Nach Johann Gottfried Herder nimmt die Vorsehung ihren Gang über Millionen Leichname, weshalb die Reformatoren aller Zeiten »unter sich Unschuldiges zertraten«[91]. Nach Hegel mussten für den »Endzweck« der Geschichte Opfer »auf dem weiten Altar der Erde« gebracht, musste »manche unschuldige Blume zertreten« werden.[92] Harmloser nimmt sich der kanadische Kommunikationstheoretiker Marshall McLuhan aus, für den der Computer verspricht, pfingstliche Zustände universaler Verständigung und Einheit, die Befreiung von egoistischen Interessen und damit beständigen Frieden herbeizuführen.[93]

Unermüdlich wird nach Ansatzpunkten dafür gesucht, dass die Welt auch anders sein könnte, als sie ist. Die immer neuen Anläufe sind das Ergebnis der Erfahrung, dass Utopien entweder auf dem Papier bleiben oder in Katastrophen enden. Kein Wunder, dass die rechten und linken politischen Ideologien des 20. Jahrhunderts literarischen Anlass zu schwarzen Utopien gegeben haben. Die bekannteste stammt von Aldous Huxley: »Schöne neue Welt« (1932), ebenfalls mit vielen Parallelen zu Platons autoritärem Philosophenstaat. Huxleys Roman zeigt, dass Utopien zurückschlagen können, indem sie den Menschen gerade die Vorstellung, dass es auch anders sein könnte, radikal austreiben.

Die Weisheit der Propheten

Was ergibt sich aus dieser Blütenlese utopischer Szenarien? Die hartnäckige Suche nach der besseren Welt ist nicht nur eine religiöse Vorstellung, sondern kann als eine durchaus säkulare, geschichtsbestimmende Bewegung auftreten, auch wenn sie sich religiös legitimiert. Der Erfolg der Weltverbesserung wird an sichtbaren Veränderungen des Lebens in der Gesellschaft gemessen. So verstanden zunächst auch die alttestamentlichen Propheten ihre Ankündigungen, und noch zur Zeit Jesu war für das Verständnis vieler die Aufrichtung der Gottesherrschaft gleichbedeutend mit der Befreiung von der römischen Besatzung und der Wiedererrichtung eines souveränen jüdischen Staates. Immer unwahrscheinlicher wurde jedoch die politische Renaissance, zumal die Juden inzwischen in der gesamten damaligen Welt zerstreut waren. Ein Intermezzo lieferte Sabbatai Zvi, der im 17. Jahrhundert auftrat, aus Smyrna (heute Izmir in der Türkei) stammte und sich als der wahre Messias verstand. Er sah sich von Gott dazu berufen, die Regierungen der Nationen zu zerstören, das Königreich Israel wiederherzustellen und die Juden in ihr Land zurückzuführen. Nachdem er mit seiner Utopie den Juden in aller Welt falsche Hoffnungen gemacht hatte, trat er unter dem Druck des türkischen Sultans zum Islam über.

Die Visionen der alttestamentlichen Propheten zeichneten hingegen schon früh Bilder eines Lebens nach dem Ende der Geschichte. Das Reich Gottes wurde zwar mit politischen Metaphern beschrieben, aber die Entwürfe davon waren in ihrer Vollkommenheit nach menschlichen Maßstäben und mit menschlichen Mitteln unerreichbar. Immer deutlicher setzte sich die Einsicht durch, dass nur Gott selbst eine ganz andere Welt einrichten kann, in der das Ersehnte und zugleich ganz und gar Unwahrscheinliche Wirklichkeit wird: das Ende von Ungerechtigkeit und Leiden und schließlich die Überwindung des Todes.

Von da an entstand eine Reihe von Apokalypsen: bilderreiche Schilderungen der Katastrophen, die dem Weltende vorausgehen, Kampfszenarien zwischen den Mächten des Lichtes und der Finsternis mit dem letztlich siegreichen Gott. Eine dieser Apokalypsen findet sich auch im Neuen Testament. Zwanzig Kapitel sind darin dem Untergang gewidmet, aber die zwei letzten schildern einen neuen Himmel und eine neue Erde und einen Gott, der alle Tränen abwischen wird: »Der Tod wird nicht mehr sein, keine Trauer, keine Klage, keine Mühsal. Denn was früher war, ist vergangen.«[94] Der wichtigste Hinweis in dieser Beschreibung der neuen Erde und des neuen Himmels ist aber wohl darin zu sehen, dass von der »Wohnung Gottes unter den Menschen« die Rede ist. Das bedeutet die endgültige Aufhebung aller Trennungen: der Trennung zwischen den Menschen und der nie ganz gebändigten Natur, zwischen den Menschen untereinander und zwischen Mensch und Gott, sodass alle Angst ein Ende hat.

Utopien mögen gefährlich sein, aber ohne Utopien herrscht Stillstand. Die Dosis bestimmt, was Gift ist. Die Weisheit der Propheten hat die Erwartung einer besseren, einer vollkommenen Welt, die Wiedererrichtung des Paradieses, nicht nur hinter das Ende der Geschichte verschoben, sondern auch der alleinigen Initiative Gottes anvertraut.

So wie der Anfang der Welt inklusive der Erschaffung des Menschen dem Schöpfergott zugeschrieben wird, weil sich der Mensch den Anfang nicht selbst geben kann, so auch das Ende. Der entscheidende Effekt dieser Szenarien besteht darin, den Gefahren des Utopismus zu begegnen und die Menschen von einem unsinnigen Anspruch zu entlasten: Wir sind zwar zu einem Leben nach bestem Wissen und Gewissen herausgefordert, aber die heile Welt hier und jetzt in der Geschichte zu etablieren, ist nicht unsere Sache. Wenn das Magnifikat, der Lobpreis Marias, über Gott sagt: »Er stürzt die Mächtigen vom Thron und erhöht die Niedrigen, die Hungernden beschenkt er mit seinen Gaben und lässt die Reichen leer ausgehen«[95], so wird damit einerseits die Initiative Gott zugetraut, anderseits spricht daraus ein Appell, im Sinne Gottes zu handeln, damit die Kritik an den Reichen und Mächtigen und die Hilfe für Hungernde keine leeren Worte bleiben. Die nach dem Zweiten Weltkrieg in Südamerika entwickelte Befreiungstheologie hat sich dieses Ziel gesetzt. Verheißungen und Utopien werden durch die biblische Religion für eine noch unsichtbare Zukunft bestätigt und sind zugleich ein Anspruch für die je aktuelle Verbesserung der Welt. Trotzdem darf sich niemand einbilden, das Paradies sei machbar. Denn das Sichtbare ist nicht das Ganze, und das Vorfindliche ist nicht das Letzte.

ZEITEN DER UNGEDULD
Messianische Umtriebe

> Der Teufel führte ihn auf einen hohen Berg
> und zeigte ihm alle Reiche der Welt.
> »Das alles will ich dir geben, wenn du mich anbetest«,
> sagte der Teufel. Aber Jesus entgegnete ihm:
> »Nur vor Gott sollst du dich niederwerfen.«
>
> *Matthäus 4,8–10*

Die Weisheit der Propheten kann auch anders gelesen und als Vertröstung verstanden werden. Dann bedeutet die Hoffnung auf das Ende der Geschichte zugleich, dass man sich mit den jetzt herrschenden Zuständen gefälligst abzufinden hat. Daher sind diejenigen immer an einer jenseitsorientierten Religion interessiert, die an der politischen und sozialen Situation nichts ändern wollen, weil sie von ihr profitieren. Nicht so die Verlierer. Bei ihnen wächst die Ungeduld, wenn die Hoffnung auf eine bessere Welt in ein Jenseits verschoben wird. In der Geschichte der Religionen, auch in der Geschichte des Christentums, ist die Mahnung zur Geduld immer wieder in die Vertröstung gekippt und hat revolutionäre Ungeduld provoziert. Palästina war seit jeher ein Unruheherd zwischen den Großmächten und lieferte auch damals ein Exempel.

Anatomie eines Hexenkessels

Ereignisse so lange zurückliegender Zeiten lassen sich in ihrer objektiven Gestalt schwer fassen. Die Orientierung an »nackten Tatsachen« ist erst im 19. Jahrhundert zu einem Thema geworden. Davor war Geschichtsschreibung immer mit Interessen von Gruppen verbunden, meistens von Herrschenden, die die Geschichte zu ihren eigenen »höheren Ehren« von angestellten Schreibern aufzeichnen ließen. Aber auch oppositionelle Gruppen, wozu die ersten Christen zählten, sind in der Sicht auf die Geschichte ihrer eigenen Perspektive gefolgt.

Wir versuchen eine historische Rekonstruktion: Wenn man vom Palästina der Zeitenwende spricht, dann bezieht sich das auf die heute übliche Zählung der Jahre, die mit der (übrigens falsch datierten) Geburt Jesu beginnt. Der Nahe Osten stand im Windschatten größerer Ereignisse. Nach dem Tod Alexanders des Großen 323 v.Chr. wurde sein Großreich aufgeteilt, seine Nachfolger stritten sich um das Erbe, schließlich fiel das Gebiet Judäa rund um Jerusalem an die Seleukiden, die als Machthaber in Syrien herrschten. Sie waren überzeugte Hellenisten, also der griechischen Kultur und Philosophie verpflichtet, und wollten dem Judentum ein Ende setzen, weil sie es als eine rückständige, barbarische Religion ansahen. König Antiochus IV. Epiphanes erklärte das Judentum für gesetzeswidrig und weihte den jüdischen Tempel in Jerusalem dem Gott Zeus Olympius. Diese brutale Entweihung geschah 168 v.Chr. und löste den Aufstand der Makkabäer aus, der von einer Gruppe jüdischer Priester aus dem Geschlecht der Hasmonäer ausging. Sie stellten ein Heer auf, schlugen die Syrer, übernahmen die Regierung und ernannten sich zu Königen eines unabhängigen jüdischen

Staates, in dem der Glaube an den einen Gott Israels hochgehalten wurde. Für ein knappes Jahrhundert gelang es dieser Dynastie, die Eigenstaatlichkeit zu sichern, bis innenpolitische Intrigenspiele und Druck von außen dazu führten, dass Judäa an das expandierende römische Imperium fiel.

Nachdem der römische General Pompeius 63 v.Chr. in Jerusalem einmarschiert war, wurde ein Prokurator mit Namen Antipater, der aus keiner rein jüdischen Familie stammte, für die neue römische Provinz Judäa eingesetzt. Dessen Sohn Herodes, der sich trotz seiner Herkunft immer als Jude betrachtete, erreichte es beim römischen Kaiser, 37 v.Chr. zum König über ganz Palästina ernannt zu werden und damit den Thron der Hasmonäer zu besteigen; er ist als »Herodes der Große« in die Geschichte eingegangen. Während in Ägypten und Syrien bereits römische Statthalter amtierten, war er zwar noch Herr im eigenen Land, aber von »Roms Gnaden« und, um in seiner Position zu bleiben, auf die enge Kooperation mit den Römern angewiesen.

Herodes hielt es mit der weltoffenen Kultur des Hellenismus, verstand sich als Kosmopolit und war mit Kaiser Augustus befreundet. Eine seiner zehn Ehefrauen war die hasmonäische Prinzessin Mariamne, die anderen hatten verschiedene Nationalitäten und einen anderen religiösen Hintergrund. Damit war Herodes für strenggläubige Juden ein Verräter an der Sache, für die die Makkabäer gekämpft hatten. Zugleich aber gab er ebendiesen Juden das neue Zeichen ihres Selbstbewusstseins: Er begann mit dem prächtigen Ausbau des Jerusalemer Tempels, dessen Grundmauer noch heute der heiligste Ort des Judentums ist: die Klagemauer.

Herodes ließ nicht nur den Tempel, sondern auch Paläste und Festungen bauen, darunter die Burgstadt Masada am Toten Meer, die zum Symbol des letzten jüdischen Widerstands gegen die Römer werden sollte. Diese geradezu maßlose Bautätigkeit war nicht nur das Ergebnis königlicher Prunksucht, sondern auch ein wichtiges Arbeitsbeschaffungsprogramm. In Jerusalem – damals eine Stadt von 25.000 Einwohnern – beschäftigte Herodes bei Baubeginn des Tempels 20 v.Chr. 11.000 Arbeiter. Als der Bau, lange nach seinem Tod, zwischen den Jahren 62 und 64 n.Chr. eingestellt wurde, stand man vor dem Problem, mit der Arbeitslosigkeit von 18.000 Entlassenen fertig zu werden. Ein Heer sozial Entwurzelter sorgte für labile Zustände. Palästina war für damalige Verhältnisse überbevölkert, jüdische Händler und Handwerker suchten im gesamten Mittelmeerraum nach neuen Existenzmöglichkeiten. Mittellose Bauern und Landarbeiter, die nicht ins Ausland gehen konnten, bildeten ein explosives Proletariat, das Herodes in seinem Bauprogramm beschäftigt hatte und das er und seine Nachfolger in Neugründungen von Städten, darunter Cäsarea und Tiberias, zu binden und wieder sesshaft zu machen versuchten.

Allerdings heizte der Ehrgeiz des Herodes auch das Übel an, das er bekämpfte. Die Bautätigkeit kostete enorme Summen, die Steuerschraube wurde mehr und mehr angezogen und trieb die kleinen Leute entweder in die Schuldsklaverei oder zu Räuberbanden und revolutionären Gruppen, die sich in den Randgebieten der Wüsten zusammenrotteten. In Palästina wurde damals dreifach Steuer eingefordert: vom König, von der Tempelhierarchie und von den römischen Besatzern. Herodes konfiszierte das Land zahlungsunfähiger Bauern und schuf wachsende Latifundien, die häufig von römischen

Großgrundbesitzern übernommen wurden, für die nur der Exportertrag zählte. Die Situation hat Parallelen mit dem heutigen Lateinamerika: Die Reichen wurden immer reicher, die Armen immer ärmer. Katastrophen taten ein Übriges: Von Dürren, Seuchen und Erdbeben wird berichtet, und in der Mitte des ersten Jahrhunderts führten Versorgungsschwierigkeiten im ganzen Römischen Reich in Palästina zu einer Hungersnot.[96]

Propheten und Terroristen

Solche Zeiten nähren revolutionäre Ideen. Herodes war es noch gelungen, die wachsenden Spannungen niederzuhalten; aber als er 4 v.Chr. starb, machten sich alle Aggressionen und Enttäuschungen Luft. Noch während er im Sterben lag, brach ein Aufstand los. Der goldene Adler am Tor des Tempels, ein Symbol für Rom, das Herodes hatte anbringen lassen, wurde heruntergerissen. Sein Sohn Herodes Archelaus ließ nicht nur die Rädelsführer hinrichten, sondern veranlasste ein Massaker, das tausenden Menschen das Leben kostete.

Herodes war nicht zimperlich gewesen. Drei seiner zahlreichen Söhne hatte er hinrichten lassen, zwei davon unter dem Vorwand des Hochverrats, weil sie sich als Kinder der hasmonäischen Mutter Mariamne Ansprüche auf den Thron ausrechneten. Auch Mariamne erlitt später wegen angeblicher Untreue dasselbe Schicksal. Unter drei der überlebenden Söhne wurde das herodianische Herrschaftsgebiet aufgeteilt. Einer davon, Herodes Archelaus, regierte Judäa (und Samarien) nur wenige Jahre, denn das Massaker, das er hatte anrichten lassen, schien sogar den Römern für die Beruhigung der Lage ungeeignet. Kaiser

Augustus setzte ihn im Jahr 6 n.Chr. ab und stellte Judäa unter direkte römische Verwaltung. Quirinius, der römische Statthalter von Syrien, übernahm die Geschäfte und ordnete auch eine Volkszählung an, um die Steuereintreibung zu organisieren. Das war das Signal für einen weiteren Aufstand[97]: Judas, genannt der Galiläer, und ein Pharisäer namens Sadok schlossen verschiedene Untergrundorganisationen in Jerusalem zur Partei der Zeloten zusammen. Je nach Perspektive kann man sie als Terroristen oder als Freiheitskämpfer bezeichnen. Sie proklamierten die »Alleinherrschaft Gottes«, die gewaltsame Vertreibung der römischen Besatzer, die Verweigerung von Steuerzahlungen und die Ausrottung der Kollaborateure und Gesetzesbrecher im eigenen Volk. Die Zeloten hatten nichts zu verlieren und nahmen daher auf nichts und niemanden Rücksicht. Sie organisierten Überfälle und leisteten »Kleinarbeit«: Sie mordeten im Gedränge auf stark frequentierten Marktplätzen oder unter den Pilgern während des Pessachfestes, sodass sie unerkannt sofort in der Menge untertauchen konnten; man nannte sie Sikarier (Dolchmänner).

Als römische Provinz unterschied sich Judäa von den anderen Regionen Palästinas, in denen Söhne und Enkel Herodes' des Großen regierten, die zwar von Rom abhängig, aber keinem römischen Statthalter unterstellt waren. Daher spitzte sich die Lage besonders in Jerusalem zu. Verschiedene Propheten verhießen Gotteswunder als Zeichen einer bevorstehenden politischen Wende, und die Zeloten steigerten ihre Aktivität. Umtriebe dieser Art waren den Römern stets verdächtig, und immer wieder beendeten sie die Aufmärsche solcher »Gurus« und ihrer Anhänger mit einem abschreckenden Blutbad. Trafen solche Säuberungsaktionen auch oft naive Idealisten, so wussten die Römer doch sehr genau, dass sich an jedem Tumult bewaffneter Widerstand entzünden konnte.

Jerusalem und der Tempel wurden von der Priesteraristokratie der *Sadduzäer* beherrscht, die hauptsächlich vom Wallfahrtstourismus lebte. Außerdem hatte jeder Jude zehn Prozent seines Einkommens als Tempelsteuer zu entrichten. Die Sadduzäer bedienten sich einer Doppelstrategie: Sie arbeiteten mit den Römern zusammen, weil jede Störung der öffentlichen Ordnung ihre wirtschaftliche Basis, die Wallfahrten, gefährdete; sie machten aber dem Volk zugleich klar, dass die römische Besatzung an all dem schuld sei, was im Land Unzufriedenheit auslöste. So versuchten die Sadduzäer im Windschatten der zunehmenden Aggressivität ihre lokal sehr begrenzte Macht abzusichern.

Sowohl die Zeloten als auch die Jerusalemer Elite der Sadduzäer hatten religiös argumentierende »Parteiprogramme«, doch standen Machtfragen deutlich im Vordergrund. Zwei andere Gruppen erwarteten die Wende wirklich von einer religiösen Erneuerung: die Essener und die Pharisäer. Die *Essener*, die im Neuen Testament nicht erwähnt werden, verfügten über die zentrale klösterliche Siedlung Qumran am Toten Meer. Sie versuchten durch radikale Strenge in der Befolgung des Gesetzes, die Gottesherrschaft vorzubereiten, und verstanden sich als der letzte Rest der Glaubenstreuen. Sie bauten eine abgeschlossene »Gegengesellschaft« auf; sie stellten sich die zukünftige göttliche Machtübernahme als eine Blutorgie vor, bei der alle Abtrünnigen und Fremden umkommen sollten, überließen aber den Endkampf Gott und blieben selbst friedlich. Die Kerngruppe der Essener lebte ehelos und ohne Privatbesitz.

Die Gruppe der *Pharisäer* sah die religiöse Erneuerung gleichfalls in einer strengeren Befolgung des Gesetzes, besonders der Reinheitsgebote, wie sie in der Tora, in den fünf Büchern Mose, niedergelegt sind; aber es ging ihnen nicht um Rückzug, sondern sie wollten das normale alltägliche Leben der jüdischen Gesellschaft erneuern. Dazu war zugleich mit einer Verschärfung der Gesetzestreue eine pragmatische Anpassung des Gesetzes an die Situationen des Alltags notwendig, ein Dilemma, das die Pharisäer nicht immer lösen konnten und das ihnen bisweilen den Ruf einbrachte, Heuchler oder Taschenspieler juridischer Spitzfindigkeiten zu sein. Dennoch war die Gruppe der Pharisäer die einzige realistische Erneuerungsbewegung und – wie sich zeigen sollte – die einzige, die Zukunft hatte. Großteils Laien, stellten sie das Studium des biblischen Gesetzes auf eine Stufe mit dem priesterlichen Tempelkult, der bis dahin unbestritten den höchsten religiösen Rang eingenommen hatte. Untereinander stritten sie, was wichtiger sei: rigorose Gesetzestreue – so die Schule des Rabbi Schammai – oder eine Gesetzestreue mit dem Augenmaß der praktischen Lebbarkeit – so die Schule des Rabbi Hillel. Die liberalere Hillel-Schule setzte sich nach dem Jüdischen Krieg durch und rettete das Judentum über den Untergang Jerusalems und des Tempels im Jahr 70 n.Chr. hinaus.

Nichts Genaues über Jesus

In dieser religiösen und politischen Umbruchsituation tritt gegen das Jahr 30 n.Chr. ein Mann auf, der sich Jesus nennt, aus Nazaret in Galiläa stammt und etwa drei Jahre später hingerichtet wird, weil er sich in die Zone der größten Spannungen, nach Jerusalem, begeben hatte. In Galiläa, wo bis 39 n.Chr. der Herodes-Sohn Antipas regierte, war es vergleichsweise ruhig. Als Johannes der Täufer in seinem Gebiet zu predigen begann, wollte Antipas offenbar auf Nummer sicher gehen und den Anfängen eines möglichen Aufruhrs wehren; er nahm ihn deshalb auf der Burg Machärus gefangen und ließ ihn 29 n.Chr. hinrichten.[98]

Jesus selbst hat nichts Schriftliches hinterlassen, und nur wenige außerbiblische Zeugnisse weisen beiläufig auf diesen Mann hin. Historisch gesehen war er nichts weiter als einer der Wanderprediger und Propheten, die damals für vorübergehendes Aufsehen im Lande sorgten und mit denen die Römer oder ihre Vasallen meist kurzen Prozess machten. Nur so viel scheint festzustehen: Auch er war einer von den Ungeduldigen, die sich mit Vertröstungen ans Ende der Zeiten nicht zufriedengeben wollten. Er redete von einer Gottesherrschaft, die demnächst anbrechen werde, ja sogar schon da sei; aber er war keiner von denen, die zur Revolution aufriefen, auch wenn manche seiner Anhänger hofften, dass er die Römer aus dem Land werfen würde.

Nicht einmal das Geburtsdatum Jesu ist genau zu eruieren. Den Evangelien zufolge fiel das Ereignis einerseits noch in die Regierungszeit von Herodes dem Großen, der im Jahr 4 vor unserer Zeitrechnung starb, andererseits wird es mit der Volkszählung des syrischen Statthalters Quirinius in Verbindung gebracht, der sein Amt im Jahr 6 n.Chr. antrat; das ist ein Widerspruch von zehn Jahren. Man nimmt heute ein Jahr zwischen 7 und 4 vor unserer Zeitrechnung als wahrscheinlich an. Die Volkszählung, von der nur Lukas erzählt, kann kein Kriterium sein, weil die berichteten Einzelheiten kaum historisch sind: Nur in neu eingegliederten Provinzen, in diesem Fall in Judäa, wurden die Daten für die Kopf- und Grundsteuer erhoben, nicht im ganzen Reich; gereist sind die Beamten des Statthalters, nicht die Steuerpflichtigen, denn das hätte eine Völkerwanderung ausgelöst. Dass Betlehem, »die Stadt Davids«, als Geburtsort genannt wird, hat theologische Gründe; deshalb kann man davon ausgehen, dass Nazaret in Galiläa der Geburtsort war. Erst im Jahr 545 rechnete der römische Mönch Dionysius Exiguus einen Zeitpunkt der Geburt Jesu aus, der zwar sicher falsch ist, aber bis heute die Zählung der Jahre weltweit bestimmt.

Etwas genauer sind wir über den Zeitraum des öffentlichen Auftretens Jesu unterrichtet. Er scheint zuerst im Kreis jenes Johannes gelebt zu haben, der am Jordan taufte. Etwa ein Jahr nach dessen Hinrichtung, jedenfalls in der Amtszeit des römischen Prokurators Pontius Pilatus (27–36 n.Chr.) ist Jesus als einer der potenziellen Unruhestifter in Jerusalem gekreuzigt worden. Darin waren sich die jüdische Tempelhierarchie und die römische Besatzungsmacht einig: Geschäftsstörung wegen Kritik am veräußerlichten Tempelkult und politische Umtriebe mussten im Keim erstickt werden. Und der Traum vom Gottesreich schien damit definitiv ausgeträumt.

Jenseits der Historie

Geschichtsschreiber der Zeit wie Tacitus und Flavius Josephus hatten für Jesus nur Nebensätze übrig, die Ereignisse um ihn ließen in keiner Weise auf größere historische Bedeutung schließen; auch die Kreuzigung war nicht bemerkenswert, weil damals Tausende auf diese Weise hingerichtet wurden. Ganz im Gegensatz zu diesem dürftigen Datenmaterial ist Jesus von Nazaret in anderen Schriften die zentrale Person. Aus den vielen überlieferten Texten hat sich in einem Meinungsbildungsprozess zwischen dem 2. und 4. Jahrhundert der Kanon der christlichen Texte herausgebildet, zu dem auch das Alte Testament gehört. Das Neue Testament besteht aus insgesamt 27 Schriften, die etwa im Zeitraum zwischen den Jahren 51/52 und 120–130 entstanden sind. Die Christen nannten diese Schriften das »Neue Testament«, indem sie die Schriften der Juden, später »Altes Testament« genannt, aus ihrer Sicht interpretierten; wo immer aber im Neuen Testament von »der Schrift« die Rede ist, meint der Text damit die Schriften der Juden.

Auch die neutestamentlichen Texte enthalten historisch zuverlässige Mitteilungen, aber ihr Interesse war nicht die Geschichtsschreibung. Vielmehr stellten sie auch dort, wo sie Ereignisse berichten, diese in den Zusammenhang der Absicht, ihre Erfahrung mit Jesus von Nazaret weiterzugeben. Sie wollten eine Überzeugung mitteilen, und danach komponierten die Autoren ihre Texte, danach wählten sie aus oder ließen sie weg, ordneten sie die Ereignisse in neue Zusammenhänge. Der älteste Text des Neuen Testaments, der 1. Brief des Paulus an die Thessalonicher, wurde zwanzig Jahre nach dem Tod Jesu geschrieben, die Evangelien sind noch viel später entstanden. Die wichtigsten Merkmale des Christentums scheinen jedoch schon sehr bald festgestanden zu sein und werden gleichlautend überliefert: eine neue Sicht auf Leben und Tod Jesu und damit auf die Geschichte Gottes mit den Menschen. Wie es dazu kommen konnte, lässt sich historisch nicht erklären, weil nach dem Tod Jesu zunächst nur eine ratlose Schar von Anhängern und Anhängerinnen zurückgeblieben war, denen alles andere näherlag, als eine »neue

Religion« zu gründen. Hier muss unsere Entdeckungsreise auf einem anderen Weg, auf einer anderen Ebene fortgesetzt werden. Die Geschichte geht zwar weiter, aber sie steht von da an unter einem anderen Stern. Hier endet die Kompetenz der Historiker, und es beginnt die Erzählung einer Liebe zwischen Gott und den Menschen, bei der es zugeht wie in jeder Liebesgeschichte unter Menschen: Beschreibbar sind die Schritte der Annäherung, die Orte und Zeiten der Begegnung und dann weiter die Stationen eines gemeinsamen Lebens, zu dem sich Menschen entschieden haben. Was sie aber dazu geführt, welches »Aha-Erlebnis« die Erkenntnis ausgelöst hat, in einem Menschen mehr zu sehen als in anderen, das muss in einer anderen Sprache mithilfe anderer Denkformen entschlüsselt werden.

CHRISTUS JESUS
Mehr als ein Prophet

> Wenn man aufhört, an Gott zu glauben,
> bleibt einem nichts anderes mehr übrig,
> als an den Menschen zu glauben.
> Dabei kann man die überraschende Entdeckung machen,
> dass der Glaube an den Menschen womöglich leichter war,
> als man noch den Umweg über Gott nahm.[99]
>
> *Rüdiger Safranski*

Thomas ist skeptisch. Die Freunde hatten ihm erzählt, der hingerichtete und begrabene Jesus sei auferstanden. Wer soll das glauben? »Wenn ich nicht seine Wunden sehe und berühre, glaube ich das nicht«, sagt er. Eine Woche später sind die Freunde hinter verschlossenen Türen versammelt und da steht er plötzlich vor ihnen: der auferstandene Jesus. »Mein Herr und mein Gott«, stammelt Thomas, und er sieht seine Wunden und darf sie berühren – ausnahmsweise, denn: »Selig, die nicht sehen und doch glauben«, kommentiert der Evangelist Johannes die Szene, er, der selbst Jesus nie gesehen hat.[100] Keiner der Verfasser der neutestamentlichen Schriften gehörte zum Anhängerkreis Jesu, keiner hat ihn persönlich gekannt und seinen Weg begleitet und keiner schreibt eine Biografie im Sinne von »Wie ich mit meinem Freund Jesus von Galiläa nach Jerusalem ging«.

Zeugnisse

Das war die Situation der Nachgeborenen und sie ist es bis heute. Alle Späteren sind Empfänger einer Nachricht, die schon lange unterwegs war, die ihnen eingeleuchtet und die gelautet hat: Dieser Jesus war mehr als ein Prophet.[101] Die Verfasser der Schriften haben diese Nachricht dann auf je ihre Weise ausformuliert, zu verschiedenen Zeiten, an unterschiedliche Adressaten gerichtet: Zuerst Paulus in Briefen an verschiedene Gemeinden in den 50er-Jahren, dann die Evangelisten innerhalb der letzten 30 Jahre des 1. Jahrhunderts, die Autoren anderer Briefe und Traktate um die Jahrhundertwende.

Die Frage ist also, wer hat die Nachricht überliefert und was hat sie zu bedeuten? Die biblischen Bücher sind keine Offenbarungsschriften, wie es landläufig heißt, sondern Zeugnisse von der Offenbarung Gottes in Jesus Christus. Sie alle schreiben von Jesus als dem Sohn Gottes und davon, dass Jesus Christus das lebende Wort Gottes ist. Wenn die Tradition davon spricht, die Bücher der Heiligen Schrift seien inspiriert, dann darf man sich das nicht als göttliches Diktat an irdische Sekretäre vorstellen. Vielmehr bedeutet es, dass ihnen wie schon vielen vor ihnen »ein Licht aufgegangen« ist, sodass sie diesen hingerichteten Jesus in einem anderen, neuen Licht sehen konnten; darüber wollen sie glaubwürdig berichten. Damit stehen die Verfasser der Texte in einer Kette von Zeugen, weil auch nachfolgenden Generationen diese neue Sichtweise eingeleuchtet hat. Sie haben weitergegeben, was sie gehört und gelesen[102] hatten, mit ihren eigenen Worten und zugeschnitten auf neue Adressaten. Es sind vor allem die Evangelisten, die sich dabei wie Jesus selbst der bildhaften »zweiten Sprache« bedienen, weshalb sie auch »Christopoeten« genannt werden.[103]

Der vollkommene Mensch?

Was die Nachricht bedeutet, dass Jesus mehr war als ein Prophet, darüber wurden im Laufe der Jahrhunderte Tonnen von Büchern geschrieben und jeweils aktuelle Philosophien bemüht, um etwa die Wendung »Sohn Gottes« der Vernunft zugänglich zu machen. Das diente vor allem der Abgrenzung gegenüber Missverständnissen: Das Wort »Sohn« ist nicht biologisch zu verstehen, als hätte Gott mit Maria ein Kind gezeugt, dem griechischen Gott Zeus vergleichbar, dem nachgesagt wird, mit Menschenfrauen gleich mehrere Halbgötter in die Welt gesetzt zu haben. Als später im Glaubensbekenntnis von Nicäa I über Jesus »gezeugt, nicht geschaffen« formuliert wurde, hatte das wieder nichts mit einem Gott zu tun, der erotisch unterwegs war, sondern sollte betonen, dass dieser Jesus nicht geschaffen, also kein »Mensch wie du und ich« ist. Schon da wird deutlich, wie schwierig es ist, die »Nachricht« von der Überzeugung der Anhänger Jesu in Worte zu fassen, weil um jedes menschliche Wort darüber Missverständnisse lauern.

Da Christen mit den Juden den Glauben an den einen Gott teilen, der – mit einer Metapher von Hegel gesprochen – nicht von der »Krätze der Endlichkeit« befallen ist und deshalb ein transzendenter Gott genannt wird, kann Christus auch keine zweite Gottheit sein. Eine damals wie heute beliebte Lösung zur Vereinfachung des Verständnisses besteht darin, die besonders innige Frömmigkeit Jesu, seine vertrauensvolle Gottesbeziehung in den Mittelpunkt zu stellen, weshalb Gott ihm auch besonders nahe gestanden sei wie ein Vater seinem getreuen Sohn. Oder anders gesagt: Weil Jesus den vollkommenen Gottesgehorsam gelebt hat, wurde er von Gott als Sohn adoptiert. In dieser Sicht ist Jesus doch wieder Mensch »wie du und ich«, wenngleich ein vollkommener Mensch und, wie dann später besonders in der Aufklärung betont wurde, ein ethisches Vorbild, an dem wir uns orientieren sollen.

Somit geht diese Interpretation an der Nachricht vorbei, dass Jesus mehr ist als ein Prophet. Überdies leuchtet in diesem Modell die Fixierung auf Jesus nicht so recht ein. Denn als Beispiel für eine vertrauensvolle Gottesbeziehung würde sich mit gleichem Recht auch Abraham, der »Vater des Glaubens«, anbieten, und ebenso kommen andere Vorbilder in Betracht wie Martin Luther King oder Dietrich Bonhoeffer; sie und viele andere sind ihrer Überzeugung bis in den Tod treu geblieben. Heute wird ein Jesusbild gehandelt, in das die ethischen Prinzipien der Aufklärung eingetragen wurden: aufopfernder Einsatz für Menschenwürde, Frieden und soziale Gerechtigkeit. Aber dazu ist Jesus nicht nötig, wie viele Beispiele von Menschen zeigen, die in der Tat auch ohne ihn ihre Verantwortung bewähren. Und sollte es ausgerechnet Jesus als einziger unter Abermilliarden von Menschen vor ihm und nach ihm geschafft haben, vollkommen zu sein, dann fragt man sich, ob nicht hinter diesem Erklärungsversuch erst recht einer steht, der »mehr ist als ein Prophet«, also eine singuläre Ausnahmeerscheinung. Und wer könnte dann einem solchen vollkommenen, ethischen Vorbild überhaupt folgen, ohne unter einen enormen moralischen Druck zu geraten, der völlig überfordert?

Gott in Christus

Dieses Jesusbild, das zu einer einseitigen Moralisierung des Christentums beigetragen hat, widerspricht deutlich der »Nachricht«, dem biblischen Befund, und verdeckt, dass nicht Forderungen im Zentrum der christlichen Matrix stehen, sondern Liebe und Hingabe Gottes, der sich der Menschen in ihrer Verblendung und ihrem Leid erbarmt. Das ist kein Mitleid, das sich bei distanzierter Betrachtung eines fremden Schicksals dann und wann einstellt mit dem erleichternden, dankbaren Hintergedanken, nicht selbst betroffen zu sein. Hier geht es um eine Empathie, die ans Herz greift und dazu führt, sich an die Seite eines Menschen zu stellen, mit ihm und in seinen Schuhen zu gehen und ihn nicht allein und verzweifelt zu lassen. Im Zentrum des Christentums steht dieser empathische Gott, weil er, um den Menschen nahe zu sein, nicht ungerührt in seiner Ewigkeit bleibt, sondern in der Gestalt eines Menschen zu ihnen kommt: Gott in Jesus Christus.

Diesen zugleich transzendenten und ganz nahen Gott zu benennen, ist die sprachliche Herausforderung der neutestamentlichen Schriften und aller späteren theologischen Überlegungen. In einer großen Vielfalt von Szenarien und Metaphern schildern die Texte diesen Weg Gottes in die geschaffene Welt, wobei Beziehungswille und initiative Aktivität Gottes immer ausschlaggebend sind. Jesus wird daher nicht als ein ethisch besonders vollkommener Mensch verstanden, ein großer Prophet oder ein vergöttlichter Mensch. Was aber dann? Und warum wird er »Christus« genannt?

Schon dieses Wort, das aus dem Griechischen übersetzt »der Gesalbte« bedeutet, kommt als Metapher aus dem

Verständnishorizont des Alten Testaments: Der gesalbte König, im damaligen Judentum eine endzeitliche Gestalt, wird nun in Bezug auf Jesus anders interpretiert: Denn Christus ist schon in der Geschichte gegenwärtig und zugleich derjenige, der zum Ende der Geschichte wiederkommen wird und daher – nach der Logik der Zeitlosigkeit – bereits vor der Schöpfung bei Gott war. Diese Vorstellung ist nicht so fantastisch, wie sie auf den ersten Blick erscheint, sofern man sich das Konzept der religiösen Matrix vergegenwärtigt. Wenn die sichtbare Welt von einer unsichtbaren Welt umfangen und gehalten wird, wenn Endlichkeit und Zeit in einer größeren Welt der Unendlichkeit und Zeitlosigkeit eingebettet sind, dann ist Christus der Zeit enthoben. Er gehört nicht zur Zeitlichkeit der Schöpfung, sondern war schon immer, schon vor der Schöpfung. Vor der Schöpfung ist nach der Schöpfung, außerhalb zeitlicher Kategorien: Christus ist daher eine »himmlische« Gestalt, in der sich Gott auf ein menschliches Leben einlässt, eine Gestalt, die vorwegnimmt, was sein wird, nachdem die Geschichte ausgespielt haben wird.

Zahllos sind die sprachlichen Annäherungsversuche an das, was den Anhängern und Anhängerinnen Jesu da aufgegangen war. Er war in der Gestalt Gottes, heißt es im Philipperbrief, hat sich aber nicht an sein Gottsein geklammert; in der äußeren Erscheinung wie ein Mensch, kam er herab und wurde mitleidend bis zum Tod.[104] Nach dem Kolosserbrief wurde durch Christus alles geschaffen »in den Himmeln und auf der Erde, das Sichtbare und das Unsichtbare, seien es Throne oder Hoheiten oder Herrschaften oder Gewalten, alles ist durch ihn zu ihm hin geschaffen. Und er ist vor allem und alles hat in ihm seinen Bestand«. Christus ist das Bild des unsichtbaren

Gottes[105], eines transzendenten Gottes, den niemand sehen kann, der sich aber zu erkennen gegeben hat – in Christus, so das Johannesevangelium.[106] Hier wird Christus das göttliche Licht genannt, das in die Welt gekommen ist, um jeden Menschen durch die Kunde von Gott zu erleuchten. Denn ob es Gott »gibt« oder nicht, ist ziemlich uninteressant, solange nicht bekannt ist, »als was« bzw. »als wen« es ihn gibt in der Beziehung zur Welt und zu den Menschen.

Die neutestamentlichen Texte erzählen von nichts anderem als davon, dass Gott nicht auf seiner Wolke hocken bleibt, dass er nicht teilnahmslos das Treiben in der Welt betrachtet, sondern sich zu Wort meldet durch seine Propheten und zuletzt in der Gestalt eines Menschen dorthin geht, wo nach Erlösung geschrien wird: Schau herunter, Gott, von der Wohnung deiner Heiligkeit, zerreiß den Himmel und steig herab – ein uraltes Lied, beim Propheten Jesaja[107] gesungen, im Advent vielfach wiederholt. Und er steigt herab, kommt in die Welt und führt durch Christus, durch den er die Tiefen eines menschlichen Daseins kennt und teilt, heraus zum Leben. Er begibt sich, der christlichen Matrix entsprechend, vorbehaltlos unter die Bedingungen einer menschlichen Existenz, wozu Zeit und Ort, eine bestimmte Sprache und Kultur gehören, in letzter Konsequenz auch Geburt und Tod. Diese Selbstentäußerung Gottes (griechisch: *kenosis*), sein Verzicht darauf, bei sich selbst zu bleiben, vielmehr das menschliche Dasein voll und nicht nur in Ausschnitten zu teilen, ist für das christliche Offenbarungsverständnis zentral: Nicht in Schriften, sondern in einem Menschen, der real gelebt hat, manifestiert sich die Offenbarung Gottes als Nähe zu den Menschen.

In der Sprache der Metapher

Dass sich der unsichtbare Gott zu erkennen gibt, ist die Grundlage aller Offenbarungsreligionen, auch wenn die Frage, wodurch das geschieht, unterschiedlich beantwortet wird. Aber immer geht es darum, dass zwei Welten zusammenkommen, einander berühren, die in ihrer Art grundlegend verschieden sind: die ungeschaffene göttliche und die geschaffene menschliche Welt. Sie können nie zur Deckung kommen; deshalb gibt es in der geschaffenen Welt nichts, das mit Gott identisch wäre und göttlich genannt werden könnte, kein Wort, kein Buch, auch nicht die Bibel, kein Mensch. Eine solche Deckungsgleichheit anzunehmen, würde bedeuten, Gott zu vergegenständlichen oder, biblisch gesprochen, aus ihm einen Götzen zu machen. »Du kannst mein Angesicht nicht schauen, denn kein Mensch bleibt am Leben, der mich sieht«, sagt Gott zu Mose[108]; und das Johannesevangelium greift das auf, bezieht es aber gleichzeitig auf Christus: »Niemand hat Gott jemals gesehen; der einzige Sohn, der im Schoße des Vaters ist, der hat Kunde von ihm gebracht.«[109] Daher bedeutet Gottes Teilhabe an der menschlichen Welt auch nicht, dass Gott sein göttliches Wesen einbüßt. Damit bleibt immer ein Unterschied zwischen dem ungeschaffenen Gott und dem von ihm Geschaffenen. In der Gestalt Christi ergeht das Wort Gottes zwar in eine bestimmte Geschichte hinein, aber darin nicht auf. Hier liegt auch der Grund dafür, dass sich das Gotteswort nie rein erfassen lässt, sondern immer durch Menschenworte vermittelt bleibt. Wir stehen also vor dem Problem der Unzulänglichkeit menschlicher Sprache, wenn über etwas geredet werden soll, was mit der anderen Seite der Matrix, mit dem Unsichtbaren, Unendlichen, Unzeitlichen zu tun hat. Paulus spricht das aus, wenn er sagt: »Jetzt sehen wir alles in einem Spiegel, in rätselhafter Gestalt.«[110]

In der menschlichen Sprache werden die beiden Welten, die voneinander geschieden sind, miteinander vermischt, genauer gesagt: Für beide Welten steht nur die menschliche Sprache zur Verfügung, allerdings ihre zweite Variante – nicht die Sprache der klaren Definitionen, sondern die Sprache der Bedeutsamkeit; dieser Umstand wird häufig übersehen. Weil sich hier nichts definieren lässt, begnügt man sich entweder mit dem »Mysterium des Glaubens« und findet es nicht notwendig, ja sogar schädlich, darüber weiter nachzudenken; oder man hält nur die Sprache der klaren Abgrenzungen für aussagekräftig. Dann sind wir wieder bei einem Jesus, der ohnehin nichts anderes gewesen ist als ein begnadeter Prophet. Das geht Hand in Hand mit einer vehementen Kritik an der späteren christologischen Formulierung, Jesus Christus sei »wahrer Gott und wahrer Mensch«[111], denn damit werde die jüdische Basis des Christentums durch eine antiquierte hellenistische Logik verfälscht, die schon mit Paulus begonnen habe. Dahinter steht jene eingeschränkte Sicht auf die Wirklichkeit, die im »Konzept von Fakten« denkt und spricht. Dann kann man sich darüber den Kopf zerbrechen, zu wie viel Prozent Jesus aus göttlichem oder menschlichem »Stoff« bestanden habe, und weil das ganz offenkundig unsinnig ist, wird die Aussage von »Gott in Christus« überhaupt verworfen. »Wahrer Gott und wahrer Mensch« – was wie ein Widerspruch daherkommt, kann jedoch mehr aussagen als das eine oder das andere allein. Das wusste Goethe sehr gut, als er dem Leben zwei einander widersprechende Farben gab: »... grün ist des Lebens goldner Baum.«[112]

Der Ausweg führt in die andere Sprache, die Sprache der Gleichnisse und Metaphern, die imstande ist, scheinbar Widersprüchliches und Gegensätzliches zum Ausdruck zu bringen, die nicht Gegenstände und Fakten benennt, sondern Bedeutsamkeit hörbar macht. Diese Sprache kann paradoxe Sachverhalte benennen, kann in der Schwebe halten, was unvereinbar scheint. Im Falle des christlichen Grundthemas ist die Herausforderung dramatisch: Gott, der im Judentum (und im Islam) nur absolut transzendent gedacht wird, und der endliche Mensch sind in Jesus Christus in unmittelbare Beziehung getreten, haben sich vereint, obwohl sie radikal unterschieden sind und bleiben. Das nennt die christliche Tradition »Menschwerdung Gottes« und setzt sich damit schon wieder einem Missverständnis aus, weil sich zwar Gott im Menschen Jesus zu erkennen gibt, aber dennoch Gott bleibt und nicht Mensch wird. Das musste für Juden ein Skandal sein und für Griechen mit ihrer philosophischen Weisheit eine Dummheit[113] – und das ist es für aufgeklärte Zeitgenossen bis heute.

Besonders zahlreich sind die Versuche, die Menschwerdung Gottes aus der paradoxen Metapher zu befreien und logisch verständlich zu machen, um dabei zu erfahren, wie die Sprache einer Beschreibung der Art und Weise der Gottesgegenwart widerstrebt. Dann gilt Jesus zwar als Gott, aber seine menschliche Erscheinung sei nur mit einem Scheinleib ausgestattet, den er bei seiner Kreuzigung leicht abwerfen konnte *(Doketismus)*; andere gingen nicht so weit, gestanden Jesus aber auch nur eine einzige, nämlich die göttliche Natur zu *(Monophysitismus)*; oder er ist zwar Mensch, wenn auch das erste, vor aller Zeit geschaffene Geschöpf, und das Göttliche an ihm stellt eine Art Zuckerguss dar, der über ihn gekommen ist und ihn nun als mehr erscheinen lässt, als er ist *(Arianismus)*. Auch zwei getrennte Personen, eine göttliche und eine menschliche, hat man Jesus unterstellt *(Nestorianismus)*, als hätte er unter einer Persönlichkeitsspaltung gelitten.

Zwischen allen diesen Positionen gab es noch jede Menge Varianten, sie führten in der Zeit der antiken Konzilien zu Streit und gegenseitigen Ausschlüssen, und vieles davon lebt bis heute fort. In seinem Roman »Baudolino« erfindet Umberto Eco das sagenhafte Reich eines Priesters Johannes und macht sich über die christlichen Streitigkeiten lustig, die dort als verschiedenartige missgestaltete Monster ihr Unwesen treiben. Sie leben in einem friedlichen Pluralismus nebeneinander, aber wenn Gefahr von außen droht, können sie sich nicht gemeinsam verteidigen. Dann kämpft jeder gegen jeden, stets von theologischen Schlachtrufen angefeuert, bis dieses Biotop christlicher Meinungsverschiedenheiten zugrunde geht. Was Eco da in der Verkleidung einer humorvollen Utopie zum Besten gibt, hat durchaus Entsprechungen in der Geschichte. Alle diese Versuche einer christologischen Simplifizierung treffen aber nicht, was das Neue Testament meint und was nur in einer paradoxen Metapher, in einer dialektischen Denkbemühung gefasst werden kann. Im Grunde ist jeder Mensch selbst ein passendes Beispiel dafür, eine lebendige und täglich erfahrbare Metapher, in der das Konträre eine spannungsgeladene Einheit bildet. Das zieht Athanasius in seinem Glaubensbekenntnis als Analogie heran: »Denn wie die vernunftbegabte Seele und der Leib nur einen Menschen ausmachen, so ist auch Gott und Mensch nur ein Christus.«

Mehr als ein Prophet

Die Bezeichnungen, die das Neue Testament der Gestalt des Christus gibt, sind in diesem Sinne Metaphern mit einem bestimmten Hintergrund im Alten Testament, in dessen Denk- und Sprachwelt die ersten Christen lebten.

Bei der lauten Lesung des Alten Testaments wird das hebräische Wort für *Herr* traditionell dort gesprochen, wo im Text der Gottesname Jahwe steht, der nicht ausgesprochen werden darf. Die griechische Übersetzung, die »Septuaginta«, die zur Zeit Jesu gebräuchlich war, übersetzt solche Worte auch in der schriftlichen Version mit *Kyrios*. Im Neuen Testament ist *Kyrios* der wichtigste Gottesname und auch als Bezeichnung für den irdischen wie den auferstandenen Jesus gebräuchlich. Wenn Thomas den Auferstandenen mit den Worten »Mein Herr und mein Gott«[114] anspricht – eine Formulierung, in der Christus bereits mit Gott identifiziert wird –, so bedeutet das: Christus sagt etwas über das Wesen Gottes, er legt Gott aus, weil er die unbeschädigte Ikone Gottes ist.

In der alttestamentlichen Tradition wird bisweilen der König *Sohn Gottes* genannt als Ausdruck der Erwählung und Adoption, aber auch das gesamte Volk Israel; in jüngerer Überlieferung heißen auch die Frommen Söhne und Töchter Gottes.[115] Damit ist immer verbunden, dass sich solche Menschen an die ethischen Weisungen halten und sich an der Gerechtigkeit Gottes orientieren. Wenn man bedenkt, wie konsequent Jesus Gott seinen Vater nannte, ist auch darin ein Anknüpfungspunkt zu sehen. Die Halbgötter der heidnischen Mythen schienen vielleicht eine Verständnishilfe, freilich eine irreführende: Denn auch das Christentum – wohl nicht immer der Volksglaube – hat stets am Monotheismus festgehalten und den Sohn Gottes niemals als das Ergebnis eines göttlichen erotischen Abenteuers angesehen.

Heute wird *Jesus Christus* verwendet, als handle es sich um einen Vor- und Zunamen. Tatsächlich ist »Jesus« der bürgerliche Name des Mannes aus Nazaret, *Christus* aber ein Titel, durch den seine Anhänger zum Ausdruck bringen, dass sie in ihm den Messias erkannt haben. Daher schreibt Paulus den Namen meist vertauscht und damit zutreffend: *Christus Jesus*. Christus ist die griechische Übersetzung des hebräischen *maschiach Messias,* was ebenfalls »der Gesalbte« bedeutet. Darunter verstand und versteht man im Judentum den vollkommen gerechten König in der von Gott nach dem Ende der Geschichte neu geschaffenen Welt. Im Neuen Testament wird dieser Titel erst aus der Sicht nach Tod und Auferstehung verwendet und ändert dadurch seine Bedeutung: *Christus* ist der schon gekommene *Messias*, mit dem die Gottesherrschaft anfängt und der am Ende der Zeit wieder erwartet wird. Damit greift die christliche Lesart einen Titel mit Tradition auf und füllt ihn mit einem neuen Inhalt.

Das alttestamentliche Buch Daniel nennt den über alle Völker ewig herrschenden König der Endzeit *Menschensohn*, der auf den Wolken des Himmels kommen wird und den Gott selbst in sein Amt einführt.[116] Im Neuen Testament wird dieser Titel für Jesus nur in den Evangelien verwendet und dort nur in den von Jesus überlieferten Worten. Möglicherweise hat Jesus sich selbst so bezeichnet, jedenfalls haben die Evangelien ihn als endzeitlichen Richter verstanden. In ähnlicher Absicht weist der gestaltete Stammbaum im Matthäusevangelium[117] Jesus als *Davidssohn* aus, also aus dem Königsgeschlecht Davids stammend; dem entspricht auch die Geschichte von der Geburt Jesu in Betlehem, denn diese Stadt galt als Stadt Davids. Matthäus und Lukas beziehen sich damit auf die Verheißung, dass der Messias aus dem Geschlecht Davids kommen wird.[118]

Bei Johannes, dem spätesten Evangelium, erscheint Jesus Christus in der Metapher vom *Wort Gottes*. Der griechische Text verwendet das Wort *logos*, mit dessen Übersetzung sich schon Goethes Faust abgemüht hat. Denn es kann ebenso »Wort« heißen wie »Sinn«, für Faust auch »Kraft« und »Tat«.[119] »Wort« im Sinne von »Weisung«, was zu tun ist, entspricht dem, was Jesus nach der johanneischen Überlieferung über sein Verhältnis zum Vater gesagt hat. Er spricht vom Wort des Vaters, das er seinen Anhängern weitergibt.[120] *Wort Gottes* hat darüber hinaus eine alte Geschichte. Die Erschaffung der Welt, wie sie im Buch Genesis beschrieben wird, erfolgt durch das Realität setzende Wort Gottes. Unzählige Male heißt es im Alten Testament: »Das Wort des Herrn erging ...«. Und die Propheten beglaubigen ihre Aussagen wie mit einem Siegel lapidar mit den Worten: »So spricht der Herr«, »Spruch des Herrn« oder »Wort des Herrn«. Wenn also Jesus nicht nur als von Gott angeredeter Prophet, sondern selbst als das Wort Gottes bezeichnet wird, so ist mit ihm die schöpferische Kraft selbst gemeint, die aus dem Mund Gottes kommt.

Jeder dieser Namen, mit denen die Verfasser der neutestamentlichen Texte versuchen, das Treffende, Charakteristische über Jesus zu sagen, ist für sich genommen und wörtlich verstanden nichts Außerordentliches und auch in anderen Zusammenhängen nachweisbar. Alle Bezeichnungen stammen aus der religiösen Sprache und Vorstellungswelt des Judentums. Nicht nur Jesus und seine ersten Anhänger waren Juden, es stand ihnen auch nur eine Bibel zur Verfügung, nämlich die Bibel der Juden im damaligen Umfang, d.h. vor allem die fünf Bücher Mose (Tora), die Psalmen und die Propheten. Mit der Sprache dieser Bibel musste man auskommen. Um dennoch eine ganz neue, von der Tradition abweichende Einsicht in Worte zu fassen, bedient sich das Neue Testament einer Anhäufung vorhandener Namen und macht daraus ein Bündel von Metaphern, die in dieser »Konzentration« vorher noch niemandem zugeschrieben worden waren. So entstand eine Relektüre der vorliegenden jüdischen Texte, die – historisch gesehen und für sich genommen – nie auf Jesus hingewiesen haben, in christlichen Augen nun aber eine andere Bedeutung gewinnen.

Die Schriftsteller des Neuen Testaments tasten sich schrittweise an die Einsicht heran, dass Jesus nicht nur in enger Beziehung zu Gott steht, sondern darüber hinaus selbst göttlich genannt werden kann. Sie zögern zugleich, um das Missverständnis abzuwehren, sie würden vom strikten Eingottglauben abweichen und eine Konzession an den heidnischen Polytheismus machen. Sie sind gewiss, dass dieser Jesus in dem Sinn wahrer Mensch ist, als er die unverfälschte Idee Gottes vom Menschen repräsentiert, sodass an ihm auch das Wesen Gottes und seine Liebe zur Schöpfung erkannt werden kann. Anstatt also die einzelnen Bezeichnungen, mit denen Jesus als der Christus beschrieben wird, wörtlich in ihrem ursprünglichen Zusammenhang zu studieren und nachzuweisen, dass sie nichts Neues aussagen, wäre die Intention der Verfasser wahrzunehmen: Mit dem Material der vorhandenen Sprache wollen sie eine Verdichtung und Steigerung erzeugen, damit zur Geltung kommt, was wir oben »Nachricht« genannt haben: die Nachricht nämlich, dass dieser Jesus mehr ist als ein Prophet. Denn »nachdem Gott vorzeiten vielfach und auf vielerlei Weise zu den Vätern geredet hatte durch die Propheten, hat er am Ende dieser Tage zu uns geredet durch den Sohn«[121].

Geboren von der Jungfrau

Dasselbe Motiv der Steigerung steht hinter der viel umstrittenen »Jungfrauengeburt«. Die Evangelien nach Matthäus und nach Lukas erzählen, dass Maria vom Heiligen Geist schwanger wurde, noch ehe sie mit Josef die Ehe vollzogen hatte. Trotzdem führt der Stammbaum, den Matthäus an den Anfang seiner Schrift stellt, über Josef zu Jesus, weil nur die patrilineare Verbindung das davidische Königshaus als Ursprung belegen konnte. Markus und Johannes berichten nicht über Empfängnis, Geburt und Kindheitsgeschichte Jesu; Paulus, der erste unter den Theologen des Christentums und Verfasser der ältesten Schriften, interessiert sich für das Motiv der Jungfrauengeburt überhaupt nicht. Er nennt Jesus nur an einer Stelle »von einer Frau geboren«[122], um Jesus als einen Menschen zu charakterisieren. Dennoch ist die Formel »empfangen vom Heiligen Geist« und »geboren von der Jungfrau Maria« in das Glaubensbekenntnis eingegangen, das bis heute alle christlichen Konfessionen verbindet.

Die Schwierigkeit, die Geschichte von der wunderbaren Empfängnis und von der jungfräulichen Geburt nachzuvollziehen, entsteht erst, wenn man sich die Sache wörtlich und medizinisch vorstellt. Ein häufiges Motiv in der byzantinischen und westlich-mittelalterlichen Kunst ist die Darstellung einer Legende, derzufolge einer Hebamme bei der Geburt Jesu die Hand verdorrte, nachdem sie sich handgreiflich vergewissern wollte, ob Maria tatsächlich Jungfrau geblieben war.[123] Heute verdorrt niemandem mehr die Hand, Parthenogenese ist bei Menschen unmöglich. Ein beliebter Ausweg ist die Behauptung, es handle sich um einen Übersetzungsfehler. Im Jesaja-Text, auf den sich Matthäus beruft, steht nicht »Jungfrau«, sondern das hebräische *almá*, »junge Frau« (»Seht, eine junge Frau wird ein Kind empfangen und einen Sohn gebären«[124]). Aus der jungen Frau hat freilich nicht erst Matthäus eine Jungfrau gemacht, das hatte bereits die Septuaginta, die Matthäus verwendete, mit dem griechischen *parthénos* getan. Mit diesem Übersetzungsstreit wird das Problem aber nur verschoben, nicht gelöst, denn es besteht in der verkehrten Lektüre des Bibeltextes: Die Jungfrauengeburt in den Evangelien will nicht ein medizinisches Faktum als Beweis für die göttliche Abkunft Jesu anführen, sondern diese göttliche Abkunft, dass Jesus »mehr als ein Prophet« ist, war schon als Überzeugung da, als es mithilfe dieses Motivs als Metapher ausgesagt wurde.

Die Idee, sich dieses Motivs zu bedienen, hat Geschichte. Abrahams Frau Sara war kinderlos, obwohl aus den beiden ein Volk wie Sand am Meer hervorgehen sollte. Erst als Sara uralt und unfruchtbar war, bekam sie Isaak, über den die Geschichte des Volkes weiterging. Jakobs Lieblingsfrau Rahel blieb jahrelang kinderlos, ehe sie Josef zur Welt brachte und bei der Geburt ihres zweiten Sohnes Benjamin starb. Die Geschichte, wie sie Matthäus erzählt, geht weiter über Tamar, die um ihr Recht auf ein Kind betrogen wurde und sich, als Prostituierte verkleidet, zu ihrem Recht verhelfen musste; und sie geht weiter über den Ehebruch des Königs David, der mit Batseba Salomo zeugte, nachdem er Batsebas Mann hatte beseitigen lassen; sie geht weiter über die Ausländerin Rut, die sich mit List und Charme einen Mann angelte. Auch die kinderlose Hanna bekam ihr einziges Kind, den Propheten Samuel, erst nach Jahren, als sie kaum mehr darauf hoffen konnte.[125] Den letzten Fall dieser Art erzählt Lukas: Zacharias und Elisabeth, Verwandte Marias, waren alt, kinderlos und unfruchtbar, aber dann geschah das

Unglaubliche: Elisabeth erwartete ein Kind. Es war dieser Johannes, der später als Täufer am Jordan auch im Leben Jesu eine Rolle spielen sollte.[126]

Die Kette dieser Ereignisse wird nun von den Verfassern der beiden Evangelien aufgegriffen, gesteigert und zu Ende geführt. Maria, ein unbedeutendes Mädchen aus der Provinzstadt Nazaret, bekommt ihr Kind nicht nur unter Umständen, die sozial oder medizinisch zweifelhaft sind, sondern die überhaupt unmöglich erscheinen, und dieses Kind ist nicht nur Stammhalter eines Volkes oder Prophet, sondern als Sohn Gottes Zielpunkt der Geschichte. Denn davon waren die Evangelisten überzeugt und diese Überzeugung haben sie in den Verlauf der biblischen Geschichte als Höhepunkt eingetragen: Mit Jesus, sagen sie damit, hat das Rennen der Jahrhunderte den Zieleinlauf erreicht.

Metaphern der Erlösung

So wurde Jesus von seinen Anhängern gesehen. Aber welche Folgen haben sie seinem Auftreten zugeschrieben? Die erste Antwort darauf ist die Botschaft Jesu selbst. Jesus redete nicht zufällig in Gleichnissen und schuf damit erzählerische Metaphern für das, was er anzukündigen hatte. Es gibt kein anderes Buch der Antike, das eine so geballte Ladung an Gleichnissen enthält wie die Evangelien. Durch zahlreiche wechselnde Bilder versuchte Jesus darzustellen, dass die Gottesherrschaft als endgültige Zeitenwende schon in der Geschichte Fuß gefasst hat. Dabei darf die Botschaft Jesu nicht auf seine Worte verkürzt werden. Zu seiner Verkündigung gehören ebenso seine Taten – er redete nicht nur, er war auch tätig und beglaubigte seine Worte mit zeichenhaften Handlungen im Umgang mit den Menschen, denen er begegnete.

Eine zweite Antwort musste nach dem Tod Jesu gefunden werden. Denn offenbar war das Gottesreich nicht in der erwarteten Form Wirklichkeit geworden. Die visionäre Schau des Auferstandenen nährte zwar die Hoffnung auf eine baldige, endgültige Wiederkunft des siegreichen Christus; aber es konnte nicht übersehen werden, dass bereits etwas geschehen war. Aus der Erkenntnis, dass es sich bei Jesus um »mehr als einen Propheten« handelt, dass in ihm Gott selbst sich zu erkennen gegeben hat, wuchs für die ersten Christen die Gewissheit, dass die Erlösung der Menschheit schon in die Geschichte eingetragen war.

Erlösung wovon? Und wozu ist sie überhaupt nötig? Für den holistischen Bedeutungsrahmen der christlichen Matrix bleibt die hinfällige und labile Menschennatur ein Störfaktor. Nichts wäre wünschenswerter, als dass jemand die Menschennatur ändern könnte, eine Vorstellung, die sich bereits im Alten Testament etwa bei Jeremia oder Ezechiel findet[127]; dort heißt es, Gott werde den Menschen die ethischen Weisungen der Tora ins Herz schreiben, sodass alle das Gute von Natur aus tun – ohne Ermahnungen, Vorschriften oder Gesetze. Paulus greift diese Vorstellung auf[128] und bezieht sie, verbunden mit dem Wort Neuschöpfung, auf Christus. Denn nur Gott vermag die Natur zu verwandeln, indem er ein neues Wesen hervorbringt; Menschen können nur die Eigenschaften, aber nicht das Wesen der Dinge und des Lebendigen ändern. Als Christus ist Jesus nun eine neue Art Mensch, ein neues Wesen, das aus der Hand Gottes kommt und keinem anderen Menschen gleicht. Deshalb heißt es, Christus sei ohne Sünde, womit nicht eine konkrete Schuld, sondern eine neue *conditio humana* gemeint ist. In der Gestalt des Christus reichen Schöpfung und Neuschöpfung einander über eine von der Sünde bestimmte Geschichte hinweg die Hand. Wer in Christus lebt, wird in diesen Raum der Neuschöpfung hineingenommen. Damit rundet sich die christliche Matrix zu einem Ganzen.

Auch für diesen Vorgang der Hineinnahme derer, die an Christus glauben, in die neue Schöpfung finden die Verfasser des Neuen Testaments zahlreiche Metaphern. Das Wort Erlösung selbst ist einem zeitgenössischen Kontext entnommen und war damals unmittelbar verständlich. Wer im Sklavenstand lebte oder in die Sklaverei geraten war, wurde nur frei, indem ihn jemand kaufte und freiließ. Durch diesen Freikauf machte er ihn von der Verpflichtung oder Schuld frei, die ihn in Abhängigkeit von seinem Herrn hielt. Der Vorgang galt bereits im Alten Testament als Bild für Rettung überhaupt, und zwar schon als Rede Gottes: »Ich habe dich doch aus Ägypten heraufgeführt und dich freigekauft aus dem Sklavenhaus.«[129] Christliche Gefangene oder Sklaven von den Muslimen freizukaufen, war noch im Mittelalter Aufgabe des eigens dafür geschaffenen Ordens der Trinitarier. Mit der Abschaffung der Sklaverei ist diese Metapher unverständlich geworden, und das Wort Erlösung gehört zu jenen abgegriffenen Vokabeln, die nur mehr im engen Raum religiöser Sprache verwendet werden.

Noch schwerer verständlich sind die *Blutmetaphern*. Reinwaschung und Erlösung durch das Blut Christi, worunter man sich heute nichts mehr vorstellen kann, kommt vom jüdischen Opferkult, wie er zur Zeit Jesu und bis zur Zerstörung des Tempels im Jahre 70 in Jerusalem vollzogen wurde. Es war ein allgemein in der Antike gültiges Konzept, dass Schuld durch einen Kult beseitigt wird, bei dem das Blut eines Opfertieres fließt.[130] Die Schlachtung des Pessachlammes erinnert an die Befreiung der Israeliten aus Ägypten, bedeutet aber kein Opfer, sondern gilt als ein Zeichen der Verschonung vor dem strafenden Zugriff Gottes.[131] Das Lamm gehört bis heute zum Ritus des jüdischen Pessachfestes und bezieht sich im Neuen Testament auf Christus als das geschlachtete Osterlamm. Die Übertragung dieser damals bekannten rituellen Praxis auf die Wirkung des Todes Jesu lag nahe. Der Hebräerbrief stellt Christus als letzten Hohepriester und letztes Opfer zugleich dar, wodurch sich Verschonungszeichen und Sühneopfer vermischten, und das mit bedenklichen Folgen für die weitere Geschichte: Der Irrtum, dass Jesus geopfert wurde, um Gott zu versöhnen, hält sich zäh bis in die Gegenwart und hat sich zu einer allgemeinen Opferideologie in der christlichen Moralpredigt ausgeweitet. Dabei wird übersehen, dass schon der Hebräerbrief selbst einen Schlussstrich zieht. Jesus, heißt es dort, ist »ein für alle Mal« in den Tempel gegangen und hat »nicht mit dem Blut von Böcken und jungen Stieren, sondern mit seinem eigenen Blut« eine »ewige Erlösung bewirkt«[132]; und der Text stellt die rhetorische Frage, ob man nicht mit dem Opfern aufhören müsse, »wenn die Opfernden ein für alle Mal gereinigt«[133] sind.

Immer noch verständlich ist die Metapher von der *Reinwaschung mit Wasser*. Sie wird rituell mit der Taufe vollzogen, die schon sehr früh gemeinsam mit dem Bekenntnis zu Jesus als dem Christus den Eintritt in die christliche Gemeinde besiegelte. Jesus selbst hat sich im Jordan der Taufe Johannes' des Täufers unterzogen. Die Taufe durch vollständiges Untertauchen war Praxis in der alten Kirche und gibt noch einmal einen Hinweis auf Tod und Auferstehung Jesu, was die Gläubigen durch ein symbolisches Ertrinken und Wiederaufleben nachvollziehen. Das verbindet die Taufe mit der anderen, weniger drastischen Metapher der *Partizipation*: Mit Christus leben, sterben und auferstehen oder ihn als Gewand anziehen, das sind Beschreibungen und Bilder, die Paulus mehrfach verwendet, um das veränderte, »erlöste« Leben der Christen zur Sprache zu bringen.

Wenn man sich den Zustand der Welt und die Schwäche der Menschen vor Augen führt, leuchtet ein, dass eine radikale Veränderung dringend notwendig wäre. Was ist aber von der christlichen Behauptung zu halten, dass diese Veränderung durch den Auftritt des Jesus von Nazaret schon stattgefunden habe? Denn das ist es ja, was die neutestamentlichen Schriften mühsam und zum Teil in schon nicht mehr nachvollziehbaren Metaphern zum Ausdruck bringen wollen. Haben sich die Christen als die besseren Menschen erwiesen? Ist die Weltlage menschenfreundlicher geworden? Das ist die berechtigte und nicht verstummende Frage an die Christen. Sie kann nicht mit dem Hinweis auf Gutmenschen und Märtyrer beantwortet werden, denn diesen steht eine beschämende Kriminalgeschichte gegenüber. Die Aufrechnung der Ereignisse einer 2000-jährigen Geschichte ergibt kein überzeugendes Resultat.

In einer chassidischen Geschichte bläst ein Mann auf dem Gipfel des Ölbergs in Jerusalem die Schofarposaune. Das galt als Zeichen des Messias und der endgültigen Erlösung. Das Gerücht davon erreicht den Rabbi Menachem. Der tritt ans Fenster und beobachtet die Straße. Menschen gehen wie jeden Tag ihren Geschäften nach, auf dem Markt wird verkauft und gekauft, die Leute stehen in Gruppen beisammen, plaudern und streiten. Da weiß der

Rabbi, dass der Messias nicht gekommen sein kann, und er sagt: »Da ist keine Erneuerung.«[134]

Hinter der Fassade

Nur durch eine Erneuerung der Welt könnte sich das Reich Gottes ausweisen. Es gehört zu den schwierigsten Fragen, die die christliche Matrix aufwirft, wie glaubhaft gemacht werden kann, dass mit der Gestalt des Jesus von Nazaret schon eine Wende der Geschichte begonnen hat. Das scheint mit dem Blick aus dem Fenster schnell widerlegt. Es gibt allerdings noch andere Möglichkeiten, nach einer Antwort zu suchen.

»Die höchste Ungerechtigkeit ist es, dass man gerecht scheint, ohne es zu sein«, während der Gerechte »ohne irgendein Unrecht zu tun, den größten Schein der Ungerechtigkeit« hat, sodass der so gesinnte Gerechte gefesselt, gegeißelt, gefoltert, geblendet an beiden Augen werden wird, und zuletzt, nachdem er alles mögliche Übel erduldet, wird er noch aufgeknüpft werden«. Man könnte meinen, das sei ein Text, den Christen unter dem Eindruck der Hinrichtung Jesu geschrieben haben. Tatsächlich ist der Text 400 Jahre älter und stammt aus der »Politeia« des Platon. Darin sinnieren Sokrates und seine Freunde über die eigentümliche Tatsache, dass der ungerechte Mensch unter dem Schein der Anständigkeit auftreten muss, damit er erfolgreich sein kann, »indem er geschickt ist, überzeugend zu reden …, und weil er sich Freunde und Vermögen zu verschaffen gewusst hat«. Im Gegenzug muss der gerechte Mensch ins Unrecht gesetzt werden, als Verschleierung der Lebenslüge, die den Erfolg des ungerechten ausmacht.[135]

Diese Umkehrung wird auch in der Bibel beklagt. So sind die Ungerechten, heißt es im Psalm 73: »Immer im Glück häufen sie Reichtum auf Reichtum«, sie sind »gesund und wohlgenährt, ... sie reißen das Maul auf ... und darum wendet sich das Volk ihnen zu«.[136] Der Erfolg der Populisten und Geschäftemacher, der Leute, die sich's richten können, ist also eine uralte Erfahrung. Täuschung und Intrige als Weg an die Macht und zum guten Leben sind das Thema der Literatur von den großen Dramen bis zum Kriminalroman. Jeweils im Schatten der gelungenen Verkleidung, in der die Bösen als Gute auftreten, leben die verkannten Ehrlichen und Aufrichtigen; sie bekommen die Prügel ab, die den Ungerechten gebühren. Der Blick auf diese »verkehrte Welt« hat beim Propheten Jesaja einen bemerkenswerten Niederschlag gefunden. In vier Einschüben in den umfangreichen Text zeichnet der Prophet das Schicksal des Gottesknechts: »Er hatte keine schöne und edle Gestalt, sodass wir ihn anschauen mochten. ... Er wurde verachtet und von den Menschen gemieden, ein Mann voller Schmerzen, mit Krankheit vertraut. ... Aber er hat unsere Krankheit getragen und unsere Schmerzen auf sich geladen. Wir meinten, er sei von Gott geschlagen, von ihm getroffen und gebeugt. Doch er wurde durchbohrt wegen unserer Verbrechen. ... Durch Haft und Gericht wurde er dahingerafft, ... bei den Ruchlosen gab man ihm sein Grab, bei den Verbrechern seine Ruhstätte.« Und dann die Wende: An dieser Missgeburt, diesem Outcast, »fand der Herr Gefallen«, er nennt ihn gerecht und sagt voraus: »Er wird groß sein und hoch erhaben.«[137]

Die Bibel spielt hier – schon lange vor Platon – die Erkenntnis ein, dass die Gerechtigkeit unter ihrem Gegenteil verborgen sein kann, dass das Gute gerade dort gesucht werden muss, wo man es augenscheinlich nicht vermutet. In Joseph Roths Roman »Hiob« sagt der Rabbi über den kranken Buben Menuchim, den ihm die verzweifelte Mutter hinhält: »Der Schmerz wird ihn weise machen, die Hässlichkeit gütig, die Bitternis milde und die Krankheit stark.«[138] Das prophetische Wort des Rabbi enthüllt eine andere Seite der Wirklichkeit und gewinnt ihr den Aspekt ab, den fast alle übersehen: Dass nämlich die Wahrheit im Unpopulären, Unkorrekten, Anstößigen und Schmerzhaften entdeckt werden kann. In diesem Sinne heißt es auch bei Lukas: »Die Gottesherrschaft kommt nicht so, dass man sie beobachten könnte, man wird auch nicht sagen: Sieh, hier! oder: Dort!« Und doch ist die Gottesherrschaft, verborgen unter dem Gegenteil, bereits »mitten unter euch«.[139]

In dieselbe Richtung zielt Jesus selbst. In der Bergpredigt[140] erklärt er die Armen und Trauernden, die Geschmähten und Verfolgten für »selig«, wohl wissend, dass ihr Leben schwierig und lebensgefährlich ist; aber »selig, die um der Gerechtigkeit willen verfolgt werden, denn ihnen gehört das Himmelreich«. Die Umkehrung der augenscheinlichen Verhältnisse wird zum Maßstab der Gerechtigkeit Gottes erklärt, das vordergründig Sichtbare grundsätzlich in Zweifel gezogen. So geht Jesus auch mit den Menschen um, die ihm begegnen. Er scheut weder Aussätzige und psychisch Kranke, noch Personen, die sich um ihr öffentliches Ansehen gebracht haben, wie Zöllner und Prostituierte.

Zollpächter haben regelmäßig in die eigene Tasche kassiert und galten als Kollaborateure der verhassten römischen Besatzungsmacht. Der Zöllner Zachäus klettert der besseren Sicht wegen auf einen Baum und verfolgt von dort aus den Auftritt Jesu in Jericho. Und gerade diesen Mann holt Jesus herunter und quartiert sich bei ihm ein. Die Leute sind empört, aber Zachäus ist so überrascht und betroffen, dass er verspricht, die Hälfte seines Vermögens den Armen zu geben und zurückzuzahlen, was er zu viel an Steuern eingehoben hat.[141] In einer ähnlichen Geschichte kommt es zu einer Begegnung mit einer »Sünderin«, wohl einer stadtbekannten Prostituierten. Während Jesus im Haus eines Pharisäers zu Gast ist, salbt sie seine Füße mit einem Duftöl, küsst sie und trocknet sie mit ihrem Haar ab. Sich von einer solchen Person berühren zu lassen, ist ungehörig; daher denkt der Gastgeber: Wenn Jesus ein Prophet wäre, müsste er wissen, mit was für einer Frau er es da zu tun hat. Natürlich weiß Jesus das, aber er weist die zu Tränen erschütterte Frau nicht zurück, sondern sagt ihr Vergebung zu.[142] Die beiden Geschichten – und viele andere – demonstrieren den Durchblick durch die Oberfläche des äußeren Anscheins eines Menschen und die Wirkung, die es haben kann, wenn die Person hinter der Fassade ihres sichtbaren Lebenswandels angesprochen wird: Beispiele auf den Kopf gestellter Verhältnisse, der Entdeckung und Erweckung einer Wahrheit im Unkorrekten und Anstößigen, auch unter Missachtung sozialer und religiöser Regeln: »Zöllner und Dirnen gelangen eher in das Reich Gottes«[143], lautet einer dieser »Umkehrsprüche« Jesu.

Wozu das Kreuz?

Das Kreuz ist zum Symbol des Christentums geworden und gilt denen, die diese Religion ablehnen, als Beweis für Lebensfeindlichkeit, Grausamkeit und Nekrophilie. Tatsächlich lädt dieses Folter- und Hinrichtungsinstrument zu einer solchen Interpretation geradezu ein; und die Kriege, die im Namen des Christentums geführt wurden, die Ketzer- und Hexenmorde, die sich christliche Kirchen haben zuschulden kommen lassen, können durchaus als weitere Belege herhalten. Die Sache sieht anders aus, wenn man zum Ausgangspunkt zurückkehrt, zur kleinen Gruppe enttäuschter Anhänger und Anhängerinnen des gekreuzigten Jesus, die – anders als spätere Generationen – unbewaffnet waren und über keinerlei politische Macht verfügten.

Versetzt man sich in ihre Situation, so kam alles darauf an, wie sie mit der Tatsache fertig werden konnten, dass ihr Meister als Aufrührer und Tempelkritiker hingerichtet worden war und daher als gottloser Verbrecher gelten musste. Sie kannten ihn und konnten nicht glauben, was ihm die Anklage vorgeworfen hatte. Ein unfairer Prozess? Ein Justizirrtum, wie er zu allen Zeiten vorkommt? Wie auch immer, mit dem Ergebnis konnten sie sich nicht abfinden. Es scheint, dass die Einsicht, die ihnen den Schlüssel zum Verständnis lieferte, auf der Linie jener Umkehrung liegt, die in ihrer Bibel schon Tradition hatte. Sie interpretierten das Schicksal Jesu im Lichte der Gottesknechtslieder des Jesaja: Der Mann der Schmerzen, der unter die Verbrecher gezählt wird, ist der Gerechte vor Gott, sein Leiden und Tod haben den Charakter der Stellvertretung: »Er wurde durchbohrt wegen unserer Verbrechen«, eine Selbsterkenntnis in Bezug auf die Schwäche des Menschen als *conditio humana*.

Man kann diese Einsicht gleichsetzen mit dem, was von der Auferstehung erzählt wird: Durch das furchtbare Ereignis des Todes auf das Gegenteil des Augenscheins hindurchzublicken, bedeutet, dass der Tod nicht das

Leben beendet, sondern die Tür zu einem neuen Leben aufstößt, sodass der Auferstandene dann in ihrer Mitte erscheint. Eine lange Tradition der Menschheitserfahrung, die sich in der Bibel wie bei Platon und in der gesamten Weltliteratur findet, wird im christlichen Verständnis auf die Spitze getrieben: Nicht nur der Gerechte wird vom Schein der Ungerechtigkeit befreit, nicht nur der Ausgestoßene wird rehabilitiert, sondern der Tote ist der Lebende. Deshalb sagt Paulus: »Ist aber Christus nicht auferweckt worden, so ist ja unsere Predigt leer, leer auch euer Glaube.«[144] Nur vor diesem Hintergrund konnte das Kreuz als Zeichen der Rettung verstanden werden, als durchsichtiger Vordergrund für das dahinter liegende Leben.

Das hat das Christentum vor Fehlinterpretationen im Laufe der Geschichte nicht bewahrt. Allzu oft ist der Blick am Vordergrund hängen geblieben, wurde dem Leiden und dem Tod als solchem heilsame Bedeutung zugeschrieben. Kein Wunder, dass diese Religion dadurch in Verruf geraten ist. Um das Image des guten Propheten zu retten, sind Legenden entstanden, denen zufolge Jesus nicht wirklich gestorben sei, scheintot war, entrückt wurde oder dergleichen. Auch der Islam lehnt den grausamen Tod Jesu ab. Doch gehen diese Deutungsversuche nicht nur am historischen Faktum der Hinrichtung vorbei, sondern missverstehen auch, in welcher Perspektive der Tod des Jesus von Nazaret zur Grundlage des christlichen Glaubens werden konnte, indem der Tod als durchsichtig auf das Leben verstanden wurde.

Dennoch erwarteten Paulus und viele Christen der ersten Generationen das baldige Weltende und die Aufrichtung der angekündigten Gottesherrschaft. Nichts dergleichen stellte sich ein, und die Enttäuschung darüber erzwang einen weiteren Lernprozess. So wie in Jesus der Christus, der Sohn Gottes verborgen gegenwärtig war, so auch das Reich Gottes: Unter dem Anschein des unveränderten Weltlaufs ist es nach christlichem Verständnis so gegenwärtig wie das Leben unter dem Anschein des Kreuzes. Es muss immer wieder gesucht, aufgedeckt und angeredet werden wie die Einsicht im Zöllner oder die Reue in der verachteten Frau. Dass so etwas möglich wird, gewährleistet Gott, der sich in einem Menschen zu erkennen gibt – ein Paradigma der wieder hergestellten menschlichen Gottebenbildlichkeit.

Nur so lässt sich die Frage beantworten, ob sich durch den Auftritt des Jesus von Nazaret etwas verändert hat, ob die Weltlage menschenfreundlicher geworden ist. Dem Anschein nach nicht. Es ist eine Frage des Durchblicks. Wenn Theodor Adorno behauptet, es gäbe kein richtiges Leben im falschen[145], womit der Mensch unlösbar an die hinfällige *conditio humana* gebunden wäre, dann behaupten die Christen dagegen: Es gibt das richtige Leben innerhalb einer unveränderten, »falschen« Weltlage, das vom Zwang der *conditio humana* grundsätzlich erlöste Leben, wenn auch versteckt, fallweise, vorübergehend, der Endlichkeit unterworfen, wie alles, womit Menschen zu tun haben. Für diese Endlichkeit steht das Kreuz, sie ist das Kreuz, aber das Kreuz ist eben endlich, es markiert keine letzte, sondern nur eine vorletzte Wirklichkeit.

Conditio christiana

Die verborgen gegenwärtige Gottesherrschaft wird wirklich durch Menschen, die in Kreuz und Auferstehung Jesus als Christus erkannt haben. In welcher Weise solche Menschen als »Erlöste« zu verstehen sind, das beschäftigt insbesondere Paulus in seinen wichtigsten Briefen. Im 7. Kapitel des Römerbriefes schildert er sein eigenes Befangensein in der »Sünde«, womit die Verstrickung gemeint ist, die seine guten Absichten konterkariert: »Das Wollen ist bei mir vorhanden, aber ich vermag das Gute nicht zu verwirklichen.«[146] Angesichts dieser nachvollziehbaren Erfahrung setzt sich Paulus mit dem jüdischen Gesetz auseinander und kommt zu der paradoxen Einsicht, dass das Gesetz, gerade weil es »heilig, gerecht und gut«[147] ist, die Verstrickung in »die Sünde« bewusst macht: »Als das Gebot kam, wurde die Sünde lebendig.«[148] Gebote und Verbote zu befolgen ist kein Weg, der aus dem Bannkreis des falschen Lebens herausführen würde, weil sie niemand perfekt erfüllen kann. Deshalb nützt es nichts, die Maschen der Vorschriften so eng zu ziehen, dass möglichst niemand entschlüpfen kann. Die daraus folgende Kasuistik ist eine Versuchung aller Religionen; sie führt in die gnadenlose Fremdbestimmung, gegen die sich Menschen immer wieder zur Wehr gesetzt haben. Paulus sieht die Sache ganz anders, für ihn ist Glaube Freiheit[149]: Es ist ja niemandes Verdienst eines besonders anständigen Lebens, dass Gott sich in Christus zu erkennen gegeben hat, es handelt sich um ein freies Geschenk ohne die Vorbedingung korrekter Gesetzeserfüllung; Paulus schließt daraus, dass der Mensch von Gott grundsätzlich bejaht wird, ungeachtet seiner Taten oder Verfehlungen. Das lautet dann in biblischer Sprache so: »Gerecht gemacht aus Glauben, haben wir Frieden mit Gott durch Jesus Christus, unseren Herrn.«[150]

Wie ist Paulus zu dieser befreienden Erkenntnis gekommen? Er nennt im Römerbrief zunächst nur einen Namen: Jesus Christus.[151] Durch Christus, nicht aus sich selbst, ist er zur Erkenntnis gekommen. In der Gestalt Christi hat er etwas geschaut, nichts Äußerliches, sondern einen inneren Zusammenhang, eine Einheit, ein Ganzes, ein neues Sein, das allem vorausgesetzt und in das alles eingebettet ist. In dieser Matrix zeigen sich ihm Sinn, Ursprung und Ziel, die dem ganzen Kosmos innewohnen und dem schwankenden Leben einen Grund geben. In dieser Erfahrung sind ihm viele andere gefolgt. Sie bedeutet eine Blickwende wie das Umspringen der Figuren auf einem Vexierbild.

Das zu durchschauen, durch das, was die Sinne wahrnehmen können, hindurchzuschauen, bedeutet Rechtfertigung aus Gnade: Wer immer du bist, es ist gerechtfertigt, dass du bist. Diese zentrale Einsicht ist Gemeingut aller christlichen Konfessionen, wurde aber von der Reformation in einer »Rechtfertigungslehre« besonders ausformuliert. Dass sich diese Lehre juridischer Metaphern bedient, ist eine Quelle von Missverständnissen. Wir leben in einer verrechtlichten Kultur, in der es wesentlich darum geht, ein »Recht auf etwas« festzuhalten und zu garantieren. Da wird Gnade leicht als menschenverachtende Herablassung empfunden. Genau genommen geht es aber um »Gerechtmachung« *(iustificatio)*, nicht um gnädige Nachsicht eines schuldbeladenen Lebens, sondern um die bleibende, vorausgesetzte Unschuld, um die unwiderrufliche Berechtigung zu sein. Jeder Mensch hat Angst davor, sich seine Schuld einzugestehen, und ergeht sich daher in Arabesken von Selbstrechtfertigungen. Das kann absurde Formen annehmen, denn vor den Menschen will jeder mit reiner Weste dastehen. Doch vor Gott ist das nicht nötig. Das im Voraus zugesprochene Lebensrecht jedes Menschen macht es erst möglich, sich der eigenen Schuld zu stellen, sie zu sehen und einzusehen. Rechtfertigung ist nicht das Ende eines Gerichtsverfahrens, sondern dessen Vorbedingung, sie hebt die *conditio humana* nicht auf, aber taucht sie ins Licht einer *conditio christiana*.

So lässt sich die »Christologie«, die christliche Sichtweise auf Jesus von Nazaret zusammenfassen: Er wird als einer verstanden, der »mehr ist als ein Prophet«, er ist Christus, in dem sich Gott selbst zu erkennen gibt. Damit ist in diesem einen Fall die Gottebenbildlichkeit des Menschen paradigmatisch wiederhergestellt, als endzeitliches Ziel für alle, Frauen und Männer. Das neue Weltzeitalter, das Jesus als »Reich Gottes« angekündigt hat, ist ebenso verborgen gegenwärtig wie die Gerechtigkeit im verachteten Gottesknecht, wie das Leben im Tod am Kreuz, durch das die definitive Macht des Todes aufgehoben wurde. Menschen, die sich dieser Sichtweise anschließen, wissen sich in ihrer Existenzberechtigung von Gott bestätigt und dadurch frei, immer wieder ein richtiges Leben im falschen zu versuchen, indem sie dem unsichtbaren Gottesreich bruchstückhaft zur Sichtbarkeit verhelfen. In diesem Sinn sind sie »gerechtfertigt« und »erlöst« – nicht weil sie ein rundum vollkommenes Leben führen könnten; sie bleiben verführbar und fehlerhaft, aber: Sie können auch anders.

SPIELARTEN DER LIEBE
Gott in Beziehung

> Die wohl genialste Leistung christlicher Theologie
> ist die Lehre von Gottes Dreieinigkeit.
> Mit ihr wurde den gängigen Vorstellungen
> vom himmlischen Patriarchen, König,
> Autokraten der Abschied gegeben.[152]
>
> *Kurt Marti*

»Ihr Leute des Buches, übertreibt nicht in eurer Religion«, steht im Koran. »Sagt über Gott nur die Wahrheit. Der Messias Jesus, der Sohn Marias, ist ein Gesandter Gottes und sein Wort. ... Darum glaubt an Gott und seine Gesandten und nicht an drei. Hört auf damit, das ist besser für euch. Gott ist ein Einziger ... – wie könnte er einen Sohn haben.«[153] Diese Sure richtet sich an die Christen als »Leute des Buches«. Das Christentum hat mit dem Islam die Verehrung des einen und einzigen Gottes gemeinsam, und solche Aussagen lassen sich auch als Warnung vor Missverständnissen lesen, vor denen die Christen nicht immer gefeit sind. Wie lässt sich der »eine Gott in drei Personen« verstehen, ohne in den Polytheismus zurückzufallen? So standen Christen, die damals am Rande des byzantinischen Reiches lebten und mit Arabien Handel trieben, der nestorianischen Auffassung von einer menschlich-göttlichen Doppelpersonalität Jesu nahe. Immerhin hatten sich bis dahin fünf Konzilien den Kopf über die christliche Gotteslehre zerbrochen; eines davon, in Ephesos, hatte Maria den Titel »Gottesgebärerin« verliehen.

Vor diesem Hintergrund ist die rhetorische Frage im Koran zu verstehen: »Jesus, Sohn Marias, hast du zu den Menschen gesagt, dass sie dich und deine Mutter als zwei Gottheiten neben Gott nehmen sollen?«[154] Natürlich nicht, ist die Antwort. Aber einige muslimische Kommentatoren waren deshalb der Meinung, die christliche Dreifaltigkeit bestünde aus Vater, Mutter und Sohn. Das entsprach zwar nie dem christlichen Selbstverständnis, aber die hohe Verehrung Marias muss sich diese Frage schon gefallen lassen.

Dieses Herzstück christlicher »Gottesbeschreibung« wurde nicht immer erfolgreich vermittelt, nicht nur, weil zum Verständnis philosophische Kenntnisse nötig wären, sondern weil auch keine Konsequenzen daraus gezogen wurden. Denn Gott dreifaltig zu denken hat auch eine lebenspraktische Seite, die freilich politisch nicht erwünscht war: Ein autoritärer Monarch liefert eine bessere Legitimation für Könige und Päpste, Fürsten und Bischöfe als ein Gott der Liebe und des permanenten lebendigen Beziehungsgeschehens. Ein solcher Gott fordert einen respektvollen, geschwisterlichen Umgang der Menschen untereinander, in welcher sozialen Position sie sich auch befinden. Daher fragt Kurt Marti zu Recht: »Wie kommt es, dass das gängige Gottesbild der auf den Namen des dreieinigen Gottes getauften Christen dennoch dasjenige des Patriarchen, des Königs und Autokraten geblieben ist?«[155]

Gottesgegenwart

Systematische Überlegungen mögen später notwendig gewesen sein, aber ihnen gehen Erfahrungen und Nachdenklichkeit der ersten Christen voraus, wie sie im Neuen Testament niedergelegt sind. Theologische Reflexionen kommen immer erst nach den Versuchen, unmittelbare Erfahrungen und Erkenntnisse in Worte zu fassen. Was darüber im Neuen Testament steht, hat seinen Ort im Leben der frühen Gemeinden, stammt aus Gottesdiensten, Lobgesängen und Gebeten und ist nicht in intellektuellen Studierstuben entstanden. Unter dieser Voraussetzung setzen wir noch einmal bei der Einsicht an, dass Jesus »mehr ist als ein Prophet«, weil sich in ihm Gott selbst zu erkennen gegeben hat.

Man könnte diese Einsicht auch anders beschreiben. Sie kam aus der Erfahrung einer Gottesgegenwart, wie sie in dieser Weise zuvor noch nicht wahrgenommen wurde: Der die ersten Anhänger und Anhängerinnen begleitet hatte, der mit ihnen gewandert war und gepredigt hatte, Wort und Brot mit ihnen geteilt hatte, konnte im Rückblick nicht anders verstanden werden als einer, der die Gegenwart Gottes repräsentierte. »Ich und der Vater sind eins«[156], macht das Johannesevangelium diese Erfahrung später in einem Jesus-Wort fest. Daraus bildet sich das christliche Gottesverständnis: Der beziehungswillige Gott vergegenwärtigt sich aus Achtsamkeit für seine Schöpfung und aus Liebe zu den Menschen auf die intensivst mögliche Weise, die für das menschliche Erkenntnisvermögen erträglich und fassbar ist.

Wenn das so ist und Gott sich im Menschen Jesus zeigt, dann unterwirft er sich der Endlichkeit. Das würde bedeuten, dass die Gottesgegenwart mit dem Tod Jesu zu Ende geht. Damit stünde aber die Identität Gottes selbst auf dem Spiel. Dieser Tod ist eine Herausforderung für Gott, seine Treue und Verlässlichkeit wären desavouiert, wäre Jesus im Tod geblieben. So folgt der Hinrichtung ein mehrteiliges Szenarium, das im Grunde nur ein einziges Ereignis in seine Facetten aufgliedert. Die Auferstehung und die Erscheinungen des Auferstandenen, seine Ankündigung des Geistes, der alles erklären wird, die Himmelfahrt und das Pfingstfest – das sind Aspekte ein und derselben Erkenntnis: Jesus lebt, auch wenn er in die Unsichtbarkeit zurücktritt, aber die von ihm repräsentierte Gottesgegenwart bleibt durch das Wirken des Geistes unvermindert erhalten. Auch an diesem Punkt muss die Bibel umgekehrt gelesen werden: Auferstehung, Erscheinungen, Geistausgießung, wie sie in den Evangelien und in der Apostelgeschichte geschildert werden, sind keine Beweise für die überwältigenden Einsichten derer, die mit Jesus gegangen waren und seinen Tod miterlebt hatten; vielmehr war die Einsicht zuerst da, ein »Aha-Erlebnis« mit dem Effekt, Welt und Geschichte anders zu sehen, und das wurde dann in narrativen Metaphern entfaltet und in Bildern – und nicht in philosophischer Begriffssprache – dargestellt.

Die Anhänger und Anhängerinnen Jesu und die ersten Christen waren also mit einer wechselnden Wahrnehmung der Gegenwart Gottes konfrontiert. Sie waren überzeugt, dass Gott, der sich aus Liebe zu den Menschen in die gebrochene Weltgeschichte begibt, es nicht mit dem einmaligen Auftritt eines Propheten bewenden lässt, gerade weil dieser Mensch »mehr ist als ein Prophet«. Gott ändert seine Zuwendung zu den Menschen nicht; was sich verändert, ist die Wahrnehmung seiner Zuwendung als Vater, der die Welt schafft und erhält, als Sohn, der sie begleitet, und als Geist, der diese Begleitung fortsetzt. Das schaut so aus, als ginge es um eine zeitliche Abfolge, ein Hintereinander göttlicher Auftritte; blendet man aber die Dimension der Zeit aus, die einem transzendenten Gott nicht gemäß ist, so ergibt sich, dass Vater, Sohn und Geist schon immer das Wesen des einen Gottes ausgemacht haben.

Beziehungslogik

Hier setzt die Fähigkeit aus, sich Vorstellungen zu machen; das Denken folgt einer doppelten Logik: Gott kann seine liebevolle Beziehung zu den Menschen nur in einer Weise zum Ausdruck bringen, die dem begrenzten menschlichen Fassungsvermögen entspricht; und doch kann Gott in seinem Beziehungswillen nicht auf seine Schöpfung angewiesen und daher von ihr abhängig sein. Wir gehen diesen beiden Überlegungen nach.

»Unverkennbar seid ihr ein Brief Christi«, schreibt Paulus an die Korinther, »geschrieben nicht mit Tinte, sondern mit dem Geist des lebendigen Gottes«.[157] Das Motiv des Briefes ist eine gelungene Metapher für die Übermittlung einer Botschaft. Ein Liebesbrief, auch wenn er von Gott kommt, muss für die Adressaten gewisse Bedingungen erfüllen. Er muss in einer Sprache abgefasst sein, die der oder die Geliebte versteht, und das Kuvert muss richtig adressiert sein, damit der Briefträger es nicht ins falsche Postfach wirft. Außerdem wäre es nützlich, die Zeit zu berechnen, die von der Aufgabe bis zur Zustellung vergeht, damit der Brief rechtzeitig und zum passenden Anlass eintrifft. Denn der Mensch ist dem Raum unterworfen und an die Zeit gebunden. Auch Gott kann sich nicht mit Esperanto verständlich machen, und indem er eine Sprache wählt, müssen sich alle anderen mit Übersetzungen zufriedengeben. Jesus hat Aramäisch gesprochen, während die Verfasser des Neuen Testaments Griechisch geschrieben haben und eine spätere Übersetzung ins Lateinische (die »Vulgata«) über Jahrhunderte den Diskurs beherrscht hat. Leider kann heute fast niemand mehr Aramäisch, und das Land, in dem diese Sprache zu Hause war, ist wie damals ein politisch zerrissener Unruheherd. Das alles sind keine optimalen Bedingungen für die Verbreitung der Worte eines Menschen, der selbst nichts geschrieben hat. Es ist wie beim Heiraten – ein Bild übrigens, das im Alten Testament oft für die Beziehung Gottes zu seinem Volk verwendet wird: Man entschließt sich, zu einer bestimmten Zeit mit einem bestimmten Menschen eine Gemeinschaft einzugehen, und niemand weiß, was in Zukunft daraus werden wird.

Wir sind körperlicher Raum und an Raum und Ort gebunden, Bilokation und Beamen ist noch nicht gelungen; wir sind in eine Zeit hineingestellt, die wir uns nicht aussuchen konnten, wir leben in einem bestimmten Land und lernen die ortsübliche Sprache. Ein Drittes ist das Bewusstsein, das imstande ist, alle diese Bedingungen zu reflektieren; es kann sich über sie erheben, aber es kann sie nicht aufheben. So ist der Mensch ein Wesen aus Natur, Geschichte und Geist, und das berücksichtigt auch Gott, wenn er sich verständlich machen will. Er war immer der Gott Abrahams, Isaaks und Jakobs, bestimmter Zeiten und Personen also, er hat Israel aus Ägypten herausgeführt und damit Geschichte gemacht. Ebenso ist er Gott und Vater Jesu, durch den er wie durch die Propheten den Geist, das Bewusstsein und die Denkkraft der Menschen inspiriert und an sie appelliert. Die Liebeserklärung Gottes an die Menschen ist so umfassend, dass sie, um anzukommen, dreifach ausgefertigt ist. Als Vater und Schöpfer der Natur, auch der menschlichen Natur, berücksichtigt er unsere Gebundenheit an Ort und Raum; als Sohn bewegt er die Geschichte, indem er sich der Zeit und ihrem Ablauf unterwirft; als Geist schließlich inspiriert er Bewusstsein und Erkenntnis und überwindet Raum und Geschichte.

Die Bedingungen menschlicher Rezeption veranlassen somit den einen Gott, in die Vielfalt menschlicher Umstände einzutreten; was eins ist, erscheint aus unserer Perspektive dreifach. Erscheint es nur oder ist es auch so? Die erste Antwort ist eine halbe Antwort.

Liebe als Denkaufgabe

Was wissen wir schon über Gott und die unsichtbare Welt, die die sichtbare umfängt, den Anfang des Lebens plant und das Ende auffängt? Nichts, was nicht aus durchaus menschlichen und bruchstückhaften Erfahrungen erschlossen werden kann. Er ist nach dem Zeugnis der Bibel ein beziehungsfreudiger, liebender Gott, und das Neue Testament spitzt das noch zu, wenn es sagt: »Gott ist die Liebe«[158]. Das ist die radikale und endgültige »Definition« Gottes und die Grundlage der christlichen Matrix. Die Tradition der Ostkirche verwendet ein noch schärferes Wort und spricht vom »Eros« Gottes, von seiner leidenschaftlichen Begierde nach der Begegnung mit den Menschen. Aber passt es in das Bild der Autonomie Gottes, wenn er mit seiner Liebe auf die Schöpfung, auf den Menschen angewiesen ist? Ist er von Liebe und Gegenliebe der Menschen abhängig?

Er, der die Liebe ist, liebt ohne jede geschaffene Bedingung. An dieser Stelle sprengt das Christentum die traditionellen philosophischen Überlegungen über Gott als »erste Ursache«, als »unbewegten Beweger«. So hatte Aristoteles begrifflich zu fassen versucht, was er göttlich nannte, und die abendländische Theologie ist ihm auf weite Strecken gefolgt. Wenn aber Gott die Liebe ist, kann er nicht unbewegt sein, sondern ist er in sich selbst ein unentwegtes Beziehungsgeschehen. Es waren griechische Kirchenväter, die auf der Suche nach einem denkmöglichen Ausweg auf die Erfahrungen mit der wechselnden Weise der Gottesgegenwart zurückgegriffen und daraus auf Gott selbst rückgeschlossen haben. Sie bestanden auf der Einheit Gottes, auf dem unumstößlichen Erbe des jüdischen Monotheismus; zugleich nannten sie Vater, Sohn und Geist *Hypostasen* innerhalb des einen Gottes. Dieses griechische Wort *Hypostase* wurde im Lateinischen mit »Person« wiedergegeben – eine Übersetzung, die aus heutiger Sicht problematisch ist.

Liebe braucht Beziehung und setzt Unterschiede voraus. In diesem Sinn kann man *Hypostase* als Person verstehen, sodass die göttliche Einheit in drei Personen differenziert erscheint. Im Lateinischen bedeutet *persona* ursprünglich Maske und somit die Erscheinungsweise eines Schauspielers auf der Bühne, was aber keine angemessene Metapher für das liebende Beziehungsgeschehen in und durch Gott darstellt. Inzwischen hat sich die Bedeutung des Wortes Person verschoben, man versteht heute darunter das unabhängige Individuum, den einzelnen, für sich stehenden Menschen, und von daher ist die Glaubensformel »ein Gott in drei Personen« tatsächlich in Gefahr, polytheistisch missverstanden zu werden. Ein Fall von vielen, wenn es um Religion geht, wo die Sprache an ihre Grenzen stößt.

Was zu späteren Zeiten alles über das innergöttliche Leben spekuliert wurde, kann man ruhig vergessen. Es sagt nichts über Gott, sondern höchstens etwas über die labyrinthischen Wege menschlicher Denkbemühungen. Mehr wissen zu wollen, ist eine Anmaßung, vielleicht sogar einer jener Übergriffe, die sich seit Adam und Eva als verhängnisvoll erwiesen haben. Nur so viel ist im Rahmen der christlichen Matrix gewiss: Wenn Gott die Liebe ist, dann ist alles auf Beziehung aufgebaut, in seinem Verhältnis zur Welt und in ihm selbst, und dann ist dieses Beziehungsgeschehen auch das anspruchsvolle Modell für den Umgang der Menschen untereinander. Ist in Gott Einheit und Dreifaltigkeit nur dialektisch denkbar, sodass das eine nicht ohne das andere ausgesagt werden kann, so bedeutet das – in Analogie zum menschlichen Leben –, dass Liebe Einheit schafft, indem sie die Eigenständigkeit des anderen respektiert. Liebe als die gelungene Balance zwischen Distanz und Verschmelzung, in die sie jeweils abzugleiten droht, ist daher imstande, sich Fremden und Feinden ebenso zuzuwenden, wie Freunde und Nahestehende ohne Assimilationsdruck zu respektieren.

Jesus kontra Christus?

Selbst in der einfachen biblischen Form, unter Aussparung aller späteren Purzelbäume der Trinitätslehre, ist das spezifisch christliche Gottesverständnis oft als eine Spekulation kritisiert worden, die mit Jesus von Nazaret nichts zu tun habe. Paulus, heißt es dann, sei der Erfinder des Christentums, der die Botschaft Jesu verfälschte. Man solle Jesus als jüdischen Propheten dem Judentum zurückgeben und von hellenistischen Verfremdungen befreien.

Wenn das so einfach wäre! Leider haben wir den historischen Jesus nicht zur Verfügung. Wir wissen kaum etwas über ihn außerhalb der Rekonstruktionen seiner Geschichte durch die Schriftsteller des Neuen Testaments, deren erster Paulus war, und keiner von ihnen hat Jesus persönlich gekannt. Den Wanderprediger Jesus gegen den Christus der ersten Christengemeinden auszuspielen, ist also nicht möglich. Seit der Aufklärungszeit, als man hartnäckig danach fragte, »wie es eigentlich gewesen ist« (Leopold von Ranke), wurden wiederholt Versuche gemacht, aus den Texten die Gestalt des historischen Jesus herauszuschälen. Albert Schweitzer hat diese Versuche in seiner »Geschichte der Leben Jesu Forschung« zusammengefasst und mit den berühmten Sätzen charakterisiert: »Es ist der Leben-Jesu-Forschung merkwürdig ergangen. Sie zog aus, um den historischen Jesus zu finden, und meinte, sie könnte ihn dann, wie er ist, als Lehrer und Heiland in unsere Zeit hineinstellen. Sie löste die Bande, mit denen er seit Jahrhunderten an den Felsen der Kirchenlehre gefesselt war, und freute sich, als wieder Leben und Bewegung in die Gestalt kam und sie den historischen Menschen Jesus auf sich zukommen sah. Aber er blieb nicht stehen, sondern ging an unserer Zeit vorüber und kehrte in die seinige zurück.«[159]

Seit der Wende vom 19. zum 20. Jahrhundert ist die »Hellenisierung« des Christentums zu einem verbreiteten Schlagwort geworden, das eine Verfallserscheinung diagnostizieren will.[160] Es wird unterstellt, dass die Autoren des Neuen Testaments, insbesondere Paulus, die Jesusbotschaft der griechisch (hellenisch) geprägten Kultur ihrer Zeit angepasst und dadurch entstellt hätten. Aber ebenso wie die Suche nach dem historischen Jesus ist der Wunsch, etwas »unbefleckt Ursprüngliches«, einen geschichtslosen

Kern auszumachen, von vornherein zum Scheitern verurteilt. Jüdische und hellenistische Kultur waren schon Jahrhunderte davor nicht voneinander zu trennen. Die Schriften des Alten Testaments sind innerhalb eines Zeitraumes von etwa 1000 Jahren, die des Neuen Testaments innerhalb von etwa 100 Jahren entstanden. Während dieser Zeit haben sich politische und kulturelle Wandlungsprozesse vollzogen, denen die Verfasser der Schriften ausgesetzt waren. Die große Hellenisierung des Orients begann mit den Feldzügen Alexanders des Großen. Nicht nur die Juden in Palästina, sondern noch mehr diejenigen, die in der Diaspora in allen Ländern des Orients lebten, mussten sich damit auseinandersetzen. Sie taten das nicht durch eine schlichte Anpassung, sondern in aktiver Auseinandersetzung. In der Regel sind solche Prozesse der Kulturation wechselseitig, sodass man auch von einer Judaisierung des Hellenismus sprechen kann.[161] Das gesamte Alte Testament ist von hellenistischen Elementen durchzogen, wozu dann ab dem 3. Jahrhundert v.Chr. die griechisch beeinflusste Weisheitsliteratur mit den Büchern Hiob, Kohelet (Prediger) oder Sprüche hinzukam. Gerade das Buch Kohelet ist ein Beispiel für die Übernahme hellenistischen Gedankenguts, das zugleich kritisch distanziert wird. Und sogar Genesis 3 enthält viele weisheitliche Elemente, da das »Klugwerden«, das Erkennen eine zentrale Rolle spielt, aber auch hier mit einer kritischen Distanz gegenüber der Reichweite menschlicher Erkenntnisfähigkeit.

Paulus war ein gebildeter schriftgelehrter Jude, der seine Bibel kannte und sich auf sie bezog, soweit sie damals vorlag; das gilt auch für die anderen neutestamentlichen Schriftsteller.[162] Ihm eine Hellenisierung der ursprünglichen Botschaft Jesu vorzuwerfen – wie das bis heute geschieht[163] – übersieht zweierlei: einmal die längst vorhandene hellenistische Färbung der jüdischen Bibel und dann vor allem die kritische Konfrontation des Paulus mit hellenistischen Vorstellungen. So weiß Paulus genau, dass für Griechen die Weisheit das Höchste ist; dieser Weisheit stellt er Christus als den Gekreuzigten gegenüber: Das musste für griechisch denkende Geister eine Dummheit sein. Die Weisheit Gottes ausgerechnet in der Dummheit, also unter ihrem Gegenteil zu suchen[164], war für eine hellenistische Welt nicht akzeptabel. Aber gerade darum dreht sich die Theologie des Paulus.

Jesus neu gelesen

Es bleibt daher nichts anderes übrig, als in den vorliegenden neutestamentlichen Texten nach Verbindungen zwischen den Reden und Taten Jesu und der späteren Bedeutung der Gestalt Christi zu suchen. Denn man muss wohl davon ausgehen, dass die Erinnerung an eine starke charismatische Persönlichkeit auch originale Wendungen bewahrt hat, die aus Respekt vor dem Meister nicht manipuliert wurden. Dazu gehören die klaren Aussagen über die hier und jetzt schon angebrochene Gottesherrschaft, Aussagen, die umso überzeugender für den Originalton Jesu sprechen, als die späteren Autoren der Evangelien damit leben mussten, dass diese Herrschaft zu keiner sichtbaren Verwirklichung gekommen war.

Die überlieferten Worte und Taten Jesu vertrösten weniger auf eine baldige Zukunft, als dass sie radikal behaupten: Sie ist schon da. »Die Zeit ist erfüllt und die Gottesherrschaft nahe herangekommen«, heißt es im Markusevangelium[165], und im Lukasevangelium: »Wenn ich mit dem Finger Gottes Dämonen austreibe, so ist die Gottesherrschaft bereits zu euch gelangt.«[166] Dazu gehören die Gleichnisse, die das Gottesreich etwa in der Metapher einer Mahlgemeinschaft darstellen, zu der alle geladen sind, ob arm, schuldbeladen oder aus der Gesellschaft ausgestoßen.[167] Wenn Menschen um einen Tisch sitzen, herrscht Friede unter ihnen durch die Freundlichkeit, das Lebensnotwendige zu teilen. Dem entspricht die Praxis Jesu: Die Evangelien erzählen mehrfach, wie Jesus mit und ohne seine engsten Vertrauten verschiedenen Einladungen bei Freunden oder Gegnern gefolgt ist – eine Vorübung auf den Frieden des Gottesreiches, die ihm die Nachrede eingebracht hat, er sei ein »Fresser und Säufer«[168]. Solche Verunglimpfungen überliefern Verehrer ihres Meisters nicht, wenn sie nicht einen Anhalt in der Realität haben.

Bleibt schließlich die Frage, wieweit mit dem christlichen Verständnis des dreieinigen Gottes kompatibel ist, was von Jesus an vermutlich authentischen Reden überliefert ist. Am Ende seines zweiten Briefes an die Korinther schreibt Paulus: »Die Gnade Jesu Christi, des Herrn, die Liebe Gottes und die Gemeinschaft des Heiligen Geistes sei mit euch allen.«[169] Woher hat er das, etwa zwanzig Jahre nach dem Tod Jesu? Ist das nichts weiter als eine paulinische Erfindung? In diesen zwanzig Jahren hat sich die Wende zur christlichen Matrix vollzogen, deren Ergebnis Paulus aufgreift. Man mag einwenden, dass Paulus Jesus nicht gekannt hat; aber es ist historisch gut nachweisbar, dass er mit denen zusammengetroffen ist, die mit Jesus gegangen waren, und keiner von ihnen hat ihm widersprochen. Zwei Erfahrungen waren dafür ausschlaggebend: Einmal hat Jesus ohne Zweifel immer wieder von Gott als von seinem Vater gesprochen, ihn sogar mit dem

viel vertraulicheren Wort »Abba« angeredet. Nachdem es nach Tod und Auferstehung wie eine Erleuchtung über die Anhänger und Anhängerinnen Jesu gekommen war, dass die versprochene Gottesherrschaft mit Jesus selbst bereits angefangen hatte, kann im Rückblick darauf schon auf so etwas wie die »Zweifaltigkeit« Gottes geschlossen worden sein. Deshalb formuliert das Johannesevangelium später als Worte Jesu: »Wer mich gesehen hat, hat den Vater gesehen.«[170] Die zweite Erfahrung war nicht nur das Versprechen, dass der Geist die weitere Gottesgegenwart sichern werde, sondern das Erlebnis der Geistsendung selbst, durch das sich die Anhänger Jesu ermächtigt fühlten, die Botschaft Jesu weiterzuentwickeln. »Der Heilige Geist und wir haben beschlossen ...«[171], so werden die Entscheidungen des Apostelkonzils bekräftigt, das in den 40er-Jahren des ersten Jahrhunderts Paulus mit Petrus und den anderen Zeitzeugen Jesu zusammenführte. Da war sie also schon, die Dreifaltigkeit Gottes, die den einen und einzigen Gott als Vater, als Sohn und als Geist wahrnahm. So war es nur logisch, dass der Autor des Matthäusevangeliums weitere vier Jahrzehnte später die Ausbreitung des Christentums in die Worte fasst: »Tauft sie [die Völker] auf den Namen des Vaters und des Sohnes und des Heiligen Geistes«[172], – zu einer Zeit, als die Taufe als Eintrittsritus in die christliche Gemeinde schon in Übung war. Noch einmal zwanzig Jahre später fällt wie eine Zusammenfassung das Wort »Gott ist die Liebe«[173]. Damit war nichts Neues gesagt, aber die Beziehungslogik des dreieinigen Gottes auf die kürzestmögliche Weise zum Ausdruck gebracht. Wenn Gott nicht nur liebt, sondern die Liebe ist, muss sich seine Einheit mit einer inneren Differenzierung verbinden. Genau so sieht das Gottesverständnis der Christen aus.

Es ist der Erkenntnis stiftende Geist Gottes, der zu jeder Zeit wirkt, als die bleibende Gottesgegenwart wahrgenommen wird und das Erkennen, Verstehen, Begreifen der christlichen Matrix ermöglicht. »Der Heilige Geist wird euch alles lehren ... und an alles erinnern, was ich euch gesagt habe«[174], heißt es im Johannesevangelium. Was hier beschrieben wird, ist der Vorgang der Relektüre von Früherem, und zwar unter der Voraussetzung einer neuen Sichtweise; diese Relektüre stellt die Verbindung zwischen dem Alten Testament, der Predigt Jesu über die schon gegenwärtige Gottesherrschaft und dem dreieinigen Gott der Christen her.

Absurdität des Leidens

Auch wenn die innere Logik dieses Gottesverständnisses nachvollziehbar ist, steht sie als Behauptung doch im Widerspruch zur Realität der Welt. Wie kann der angeblich liebende Gott so viel Lieblosigkeit, Unrecht, Grausamkeit zulassen? Warum kommen Kinder und Unschuldige unter die Räder? Wer verantwortet Erdbeben, Flutwellen, Vulkanausbrüche, Wirbelstürme – Katastrophen also, die nicht von Menschenhand ausgelöst wurden?

Schmerz und Tod haben in allen Religionen größten Erklärungsbedarf. Die Deutungsversuche reichen von Strafe für begangenes Unrecht bis zur Prüfung des Gottvertrauens und versuchen so, die Absurdität menschlichen Leidens durch die Herstellung einer Logik von Ursache und Wirkung aufzuheben oder zu mildern. Die Frage, warum Gott das Leiden der Unschuldigen zulassen kann, ist damit trotzdem nie zum Schweigen gebracht worden.

Unschuld und Glück, Schuld und Leid stehen in keiner sinnvollen Korrelation. So scheint die Behauptung eines liebenden Gottes eine leicht widerlegbare Illusion. Gerade wer liebt, sollte vor plötzlichem Unglück und absurdem Leid schützen. »Was ist das für ein Gott?«, fragt Hiob. Er versteht nicht, warum das Unglück ihn, sein Haus und seine Familie mit Krankheit und Tod getroffen hat. »Schrei ich: Gewalt!, wird mir keine Antwort, rufe ich um Hilfe, gibt es kein Recht.«[175] Die Psalmen sind voll von der klagenden Frage, warum Gott es zulässt, dass auch diejenigen, die ihm treu sind, von Schicksalsschlägen verfolgt werden, während andere es eher verdient hätten.

Die Suche nach einer Ursache führt zur Suche nach dem Schuldigen. Hiob weiß sich schuldlos, während seine Freunde die Schuld bei ihm suchen. »Ist nicht deine Bosheit groß?«, wirft ihm Eliphas vor, davon überzeugt, dass Gott den Übermut, sich für schuldlos zu halten, demütigt. Und Hiob gibt zurück: »Pfuschärzte seid ihr, miserable Tröster.«[176] Sie setzen einander auf die Anklagebank und zum Leid kommt noch der Streit dazu, der alle einsam macht. Aber Hiob bleibt dabei: Gott ist schuld, wer sonst? Er ist es, der alle vernichtet und dann noch über die Verzweiflung der Unschuldigen lacht. Dieser Gott verdient keine Verteidigung, weshalb Hiob seine Freunde anschnauzt: »Für Gott wollt ihr Verkehrtes reden und ihn mit Trug verteidigen?« Hiob tauscht Kläger und Angeklagten und hat damit vorgespurt, was zum Paradigma der Aufklärung wurde: Nicht mehr der Mensch muss sich vor dem Gericht Gottes verantworten, sondern Gott vor dem Gerichtshof der Humanität gegen die Anklage der Grausamkeit in der von ihm geschaffenen Welt.[177]

vgl. Manes Sperber

Das Buch Hiob kann als berechtigter Protest gegen Gott gelesen werden: »Ich lasse meiner Klage freien Lauf, reden will ich in meiner Seele Bitternis«[178], schreit Hiob hinaus. Elie Wiesel erzählt von einer Frau, deren Kinder in jungen Jahren gestorben waren, und die Gott deshalb grausam und unbarmherzig nennt. Sie protestiert, statt das Schicksal hinzunehmen, und der Rabbi bestärkt sie darin: »Ich rate dir, zu rufen, zu schreien, zu protestieren, Gerechtigkeit zu fordern, verstehst du mich, Frau? Man darf es nicht hinnehmen.«[179] So wie Hiob erleidet die Frau die Sinnlosigkeit ihres Daseins, aber sie wird nicht aufgefordert, sich damit abzufinden. Das entspricht den letzten Sätzen des Hiobbuches. Gott verteidigt den Protest des Hiob, während dessen Freunde, die immer zu Selbstanklage und Unterwerfung gemahnt haben, gescholten werden. »Denn ihr habt nicht recht von mir geredet wie mein Knecht Hiob«[180], ist der abschließende Spruch Gottes.

Das Bild von Gott schwankt. Verborgen bleibt, was er vorhat, und er scheint gegen das Unheil der Welt nichts unternehmen zu wollen. Zugleich erklärt er sich solidarisch mit dem Protest dagegen. Die Freunde Hiobs, die nach Erklärungen suchen und sich in die verzweifelte Suche nach einem Schuldigen verstricken, werden zurechtgewiesen und sind doch in ihrem Verhalten, nicht in ihren Reden, wahre Freunde: Als sie davon hören, dass Hiob alles verloren hat, reisen sie an, klagen und weinen mit ihm und »saßen bei ihm auf der Erde sieben Tage und sieben Nächte; keiner sprach ein Wort zu ihm. Denn sie sahen, dass sein Schmerz sehr groß war«[181]. Wenn der Schmerz groß ist, helfen Reden und Schuldfragen nichts. Dabeisein ist alles.

Gott greift nicht ein, er ist kein *deus ex machina*, der vom Schnürboden auf die Bühne heruntergelassen wird, wenn es brenzlig wird, aber auch kein gleichgültiger oder gekränkter Zuschauer. Sein Dabeisein ist alles. Seine Zuwendung zu den Menschen zeigt sich weder durch groß angelegte Eingriffe noch durch Erläuterungen zum besseren Verständnis. Das Christentum gewinnt eine neue Perspektive auf diese Frage nach dem Sinn oder Unsinn des Leidens: Im Glauben an einen Mensch gewordenen Gott, der selbst gelitten hat, erübrigen sich Erklärungen durch diese oder jene Theorie; wichtiger ist, dass Gott an der Seite der Menschen steht, mit ihnen auf der Erde sitzt. Denn Liebe macht verletzlich, und Gott setzt sich mitleidend dieser Verletzlichkeit aus. Daher müssen Leid und Tod nicht mehr als Strafe für begangene Schuld oder auch nur als Prüfung verstanden werden, sondern können als Teilhabe am Leiden Gottes selbst wahrgenommen werden, der den Lauf der Geschichte hin zu ihrer letzten Bestimmung durch Solidarität mit den Leidenden vorantreibt. Das geschieht durch die Gegenwart Gottes in dem verborgenen, aber bereits wirksamen Gottesreich, das mit Jesus, dem Christus, begonnen hat.

Im Netz der Matrix

Ist damit alles erklärt? Eben gerade nicht, denn Erklärungen können die Gegenwart Gottes nicht ersetzen. Interessant ist aber, dass Gottes Solidarität mit den Menschen dem Protest gegen Unrecht und Unheil zustimmt, man könnte sogar sagen: Gott selbst protestiert gegen eine Welt, die von seinem eigenen Entwurf weit abgekommen ist. Dieser scheinbare Widerspruch wird oft mit der Rede vom »lieben Gott« zugeschmiert. Liebe, falsch verstanden, ist der Zuckerguss über alle Konflikte, eine klebrige Brühe, die zur Lähmung einer Beziehung führt. Liebe als Beziehungsgeschehen dagegen ist spannungsgeladen, sie bewegt sich dynamisch zwischen Zustimmung und Widerspruch, sie findet die Einheit nicht vor, sondern schafft sie immer wieder neu. Sie ist nicht süß, sondern durchaus auch bitter, sie beruhigt nicht nur, sondern weckt auch auf, sie engt nicht ein, sondern bricht durch.

Deshalb ist die Vorstellung vom liebenden Gott immer mit zwei anderen Perspektiven verbunden. Einmal erscheint er als der Verborgene, der Unberechenbare und Unverständliche, weil Liebe nicht zu allem Ja und Amen sagt, sondern immer auch Widerständiges in sich trägt. Zum anderen ist er auf Gerechtigkeit bedacht. Gott, der nach christlichem Verständnis die Liebe ist, ist zugleich der Richter. Er lässt zwar die Sonne scheinen über Gerechte und Ungerechte[182], aber das heißt nicht, dass er den Ungerechten alles durchgehen lässt. Liebe bedeutet nicht, vor der Schuld die Augen zu verschließen, und auch das ist in der christlichen Matrix mitbedacht. Würde der Tod wirklich das Ende sein, so käme es zu keinem Ausgleich, dann würden Verhalten und Lebensführung keiner Prüfung unterworfen, die dem Menschen um seiner Würde willen zusteht.

Liebe und Gerechtigkeit sind eine brisante Kombination, und wie die Balance in Richtung Liebe kippen kann, so auch in Richtung Gerechtigkeit. Auch diese Vorstellung gibt es, und sie hat eine verhängnisvolle Tradition im Christentum. Anselm von Canterbury meinte, Gott habe seinen Sohn am Kreuz zu Tode gebracht als Genugtuung für die Beleidigungen, die er von Menschen, von Adam und Eva an, hat erdulden müssen – ein Menschenopfer also, um den Zorn Gottes zu besänftigen. Diese verquere Vorstellung hat bis zum fatalen kirchlichen Umgang mit Andersdenkenden Schule gemacht und taucht bis heute in Predigten und frommen Schriften auf, obwohl da Gerechtigkeit mit Rachsucht verwechselt wird. Das ist zudem völlig unvereinbar mit dem beziehungswilligen Gott. Und es ist kein Zufall, dass in Anselms Denken der Heilige Geist keine Rolle spielt: Wo Gott-Sohn als Menschenopfer für den wütenden Gott-Vater verstanden wird, wäre der dreieinige Gott in sich zerrissen.

Auch wenn in solchen Konzepten die Balance zwischen Liebe und Gerechtigkeit in Schieflage geraten ist, bleibt das Gericht als eine Sache der Gerechtigkeit dennoch ein Thema, das die Bilder vom liebenden Gott begleitet. »Schaffe mir Recht …«, ruft der Beter von Psalm 43 und wünscht sich Gerechtigkeit.[183] Auch das Neue Testament, das gern als sanfter Text gelesen wird, spart nicht mit Gerichtsszenen, wie bei Matthäus, wo die Unbarmherzigen, die sich um Hungernde, Kranke oder Gefangene nicht gekümmert haben, in das »ewige Feuer« geworfen werden.[184] In der Geschichte vom reichen Mann und dem armen Lazarus, die beide zugleich sterben, geht es um ausgleichende Gerechtigkeit. Der Reiche ließ den Armen hungern, weshalb ihn die Flammen peinigen, und dem Armen, der sich »in Abrahams Schoß« wiegt, ist es unmöglich, den Reichen zu laben.[185] Auch das sind Metaphern, und was unbarmherzig erscheint, will wachrütteln und darauf aufmerksam machen: Das Leben ist kein Spiel. Man könnte hier stehen bleiben: Wie am Ende der Zeiten das Maß der gelebten Liebe zum Kriterium für den Freispruch wird, so auch das Maß der eigenen Selbstgerechtigkeit für den Schuldspruch. Deshalb heißt es in der Bergpredigt: »Richtet nicht, damit ihr nicht gerichtet werdet.«[186] Aber in der christlichen Matrix nimmt das Gericht noch einmal eine Wende. Was immer du getan, mir angetan hast, du liegst mir am Herzen, spricht Gott: Nicht was du getan hast, rechtfertigt dich, sondern dass du gewollt warst; deine Daseinsberechtigung wird nicht zurückgenommen. Liebe und Gerechtigkeit Gottes sind wie zwei Schalen einer Waage, aber die Liebe hat mehr Gewicht. Dass Gott die Menschen »gerecht macht«, heißt nichts anderes, als dass er denen, die ihm vertrauen, gibt, was sie nicht haben, sie zu etwas macht, das sie nicht sind.

Metaphern, Vorstellungswelten, Behauptungen: Die Frage, wie es faktisch ist, ist falsch gestellt, und damit bleibt der Zweifel über den Nutzen und die Tragfähigkeit der Überlegungen. Diese machen ja nur dann einen Sinn, wenn sie etwas mit dem Leben, mit der Existenz zu tun haben, wenn sie fähig sind, den Bogen der Matrix zu spannen. Die bedeutungsschweren Geschichten der Bibel, die Vorstellung eines Gottes, der jeden einzelnen Menschen geschaffen hat, begleitet und empfängt, bilden ein Netz[187], das niemanden durch die Maschen fallen lässt. Der beziehungsfreudige Gott ist ein Netzwerker. Er verbindet Menschliches und Göttliches, Sichtbares und Unsichtbares, Liebe und Gerechtigkeit, Anfang und Ende. So kann ungeachtet einer durchaus unheilen Welt eine Erfahrung von Geborgenheit und eine Energie dafür entstehen, Oasen eines gelungenen Lebens zu schaffen, Bruchstücke eines noch nicht zum Ganzen zusammengefügten Gottesreiches.

Lebenserwartung

Kurze Wegbeschreibung

»Weil das Evangelium gegen die Todesbilder energisch zu Felde zieht, darf nicht geschehen, was in sehr vielen Predigten zu beobachten ist, dass nämlich die Welt des Elends und des Schreckens sehr viel drastischer und ausführlicher wiedergegeben wird als die Gnade Gottes in Christus. ... Schlagworte wie der Ruf nach Bewährung des Glaubens im Alltag, nach dem Lebenszeugnis der Christen, nach der Durchdringung der Welt mit christlichem Geist bilden das Gemeingut aller theologischen Lager. ... Die Forderung ist hybrid. Sie verlangt das Unmögliche, das weder Gott erwartet noch ein Mensch zu leisten vermag: die Gnade Gottes durch ein Handeln zu demonstrieren.«[188]

»Wenn das Christentum eine Zukunft hat, dann im Wiederaufleben christlicher Erfahrung und Frömmigkeit bei Menschen, die niemals ein theologisches Buch gelesen haben.«[189]

HINDERNISLAUF
Von der jüdischen Sekte zur Weltreligion

> Derjenige, von welchem dieser Name ausgegangen,
> Christus, war unter des Tiberius Regierung vom
> Prokurator Pontius Pilatus hingerichtet worden;
> und der für den Augenblick unterdrückte verderbliche
> Aberglaube brach wieder aus, nicht nur in Judäa,
> dem Vaterlande dieses Unwesens,
> sondern auch in der Hauptstadt.[190]
>
> *Cornelius Tacitus*

Es soll sich auf einer staubigen Straße in der Nähe von Damaskus ereignet haben: Der Himmel reißt auf, gleißendes Licht überflutet alles, und eine Stimme kommt aus dem Äther: »Warum verfolgst du mich?« Der Angesprochene stürzt geblendet zu Boden. Seine geschockten Begleiter schleppen ihn in die Stadt. Er sitzt regungslos da, kann nicht essen und trinken, seine Kräfte schwinden. Sein ganzes bisheriges Leben ist wie ausgelöscht.[191]

Vom Pferd gefallen

Dieses dramatische Erlebnis hat die entscheidende Wende gebracht: Aus dem Christenverfolger Saulus wurde der allerchristlichste Apostel, der unermüdlich herumgereist ist und den Glauben an die Offenbarung Gottes in Jesus Christus verkündete. Immerhin war es Jesus selbst, der zu ihm gesprochen hatte mit einer erstaunlich sanften Frage, freilich mit entsprechendem Lichtzauber garniert. Viele bildliche Darstellungen dieser Szene unterstreichen die Dramatik noch dadurch, dass sie Paulus auf ein Pferd setzen, von dem er dann halsbrecherisch herabstürzt. Von einem Pferd ist in der Apostelgeschichte des Lukas keine Rede; es wird erst Jahrhunderte später dazuerfunden, denn je höher der Sitz, desto spektakulärer der Umsturz.

Die Geschichte hat viele Missverständnisse bewirkt. Bis heute ist die Ansicht verbreitet, eine Bekehrung zum christlichen Glauben habe sich dramatisch zuzutragen, Licht und Finsternis, Niederstürzen und Aufstehen seien das Mindeste, was man von einem solchen Ereignis zu erwarten habe. Paulus ist jedoch für den Fortgang der Geschichte aus einem anderen Grund von größter Bedeutung. Hatten die anderen Apostel Jesus persönlich gekannt, so war Paulus derjenige, der, ohne jemals mit ihm zusammengetroffen zu sein, seine Reflexionen über den neuen Glauben als Erster niederschrieb. Seine Briefe sind die ältesten Zeugnisse des Christentums.

Blenden wir zurück. Einige Ereignisse in den Jahren nach Jesu Tod können festgemacht werden. In der Jerusalemer Christengemeinde war es bald zu Spannungen zwischen traditionsverbundenen und hellenistischen Judenchristen gekommen, darunter Stephanus, einem der Diakone, die mit Armenbetreuung beauftragt waren, aber auch predigten. Er wurde etwa um das Jahr 33 aufgrund seiner Kritik am Tempel vom jüdischen Hohen Rat angeklagt, dann aber in einer Lynchjustiz gesteinigt.[192] Etwas später ereignete sich, was eingangs geschildert wurde: Jener Saulus, der nach dem Bericht der Apostelgeschichte bei der Stephanus-Steinigung die Hand im Spiel gehabt hatte, wechselte die Fronten und schloss sich der neuen Gruppe der Jesusanhänger an: Aus dem Saulus wurde ein Paulus. Um 42 wurde Jakobus, einer der zwölf Apostel, auf Betreiben des Herodes-Enkels Agrippa I. hingerichtet, der sich mit Zustimmung Kaiser Caligulas noch einmal für drei Jahre König von ganz Palästina nennen durfte[193] und eine »Schaukelpolitik« betrieb: Um sich an der Macht zu halten, versuchte er, es den Römern ebenso recht zu machen wie den Juden, indem er prominente christliche Persönlichkeiten hinrichten ließ. Bei Petrus, dem Leiter der Jerusalemer Gemeinde, beschränkte er sich darauf, ihn und seine Freunde auspeitschen zu lassen und ihnen weitere Predigten zu verbieten.[194] Die Hungersnot der Jahre 46/47 machte auch der Jerusalemer Gemeinde schwer zu schaffen; aber schon gab es Gemeinden außerhalb der jüdischen Kernländer, in denen für Jerusalem Geld gesammelt wurde – so etwa in Antiochien, wo erstmals die Bezeichnung »Christen« auftauchte.[195]

Geschichte einer Entfremdung

Jesus war ein gesetzesloyaler Jude gewesen, alle seine Begleiter waren Juden wie er, und die Evangelien betonen, dass Jesus sich ausdrücklich zum jüdischen Volk gesandt wusste. Als daher nach dem Tod Jesu auch Nichtjuden für den neuen Glauben gewonnen wurden, ergab sich ein schwieriges Problem: Mussten die Heiden zuerst Juden werden, um Christen werden zu können? Eine konservative Gruppe in der Jerusalemer Gemeinde hielt zunächst daran fest. Paulus hingegen, der unterdessen schon in Kleinasien unterwegs war, begann zwar seine Predigt, wo immer er hinkam, meist in den örtlichen Synagogen, aber er schloss Heiden nicht aus und fand es nicht praktikabel, sie auf die jüdischen Reinheitsvorschriften und auf die

Beschneidung zu verpflichten. Als er 48/49 in Jerusalem war, kam es zum Streit. Nach langem Hin und Her – die Auseinandersetzung bekam später den schönen Namen »Apostelkonzil« – wurde beschlossen, dass sich nur Christen, die aus dem Judentum kommen, an die jüdischen Vorschriften halten müssen. Damit war zunächst das Nebeneinander zwischen »Judenchristen« und »Heidenchristen« besiegelt und die nachfolgende Spaltung zwischen Juden und Christen in ein greifbares Stadium getreten. Heidenchristen bildeten vielerorts bald die Mehrheit.

Der Riss wurde beim sogenannten Apostelkonzil nur notdürftig gekittet. Inzwischen wuchs die Unzufriedenheit der jüdischen Bevölkerung, die römische Verwaltung von Judäa reagierte mit Repressalien und forderte immer mehr Steuern. Als der Statthalter sogar einen Teil des Tempelschatzes beanspruchte, kam es zu offenen Auseinandersetzungen. Die Partei der Zeloten führte 66 n.Chr. zunächst erfolgreich Krieg gegen das römische Militär und bekam dadurch immer mehr Zulauf. Der gemäßigte Hohepriester Ananias wurde ermordet. Rom zog unter der Führung Vespasians Truppen zusammen, und unter dessen Sohn Titus wurde im Jahr 70 nach langer Belagerung Jerusalem, Stadt und Tempel, zerstört, und etwa drei Jahre später der letzte Widerstand auf der Festung Masada gebrochen. Mit den Juden kamen auch die Judenchristen in schwere Bedrängnis. Die Überlebenden flohen, aber sie hatten, wie alle Juden, ihr Zentrum verloren, wurden zerstreut und fanden weder bei Juden noch bei den Heidenchristen eine neue Heimat. Judenchristliche Gemeinden gerieten völlig ins Abseits; es soll sie vereinzelt noch bis ins 10. Jahrhundert in Arabien gegeben haben.

In den Jahrzehnten nach dem Fall Jerusalems entstand in der Stadt Jabne ein neues Zentrum, der Ursprung des rabbinischen Judentums; ohne Tempel und Opferkult hatte sich die Linie der Pharisäer im Großen und Ganzen durchgesetzt. In Jabne wurden die jüdischen Gesetze neu festgelegt und eine klare Distanzierung von Abweichlern, darunter den Christen, vorgenommen. Das ist die Zeit der Niederschrift des Johannesevangeliums, in dem sich die schärfsten christlichen Attacken gegen die Juden finden. Durch die entschlossene Heidenmission hatte das Christentum den Weg zu einer universalen Weltreligion eingeschlagen, allerdings mit einer finsteren Kehrseite. Das Auseinanderdriften von Judenchristen und Heidenchristen setzte den Unterschied zwischen Juden und Christen als Stachel der Verbitterung gegen eine immer weniger geliebte Herkunft dem Christentum ins eigene Fleisch. Die Juden wiederum konnten die »Enteignung« ihrer Bibel durch die auf Jesus Christus hin orientierte Relektüre ihrer Texte nicht akzeptieren. Die Geschichte dieser Entfremdung war für die Autoren des Neuen Testaments noch als unmittelbar erfahrener Konflikt gegenwärtig. Streit und gegenseitige Verletzungen manifestierten sich in einer harten, oft geradezu propagandistischen Wortwahl, Gemeinsamkeiten verschwanden, die Pharisäer wurden als Feinde Jesu schlechthin dargestellt. So kommt es zu antijudaistischen Aussagen im Neuen Testament, die von späteren Generationen zur Legitimierung aller Arten von Übergriffen gegen Juden missbraucht worden sind. Die Absetzbewegung vom Judentum führte allmählich zu einer Judenfeindschaft, die über zwei Jahrtausende eine massive christliche Schuldgeschichte nach sich ziehen sollte. Die Judenfeindschaft ist ein Geburtsfehler des Christentums, dem sich keine der vielen Konfessionen, in die diese Religion später zerfallen ist, wirklich entzogen hat.

Erst nach dem Holocaust entwickelte sich ein neues Verständnis für die Herkunft des christlichen aus dem jüdischen Glauben und für die Klarstellung des Verhältnisses: »Nicht du trägst die Wurzel, sondern die Wurzel trägt dich.«[196]

Erste Hindernisse

Schon im ersten Jahrhundert scheint sich die neue Glaubensüberzeugung rasch verbreitet zu haben, durchwegs unter Menschen, die wie Paulus Jesus nicht gekannt hatten, aber der Botschaft, die an ihn gebunden war, eine lebensverändernde Kraft zutrauten. Prediger und Predigerinnen reisten, Briefe wurden ausgetauscht und Gemeinden im ganzen Römischen Reich gegründet. Die »Heiden« der ersten Jahrhunderte waren keineswegs religionslos, sondern Anhänger von vielerlei Kulten, die durch die römischen Eroberungen auch innerhalb des Reiches Fuß gefasst hatten. Schon vor dem Auftreten der Christen fühlten sich viele Menschen vom höheren ethischen Standard des Judentums angezogen und schlossen sich als sogenannte »Gottesfürchtige« dem Judentum an, ohne sich an die Ritualgebote zu halten. Gerade sie waren offen für die neue christliche Botschaft.

So sehr Jesus auch als Vorbild der neuen Bewegung galt, war es doch in zweifacher Hinsicht nicht möglich, ihm nachzufolgen. Eine Gruppe von Wanderpredigern hätte keine Zukunft gehabt, ihre Intentionen mussten in die Lebensweise von sesshaften Gemeinden übersetzt werden. Zudem hoffte man vergeblich auf das Hereinbrechen der Gottesherrschaft, die nach den Worten Jesu unmittelbar bevorstand. Das Weltende mit der Wiederkunft Christi ist bis heute ausgeblieben, und diese Verzögerung hat notgedrungen aus einer charismatischen Bewegung der Frühzeit organisierte Institutionen entstehen lassen, die sich im Laufe der Zeit vielfach aufspalteten: die Kirchen. Immer wieder sind neue Armutsbewegungen gegen die Institutionalisierung Sturm gelaufen und haben sich dabei auf die Lebensweise Jesu berufen; immer wieder haben religiöse Fanatiker und Visionäre das Weltende ausgerufen und sich mit ihren Prognosen blamiert.

Allen diesen Formen der Nachfolge, so ehrlich sie gemeint sind und so berechtigt ihre Kirchenkritik ist, liegt ein Missverständnis zugrunde: Das Christentum beruft sich nicht einfach auf Jesus und seine Lebensweise; interessante und exzentrische Weltverbesserer mit charismatischer Ausstrahlung und bemerkenswerten Reden hat es zu allen Zeiten gegeben. Auch was von den Reden Jesu überliefert ist, enthält wichtige Lebensregeln. Aber es hätte nicht mehr Bedeutung als andere Weisheiten der Weltgeschichte, würden die Christen in Jesus nicht mehr sehen als einen charismatischen Weisen, Wundertäter und Propheten. Darum heißt diese Religion Christentum und nicht Jesuanismus.

Ausbreitung und Verfolgung

Nachdem die Hoffnung auf das schnelle Weltende verflogen war, sah man die Welt mit anderen Augen. Gerade noch waren die Christen ohne Scheu gewesen, einen hingerichteten Messias zu propagieren und sich damit dem Spott aufgeklärter Griechen und Römer auszusetzen, da begannen sie um Anerkennung in der guten Gesellschaft zu werben. Die Verrücktheiten aus christlichen Gottesdiensten hatten sich herumgesprochen und waren zu Gerüchten aufgebauscht worden: Da gab es ekstatische Ausbrüche, stammelnde Propheten, sogar öffentlich redende Frauen. Das mochte für eine Sekte der letzten Tage hingehen – für eine Kirche auf dem Weg durch die Geschichte war mit einem Mal etwas ganz anderes wichtig: das gute Image.

In den späten Briefen[197] des Neuen Testaments, die z.T. Paulus zugeschrieben wurden, aber nicht von ihm stammen, wird bereits zum Gebet »für die Herrscher und alle, die Macht ausüben« aufgefordert, »damit wir in aller Frömmigkeit und Rechtschaffenheit ungestört und ruhig leben können«.[198] Nun war Anpassung gefragt, nun sollte kein Anstoß in der Gesellschaft erregt werden, nun mussten sich die Christen als wohlanständige Bürger profilieren. Dazu gehörte auch ein neues, angepasstes Rollenbild für die Frauen. Sie waren in der Jesusbewegung und in den ersten Jahrzehnten des christlichen Aufbruchs durchaus gleichberechtigte Botschafterinnen des neuen Glaubens, sie hatten Ämter inne, predigten und gingen auf Missionsreisen. Fünfzig Jahre später kann man im Timotheusbrief lesen: »Eine Frau soll sich still und in aller Unterordnung belehren lassen. Dass eine Frau lehrt, erlaube ich nicht.«[199] Es gab noch andere Gründe für das Hinausdrängen der Frauen aus der Öffentlichkeit. Die Christen waren in die Auseinandersetzung mit einer religiösen Bewegung verstrickt, die ein dualistisches Weltbild vertrat: die Gnosis. Ihr war es leicht, die Übel der Welt zu erklären, weil sie die Schöpfung einem abtrünnigen, bösartigen Demiurgen zuschrieb, der mit dem höchsten Gott nichts zu tun hat. Daher sei auch der Mensch ein zweigeteiltes Wesen: Ein göttlicher Lichtfunke wurde im Körper gefangen gesetzt. Um diesen unerfreulichen Zustand der

Menschheit nicht zu verlängern, lehnten es die Gnostiker ab, Nachwuchs zu zeugen. Vor diesem Hintergrund erklärt sich die viel geschmähte Stelle, die Frau »wird aber gerettet werden durch das Kindergebären«[200], als Protest gegen die gnostische Abwertung der Leiblichkeit, gerade weil nach christlichem Verständnis der eine, ungeteilte Gott in Christus diese Leiblichkeit angenommen hat.

Ein immer bedrängenderer Grund für den Versuch, nicht aufzufallen, waren die zunehmenden und wiederkehrenden Verfolgungen. Es hatte schon mit Kaiser Nero (54–68) begonnen, der den großen Brand von Rom im Juli 64 den Christen in die Schuhe schob, um von sich als verdächtigen Brandstifter abzulenken. Der daraus folgenden Hetzjagd auf die Christen sind vermutlich auch Petrus und Paulus zum Opfer gefallen. Allerdings leisteten die Christen auch deutlichen Widerstand. Aufgrund ihres Eingottglaubens verweigerten sie die Verehrung des Kaisers als Gott und nahmen auch nicht am öffentlichen verpflichtenden Opferkult für die Staatsgötter teil. Das galt als Staatsverbrechen und setzte nicht nur die Behörden in Aktion, sondern erregte auch den Unmut der Bevölkerung. Weitere große, dann systematische Christenverfolgungen unter den Kaisern Trajan (98–117), Septimius Severus (193–211), Decius (249–251) und Diokletian (284–305) waren die Höhepunkte einer wechselvollen Leidensgeschichte, aus der unzählige Märtyrer hervorgingen.

Gleichzeitig breitete sich die neue Religion aber unaufhaltsam aus. In Alexandrien wurde zum Ende des 2. Jahrhunderts in einer bedeutenden Katechetenschule unterrichtet, und in ganz Ägypten amtierten an die hundert Bischöfe. Eine römische Synode um 250 versammelte 60

Bischöfe aus Italien, und als Cyprian von Karthago im Jahr 256 eine nordafrikanische Kirchenversammlung einberief, waren 87 Bischöfe seine Gäste. Zu dieser Zeit gab es nachweislich bereits zahlreiche Christengemeinden in Spanien und Gallien, in Arabien und Indien.

Das Kalkül des Konstantin

Als Kaiser Konstantin an die Macht kam und sich entschloss, im Mailänder Edikt von 313 den Christen freie Religionsausübung zu gewähren, waren nicht nur Toleranz und Menschenfreundlichkeit seine Motive. Die römische Staatsideologie hatte viele Verwandlungen durchgemacht. Vom Götterglauben der Republik über das Schwanken zwischen synkretistischer Toleranz und der Nötigung zu einem zentralen Staatskult war schließlich der Kaiser selbst zum verbindenden göttlichen Symbol des Reiches geworden; er nannte sich »Kyrios«, mit demselben Wort also, das Juden und Christen für Gott reserviert hatten. Gerade weil im Römischen Reich eine große Religionsvielfalt herrschte, sollte die kultische Verehrung des Kaisers den Staat ideologisch zusammenhalten. Worum es vor allem ging, war die Suche nach der einen Staatsidee in dem einen Reich, nach dem Konsens in den religiösen und ethischen Grundwerten als Bedingung für die Lebensfähigkeit eines riesigen multinationalen und multikulturellen Gebildes, wie es das Römische Reich darstellte. Das Christentum, das bis dahin immer wieder als staatsgefährdend gegolten hatte, sollte selbst nach und nach zur ideologischen Grundlage des Staates gemacht werden. Damit war nicht nur dem römischen Staat geholfen, sondern auch das Christentum »unschädlich« gemacht – weil in die Verantwortung eingebunden.

Zwei Voraussetzungen brachte das Christentum mit, um als nützlich zu gelten: Einmal kommen jedem Staatswesen anständige Bürger mit einer hohen ethischen Gesinnung zugute; zum anderen hatte sich im 2. und 3. Jahrhundert eine überschaubare und handhabbare kirchliche Hierarchie herausgebildet, ein Ämtersystem, den Führungs- und Verwaltungsorganen des Römischen Reiches sehr ähnlich. Keine der anderen Religionen, weder die heidnischen noch die jüdische, war aufgrund ihrer Organisationsformen als Staatsreligion geeignet. Konstantin selbst prägte den für seine Politik programmatischen Satz: »Ein Gott, ein Reich, ein Kaiser.«[201] Sechzig Jahre später, nach Toleranz und Gleichstellung, zog Kaiser Theodosius 380 daraus die endgültige Konsequenz und machte das Christentum zur Staatsreligion. Von nun an richtete sich die Verfolgung gegen Heiden und Juden; wer nicht Christ war, galt als Landesverräter. Im Jahre 385 wurde der spanische Theologe Priscillian, der mit seiner Gruppe eine asketisch-mystische Lebensform pflegte, unter falschen Anschuldigungen verschleppt und mit einigen Anhängern in Trier enthauptet: die erste Exekution von Christen durch Christen, ein Vorzeichen der späteren Inquisition.

Lernen aus der Geschichte?

Die Ära der konfliktreichen Verknüpfung von Kirche und Staat, die für eineinhalb Jahrtausende das Gesicht des Christentums prägen sollte, hatte begonnen. Damit beenden wir diesen Gang durch die Kirchengeschichte. Man kann in vielen Büchern nachlesen, wie es durch diese Jahrtausende weitergegangen ist. Was sich in den ersten drei Jahrhunderten ereignet hat, ist charakteristisch für den weiteren Weg dieser Religion. Machtfragen spielen nach

Konstantin und Theodosius eine zunehmende Rolle und werden regelmäßig von Anläufen zu Reformen konterkariert. Auch die theologischen Auseinandersetzungen sind von Machtinteressen nicht frei. Die vielen Aufsplitterungen, die das Christentum im Laufe der Jahrhunderte erfahren hat, spiegeln die Vielfalt der Anfänge wider: eine enge Verbindung von Kirche und Staat in der Ostkirche, später in der Anglikanischen Kirche; ein spannungsgeladener Dualismus von weltlicher und religiöser Kompetenz im Westen; Kirchen mit stärkerer demokratischer Struktur seit der Reformation oder in Freikirchen, die eine Autonomie der Gemeinden wie in frühchristlicher Zeit leben wollen. Überzeugte und Bekehrte stehen gegen traditionelle Volkskirchen, Ordensbewegungen versuchen die Strenge des Anfangs durchzuhalten. Die Streitigkeiten zwischen allen diesen Modellen christlichen Lebens durchziehen die Geschichte und lassen leicht die Tatsache übersehen, dass sie sich alle auf das gleiche Zeugnis über Gott und Welt stützen, das in den Schriften des Neuen Testaments niedergelegt ist.

Häufig zeigt sich die sichtbare Gestalt der Kirchen als eine Verzerrung jener unsichtbaren Wirklichkeit, die sie zu bezeugen hat. Daher kann man die Kirchengeschichte auch als eine Geschichte des Versagens, der Fehlleistungen und des Verbrechens lesen, mit dem gleichen Recht aber auch als eine Geschichte des kulturellen Fortschritts, der Menschenfreundlichkeit, Fürsorge und Bildung. Wie schon bei der Geburt der neuen Religion erklärt die Geschichte nichts. Man mag sie unter dieser oder jener Perspektive studieren, sie wird die Frage nicht beantworten, was das Wesentliche, was der springende Punkt des Christentums ist. Was sich da im Laufe der Jahrhunderte begeben hat, bestätigt nichts und widerlegt nichts. Jede

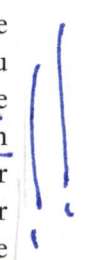

Überzeugung steht gewissermaßen an jenem Anfang, an dem auch Paulus gestanden ist; erst dann gewinnt auch die Tradition Bedeutung. Der Glaube schafft Geschichte, nicht umgekehrt. Die alte Frage, ob man aus der Geschichte lernen kann, lässt sich im Fall von Religion so beantworten: Wer sich auf sie eingelassen hat, kann lernen; wem dies nicht gelingt, dem hilft auch die Geschichte nicht.

DIE DRITTE SPRACHE
Gesten, Riten, Liturgien

> Es ist ein heiliges Spiel ...,
> trächtig von kosmischer Einsicht und sozialer Entfaltung,
> aber es ist immer ein Spiel, eine Handlung,
> die sich ... außerhalb und über der Sphäre
> des nüchternen Lebens von Notdurft
> und Ernst vollzieht.[202]
>
> Johan Huizinga

Es gibt Szenen bei besonderen Anlässen, von denen für Beteiligte und Zuschauer eine starke Kraft ausgeht: der Segen über die ineinandergelegten Hände eines Brautpaars, die segnende Hand auf dem Kopf eines Täuflings, die erhobenen Hände der Betenden. Die meisten Szenen dieser Art stammen aus der Liturgie. Dürfen nur Priester segnen? Segnen ist kein konzessionspflichtiges Handwerk. Wenn Mütter oder Väter ihre Kinder umarmen, sprechen auch sie die »dritte Sprache«. In der Begrüßung und beim Abschied, über Berührung und Kuss, über den offenen Blick und die ausgestreckte Hand kann Segen zugesprochen, Wohlwollen transportiert werden. Auch das Gegenteil ist ausdrucksstark: der abgewandte Blick, der verweigerte Handschlag. Viele solcher Zeichen müssen nicht erklärt werden und lassen doch an Deutlichkeit nichts zu wünschen übrig.

Kunst und Fest

Die dritte Sprache ist die Sprache der Gesten, der Bewegungen und Berührungen, der Zeichen und Symbole. Sie wird oft von Worten begleitet, aber sie kann auch ohne Worte auskommen. Zusammengefügt zu bestimmten Abläufen werden daraus Riten, mit denen sich die Protokollchefs der Staatskanzleien ebenso beschäftigen wie die Zeremoniäre der Religionen. Handeln, tätig sein kann Verschiedenes bedeuten: einmal das sinnvolle Tun, wo es erforderlich ist, ethisches Handeln, das seinen Wert und Sinn im Vollzug selbst hat, kurz: die Praxis. Eine andere Art von Tätigkeit widmet sich der Gestaltung: Handwerk, Technik und Kunst haben ihren Sinn im Ziel, im »Produkt«. Wer bei einem Unfall hilft, tut das Richtige, auch wenn die Verletzten vielleicht nicht überleben; tut er es nicht, so kann er wegen unterlassener Hilfeleistung belangt werden und darf sich nicht darauf ausreden, dass die Verletzten ohnedies gestorben wären. Aber wenn jemand ein Schiff baut, dann muss es auch seetauglich sein: Hier zählt das Ergebnis, ebenso wie bei einem Kunstwerk. Der Praxis steht die Poiesis[203] gegenüber, woraus unverkennbar das Wort Poesie entstanden ist. Ein schlecht geschriebener Roman oder ein verpfuschtes Gemälde lassen sich nicht retten, indem man sagt: Der Wille gilt fürs Werk. Es kommt darauf an, dass das gestaltete Produkt seinen Zweck erfüllt, den Betrachter überzeugt, dass es imstande ist, die Sprache der Gestaltung, die dritte Sprache, zu sprechen.

Einen besonderen Gestaltungbedarf haben Feste: Sie sind Gruppenveranstaltungen, denn allein lässt sich nicht feiern, ohne traurig zu werden. Streitigkeiten und Interessenskonflikte treten zurück, man kommt einander näher, auch quer durch soziale Schichten. Was jeden Tag abläuft, wird unterbrochen und für eine bestimmte Zeit aufgehoben – das Fest wird zu einem »Moratorium des Alltags«[204]. Wenn aber Menschen zusammenkommen, um etwas gemeinsam zu feiern, muss der Event geplant und gestaltet werden. Jedes Geburtstagsfest stellt diesen Anspruch: Die Wohnung wird aufgeräumt und mit Blumen geschmückt, ein Geburtstagstisch hergerichtet, es gibt Geschenke und ein besonderes Essen, die Gratulation hat ihren Zeitpunkt, der Ablauf des Tages folgt einer Inszenierung. All das scheint äußerlich, aber es bringt etwas Inneres zum Ausdruck: die Bedeutung, die das Geburtstagskind für die Gemeinschaft hat – für die Familie, die Freunde oder die Arbeitskollegen.

Es gibt nicht nur Freudenfeste, sondern auch Trauerfeiern, und dabei ist die dritte Sprache besonders wichtig, weil die Worte häufig versagen. Riten sind gerade dort notwendig, wo es um ungewöhnliche, selten wiederholte und emotionell stark beanspruchende Ereignisse geht: Geburt, Hochzeit und Tod sind nichts, worin in der Biografie eines Einzelnen ausreichende Erfahrungen gesammelt werden könnten. Um solche Lebenswenden zu bewältigen, stützen sich die Betroffenen auf Riten, in denen sich die Erfahrungen von Generationen niedergeschlagen haben. Riten machen Erfahrungen kommunizierbar, die entweder weit hinter dem Horizont des einzelnen Lebens gemacht wurden oder die so individuell und einzigartig sind, dass darüber spontan nur gestammelt werden könnte. Die Unverfügbarkeit des Lebens, der Liebe und des Todes steckt den Raum ab, innerhalb dessen wir uns bewegen und die Zeit nützen. Die Grenze dieses Raumes ist die Grenze zwischen sichtbarer und unsichtbarer Welt. Hier endet unsere Verfügungsgewalt. Religionen sammeln die Erinnerungen früherer Grenzerfahrungen und halten sie in ihren Riten bereit. So bleiben sie zugänglich, machen Situationen handhabbar. Sie haben die Aufgabe, die Schwellenangst zu vermindern, den Schrecken der Grenze tragbar zu machen, sie hüllen das Singuläre in den Mantel der Geschichte und schieben einen Steg vor für die ersten Schritte auf unerforschtem Boden.

Wiederholung im Jahreskreis

Die Mehrzahl der Riten als gestaltete Handlungen betreffen nicht seltene Anlässe, sondern wiederholen sich regelmäßig. Alle Religionen schaffen auf diese Weise eine überschaubare Groß-Metapher ihres Weltverständnisses. Auch das Christentum lässt sich anhand der Abfolge seiner Feste verstehen, sie übersetzen das Glaubensbekenntnis der Christen in den Kalender und zeichnen eine kunstvolle Topografie der christlichen Matrix. Der Jahreskreis reicht aus, um Anfang und Ende der Welt und des Lebens darzustellen, zusammengefasst in den Ereignissen des Lebens Jesu, seines Todes und seiner Auferstehung. Was an Erkenntnissen über Jesus, den Christus, in der Sprache der Gleichnisse und Metaphern zugleich da ist, wird in der dritten Sprache der Zeichen und Symbole alljährlich in ein zeitliches Hintereinander auseinandergelegt.

Das christliche Jahr beginnt mit dem *Advent*: Vier Wochen lang wird das Kommen Christi und seine Ankündigung durch die Propheten – nach christlicher Lesart – bis zu Johannes dem Täufer bedacht. Die Sehnsucht nach Erlösung, nach einer Zeitenwende, nach einer Korrektur der üblen Weltverfassung prägt den Advent. Er ist als Zeit der Zurückhaltung und des Aufschubs gestaltet und gilt daher als Fastenzeit. Im Wissen, dass das verborgene Gottesreich schon angefangen hat, können Hoffnung und Erfüllung gleichzeitig und immer wieder gefeiert werden, ohne in der Wiederholung totzulaufen. Der Beginn der Erfüllung ist das *Weihnachtsfest*. Die Geburt des Jesus von Nazaret nimmt schon in den Erzählungen der Evangelien vorweg, was erst später Bedeutung gewinnen sollte.[205] Gleichzeitigkeit der Gegensätze ist auch hier das Bestimmende: Der Säugling im Stall ist der Sohn Gottes, das völlig hilflose Kind wird als der große Retter gepriesen. Weil dieses Fest den Menschen besonders nahe geht, haben sich in seinem Umkreis viele Bräuche angesiedelt. Die berühmteste Gestaltungsidee ist die Krippe in zahllosen Formen. Darstellungen der Weihnachtsszenerie gab es schon früh, aber der Legende nach hat Franz von Assisi im Jahr 1223 im umbrischen Greccio das erste Mal das Weihnachtsevangelium in Form einer lebenden Krippe mit Tieren und in einer Stallhöhle darstellen lassen.

Eine zweite Ballung von Festen findet sich um Tod und Auferstehung Christi. Auch dorthin wird der Anlauf mit einer mehrwöchigen *Fastenzeit* gestaltet, die mit dem *Palmsonntag* in die *Karwoche* mündet. Der bejubelte Einzug Jesu in Jerusalem – die Leute bestreuten seinen Weg mit Palmzweigen[206] – war der Anfang vom Ende seiner öffentlichen Tätigkeit. Es folgen *Gründonnerstag*, *Karfreitag* und *Karsamstag* als Gedenken an die Leidensgeschichte: das letzte Abendmahl mit seinen Freunden, Verhaftung, Hinrichtung und Begräbnis.[207] Auch hier werden nicht nur der Wortschatz der Bibel, Psalmen und Gottesknechtslieder aufgeboten, sondern auch das ganze Instrumentarium der dritten Sprache mit der Umgestaltung der Kirchenräume, mit veränderten Farben und ernster Musik. Im Mittelpunkt der Verehrung steht das Kreuz als Mahnung nicht nur für die Peiniger Jesu, sondern für alle Menschen, die einander Gewalt antun und aneinander schuldig werden. Jesus stirbt als Gerechter einen unschuldigen Tod; Gott verzichtet auf Gegengewalt oder Rache, nimmt Leid und Tod stellvertretend auf sich, er offenbart sich im Gegenteil dessen, was Menschen von Gott gewöhnlich erwarten – in Ohnmacht statt in Allmacht, in der vorläufigen Niederlage statt in Triumph und Sieg. Das Kreuz, das zum Erkennungszeichen des Christentums überhaupt geworden ist, bedeutet keine Todesverherrlichung, sondern dass Gott Herr über Leben und Tod ist und daher keine noch so schreckliche Situation die Gegenwart Gottes grundsätzlich ausschließt.

Der *Ostersonntag* bedeutet dann eine dramatische Wende. Was Christen schon vorher wissen, dass nämlich der Gekreuzigte nicht im Tod bleibt, wird nun ausdrücklich gefeiert. Auch rund um dieses Fest sind viele Bräuche entstanden. Vor allem aber wird von da an und in den nächsten Wochen Gleichzeitiges in die Abfolge mehrerer Schritte zerlegt. Der Auferstandene erscheint, aber er taucht in die unsichtbare Welt ein und entzieht sich den Blicken seiner Freunde: das Fest *Christi Himmelfahrt*.[208] Indem sie nun auf sich gestellt sind, wird ihnen die Gottesgegenwart in neuer Form bewusst: *Pfingsten* ist das Fest dieser Erkenntnis, von der das Neue Testament als Ausgießung des Heiligen Geistes erzählt.[209]

Die großen Festkreise sind umrahmt und durchzogen von Hinweisen auf die größere Matrix, auf den Anfang und das Ende der Welt. In der Osternacht wird durch Lesungen aus dem Buch Genesis an die Schöpfung erinnert und der letzte Sonntag des christlichen Jahres vor dem Advent handelt vom Ende der Welt und von der Vision des neuen Jerusalem. In die Zeiten dazwischen fallen zahlreiche

Feste, in denen die verschiedenen Konfessionen der Heiligen und Märtyrer, der großen Personen und Ereignisse ihrer Geschichte gedenken. Die Sprache der Riten und Zeichen veranschaulicht, was in Worten nicht jedem Menschen leicht zugänglich ist, sie ist eine *biblia pauperum*, eine Armenbibel, wobei die Armen nicht nur frühere Analphabeten sind, sondern auch wir, die zwar hören und lesen können, aber auf Sehen und Fühlen angewiesen bleiben. So hat sich in der Ostkirche die Verehrung von Ikonen durchgesetzt in der Überzeugung, dass durch das Sichtbare das Unsichtbare durchscheint. Ikonen sind »Fenster zum Absoluten«[210]: »Wer die Schönheit des Bildes betrachtet, gelangt auch zur Erkenntnis des Urbildes.«[211] Im Westen haben sich Krippen- und Passionsspiele entwickelt, werden Prozessionen und Wallfahrten abgehalten, die das Drama des Lebens Jesu und seine Verknüpfung mit dem eigenen Lebensweg nachspielen. An all diesen Veranstaltungen wurde auch immer wieder Kritik geübt, zu Recht, wenn der »innere Sinn« verloren geht und daraus hohle Routine wird. Das kann schmerzen und verletzen und schließlich zur unerträglichen Langeweile werden – eine Erfahrung, die schon so manches Weihnachtsfest zur Qual gemacht hat.

Einheit in vielen Formen

So unterschiedlich die christlichen Feste im Jahreskreis sind, so gleichartig werden sie im Zentrum gefeiert: Gottesdienst nennen es die Protestanten, Messe oder Eucharistiefeier die Katholiken, heilige Liturgie die Orthodoxen. Es ist die Wiederholung in der Wiederholung. Die Vielfalt der Gottesdienstformen in den verschiedenen Konfessionen zu verschiedenen Anlässen und in verschiedenen

Kulturkreisen täuscht leicht über die Tatsache hinweg, dass sich der christliche Gottesdienst immer aus denselben wenigen Elementen zusammensetzt. Jede Liturgie zeichnet die Geschichte Gottes mit den Menschen nach durch die Erinnerung an das, was Gott im Verlauf der Zeiten an den Menschen Gutes getan hat, angefangen bei der Schöpfung; sie tut es durch die Klage über die Trennung und den daraus folgenden erbarmungswürdigen Zustand der Welt und durch die Hoffnung auf Versöhnung hier und jetzt und am Ende der Zeit.

Liturgie wird ein »göttliches Spiel« genannt, eine gestaltete Ordnung, in die das Unerklärliche und Unheimliche eingebettet ist, und die daran erinnert, »dass Religion das Leben an seine Herkunft bindet und von dort her das Zukunftsvertrauen schafft«. Alle menschlichen Kämpfe zwischen Liebe und Intrige, Glück und Enttäuschung, Leben und Tod werden in dieses Drama hineingestellt und dadurch interpretiert. Gottesdienst ist eine Weise des Nachdenkens über das Woher, Warum und Wozu des Lebens.[212]

Die christliche Matrix als der Rahmen dieses Lebens wird bewusst gemacht und die unsichtbare Welt vergegenwärtigt. Das geschieht in der Anrede des dreifaltigen Gottes in vier Formen: als *Bittgebet* um die Barmherzigkeit Gottes mit der Klage über den Zustand der Welt, die eigene Schuld und das persönliche Leid; als *Dankgebet* für Gottes Liebe und Vergebung, für Hilfe und Rettung; als *Fürbittgebet* für andere Menschen, nahestehende und solche, die eine öffentliche Verantwortung tragen; und schließlich nicht zuletzt als *Lobgebet*, in dem Gottes Herrlichkeit und Erhabenheit gepriesen wird. Das Wort »Herrlichkeit« evoziert zu Unrecht Bilder von barockem Goldglanz; es ist die Übersetzung des hebräischen *kabod* und meint Gottes Ehre, die in seiner Verlässlichkeit und Treue besteht: Der Unsichtbare »wackelt« nicht, wie die heidnischen Götterstatuen, die man umstoßen kann. Alle Gebete sind an Gott gerichtet, in der Regel mit der Wendung »in«, »mit« oder »durch« Jesus Christus oder den Heiligen Geist, denn das christliche Gebet spiegelt die christologische und trinitarische Struktur des Gottesbildes. Jeder Gottesdienst beginnt, jedes Gebet endet im Namen des Vaters, des Sohnes und des Heiligen Geistes: »Die Gnade des Herrn Jesus Christus, die Liebe Gottes und die Gemeinschaft des heiligen Geistes sei mit euch allen.«[213]

Die Drehbücher der Gottesdienste aller christlichen Konfessionen gleichen einander im Wesentlichen:

Eingeständnis der Lage
Nach der Eröffnung im Namen des dreieinigen Gottes richtet sich die Aufmerksamkeit auf den heillosen Zustand der Welt, mit der Frage, ob der richtige Weg eingeschlagen wurde. Leid wird beklagt und Schuld eingestanden. Vor diesem Hintergrund geht im *Kyrie* die Bitte an Gott, der allein die Lage verändern kann: »Erbarme dich unser.« Im Vertrauen darauf, dass er die Betenden nicht im Stich lässt, folgt das *Gloria*: Mit den Worten der Engel in der Weihnachtserzählung des Lukas[214] wird Gott die Ehre gegeben und um Frieden und Wohlwollen für die Menschen gebetet.

Nachrichten von der Befreiung
»Vergiss nicht, was Gott dir Gutes getan hat«, heißt es im Psalm 103: Mit *Lesungen* aus allen biblischen Büchern – aus dem Alten Testament, aus den Briefen und Evangelien

des Neuen Testaments – wird die Geschichte Gottes mit den Menschen aufgerollt. Im Rahmen der Liturgie sind das keine Berichte von vergangenen Ereignissen, sondern die Erzählungen vergegenwärtigen, was geschehen ist und immer noch geschieht. Eben das aufzuschlüsseln, ist die Aufgabe der *Predigt*. Die Antwort der Gemeinde erfolgt durch das gemeinsame *Glaubensbekenntnis*.

Erinnerung wird Gegenwart
Jetzt verdichtet sich die zeitliche Struktur der Liturgie. Vergegenwärtigung ist nicht Anwendung der Lesungen auf heute, sondern authentisches Mitspielen des zentralen Ereignisses in drei Schritten: Den Anfang macht die Anrufung des Heiligen Geistes, durch den Christus unsichtbar präsent wird (*Epiklese*). Darauf folgt die Vergegenwärtigung der »Urszene« (*Anamnese*: erinnerte Vorgeschichte), das letzte Mahl mit den Freunden; die Gemeinde versteht sich als Fortsetzung der Freundesgruppe, die an Tod und Auferstehung Anteil hat. Nach einem Akt der Versöhnung untereinander im Friedensgruß kommt der Nachvollzug des gemeinsamen Mahls[215] gemäß dem Wort Jesu, der Brot und Wein als seinen Leib und sein Blut bezeichnet hat. So baut auf Erinnerung und Vergegenwärtigung die Vorwegnahme der Zukunft (*Prolepse*) auf: Das gemeinsame Mahl ist ein Zeichen des Gottesreiches, in dem Gott mit den Menschen zu Tisch sitzen wird.

Die Zukunft hat schon begonnen
Vergegenwärtigung und Vorwegnahme der Zukunft führen zur *Sendung*: Etwas vom Sinn des liturgischen Dramas soll in den Alltag mitgenommen werden. Denn die Liturgie ist kein Fest, in dem das emotional-ekstatische Moment dominiert, um sich vorübergehend von sozialen Verpflichtungen zu lösen. Vielmehr stiftet sie für den All-

tag soziale Verantwortlichkeit – von der gestalteten Feier zum täglichen Leben, von der Poiesis zur Praxis.[216] Beim Überschreiten der Schwelle zurück in den Alltag wird der *Segen* erbeten und gegeben als Zuspruch der Begleitung im Leben.

Wirksame Zeichen

Eine Religion, die von der Menschwerdung Gottes überzeugt ist, hat ein besonderes Verhältnis zur Spannung zwischen dem Sichtbaren und dem Unsichtbaren. Kann es sichtbare, menschliche Handlungen, Zeichenhandlungen geben, von denen man gewiss sein darf, dass sie Unsichtbares bewirken, d.h. ein Handeln Gottes nachvollziehen? Immerhin bejaht die Bibel in einigen Fällen (Sündenvergebung, Taufe, Abendmahl) diese Frage sehr klar, freilich unter der Voraussetzung des Glaubens an Jesus, den Christus, um das Missverständnis eines magischen Automatismus solcher Zeichenhandlungen, genannt *Sakramente*, auszuschließen. Christus als die allem vorausgesetzte Einheit und Ganzheit ist das »*Ursakrament*«, in dem alle anderen Sakramente gegründet sind, denn er ist das sichtbare Zeichen des unsichtbaren Gottes. Er ist »zugleich Ort der Gegenwart Gottes bei uns und Ort unserer Gegenwart bei Gott«[217].

Die Zahl der Sakramente war bis ins Mittelalter nicht festgelegt und reichte von zwei bis dreißig. Erst die hochmittelalterliche Theologie nennt sieben Sakramente, eine Zahl, die bis heute in der römischen Kirche und in den orthodoxen Kirchen gilt. Die scheinbare Beliebigkeit der Zahl erklärt sich daraus, dass die Sakramente nur die offizielle Form eines Geschehens sind, das sich unter

Christen auch ohne den Auftrag der Institution Kirche ereignet. Bei einigen Sakramenten ist das Wissen darüber sogar in der römischen Kirche erhalten geblieben: Taufe und Ehe sind Sache jedes Christen und jeder Christin, und die Beichte war lange Zeit gleichfalls ein Vorgang von Bekenntnis und Vergebung unter Laien. Die beiden wichtigsten Sakramente, Taufe und Eucharistie/Abendmahl, waren von Anfang an unbestritten und sind daher in den evangelischen Kirchen anerkannt – die Taufe als Sakrament des Eintritts in die Gemeinschaft der Glaubenden aufgrund des Bekenntnisses zum dreieinigen Gott, die Eucharistie als Kern des christlichen Gottesdienstes. Die fünf anderen Sakramente der römischen und orthodoxen Tradition sind großteils Riten der Lebenswenden: die Firmung als Nachvollzug der Geistausgießung zu Pfingsten und Initiation ins Erwachsenenalter; Ehe und Priesterweihe, verstanden als Begründung einer Standeszugehörigkeit, und schließlich die Krankensalbung als das Sakrament für Menschen in Lebensgefahr. Allen Sakramenten liegt die Zusage der Schuldvergebung zugrunde; sie wird in der Beichte (Bußsakrament) zusammengefasst.

Liturgie ist Gleichnis

Was in der dritten Sprache zum Ausdruck kommt, soll möglich machen, die Welt und sich selbst anders zu sehen, als man es gewohnt ist. »Wie sollen Menschen wohl irdische Spannungen aushalten, wenn sie von der Spannung zwischen Himmel und Erde nichts wissen?«[218], fragt Dietrich Bonhoeffer. Riten haben die Kraft der Vergegenwärtigung von heilsamen Ereignissen der Vergangenheit und sind daher imstande, Geschichte neu zu interpretieren, sodass auch die eigene Biografie neu gelesen werden kann. Dadurch stiften Riten Gemeinschaft, und zwar über die je gegenwärtige hinaus, weil sie Erinnerung und Hoffnung einbeziehen. Durch solche Blickveränderungen können auch in festgefahrenen Situationen neue Zukunftsentwürfe entstehen. Liturgie tut mehr, als bloße Erzählungen tun können: Wovon sie handelt, macht sie spürbar und darum hier und jetzt wirksam. Die Versuche, die Berührung der sichtbaren mit der unsichtbaren Welt zu denken und zur Sprache zu bringen, lassen leicht übersehen, dass das Christentum eine Leib-Religion ist: In seiner Mitte steht ein Mensch, in dem sich Gott zu erkennen gegeben hat, also ein Mensch mit einem Körper, der sehen, hören, tasten, fühlen und leiden kann. Deshalb widersetzt sich das Christentum einer Spiritualisierung, deshalb ist die immer wieder in seiner Geschichte auftretende Leibfeindlichkeit eine Entgleisung, und deshalb hat sich eine sinnenfällige, bisweilen sogar prunkvolle Liturgie entwickelt.

Liturgische Handlungen bilden einen Schonraum, eine Oase im alltäglichen Kampf ums Dasein: »Die rituelle Handlung ist wie eine Tür, durch die man ›vertretungsweise‹ in ein anderes Leben eintritt oder, was im Grunde dasselbe ist, durch die ein anderes Leben ins eigene Leben hereinkommt.«[219] In diesem Sinn sind die Riten der Liturgie Gleichnisse für das Verhältnis von sichtbarer und unsichtbarer Welt, immer unter einem grundsätzlichen Vorbehalt: Auch dort, wo die sichtbare Welt durchsichtig wird für die unsichtbare, kann nichts Irdisches jemals zu einem vollständigen Abbild Gottes werden. Das 4. Laterankonzil (1215) hat diesen Vorbehalt klassisch formuliert: Zwischen Gott und Mensch kann keine Ähnlichkeit ausgesagt werden, ohne dass diese eine größere Unähnlichkeit zwischen beiden einschließt. Das trifft auch für

Bilder und Zeichen, Symbole oder Gesten zu, also für alles Gestalten und jede Poiesis: Worte und Zeichen sind Verweise auf etwas, das alle Worte und Zeichen übersteigt.

Durch Zeichen und Riten soll nichts erklärt und niemand belehrt werden, vielmehr wird mit allen Sinnen erfahrbar, was schon ursprünglich eine Erfahrung und keine Belehrung war. Die christliche Matrix hat ihren Ursprung in Klage und Jubel, verzweifelter Bitte und glücklicher Dankbarkeit. Erst aus dem Nachdenken darüber haben sich Lehre und Liturgien gebildet, weil Erleben, Denken und Gestalten als verschiedene Ausdrucksformen zum Menschen gehören. Insofern bedeutet Liturgie, die das Leben der Christen zu allen Zeiten regelmäßig bestimmt, eine Rückkehr zu den Anfängen. Vor allen theologischen Denkbemühungen stand die umstürzende Erfahrung eines veränderten Weltbildes, wie es die christliche Matrix umreißt. Die Gesten und Riten der Liturgie führen dorthin zurück, vergegenwärtigen den Anfang, rollen ein kosmisches Drama an jedem Sonntag des Jahres neu auf. Dieser dramatische Hintergrund muss bedacht werden, wenn man die oft fremd anmutenden Frömmigkeits- und Lebensformen der christlichen Geschichte und der verschiedenen Gruppen und Konfessionen verstehen will. In Gebeten, Gottesdiensten, Feiern und Bräuchen äußert sich die christliche Gottesbeziehung sehr häufig widersprüchlich, paradox oder übertreibend, weil sie zugleich den allmächtigen und den ohnmächtigen, den unantastbaren und den leidenden, den ewigen und den sterbenden, den erhabenen und den geschwisterlichen Gott meint. Was Menschen ersehnen, aber nicht leisten können, nimmt ihnen – nach christlicher Überzeugung – Gott selbst ab, nämlich Ewigkeit und Endlichkeit miteinander zu verknüpfen.

GEWINN DER VIELFALT

Religiöse Variationen

> Wettstreit, Auseinandersetzung, Kontroverse bedeutet eine aufgeschlossene Begegnung mit anderen religiösen Möglichkeiten auf der Ebene ihrer Wahrheitsansprüche ... Sobald der Wettstreit erst einmal eröffnet ist, dürfte es unwahrscheinlich sein, dass seine Teilnehmer unverändert daraus hervorgehen.[220]
>
> *Peter L. Berger*

Wir überspringen eineinhalb Jahrtausende, um nach der Gegenwart zu fragen. Denn die christliche Matrix wurde in den Traditionen der verschiedenen Kirchen weitergegeben, und wer sich heute damit beschäftigen will, steht einer verwirrenden Szenerie von Gruppen, Gemeinden und Institutionen gegenüber, die alle von sich behaupten, die wahre und unverfälschte christliche Botschaft zu repräsentieren. Sie behaupten es zu Recht, sofern sie an der Bibel und ihrer Interpretation durch die antiken Glaubensbekenntnisse festhalten. Die darüber hinausgehenden Unterschiede sind das Ergebnis lokaler Traditionen, kultureller Färbungen und unterschiedlicher Denkweisen. Es wäre verwunderlich, würde eine Weltreligion überall unterschiedslos praktiziert werden, und diese Unterschiede sind auch kein Problem, wenn man bedenkt, dass alle Versuche der Sprache, des Denkens und der Gestaltung nur Annäherungen an das sein können, was aus der Erfahrung mit Jesus von Nazaret erkannt wurde. Gelebte Religion ist mehr als abstrakte Glaubensformeln, mehr als das Papier von Katechismen, nämlich immer eingetaucht in Sprache, Denkweise und Kultur einer Zeit und einer Gesellschaft. Man kann daher nicht »dem Christentum« beitreten, denn es existiert nur in unterschiedlich von der Geschichte geprägten Formen. Sich einer christlichen Gemeinde anzuschließen, heißt daher auch, an einer bestimmten konkreten Ausdrucksform christlichen Lebens teilzunehmen, sich in einer bestimmten Sprache zu verständigen, bestimmte Bräuche mitzumachen.

Zersplitterung und Ökumene

In der Wiener Innenstadt gibt es eine Dorotheergasse, und in dieser kurzen Straße stehen zwei evangelische Kirchen: unauffällig in der Häuserflucht die Kirche der Lutheraner und wenige Schritte weiter, gelb mit dem Turm zur Straße, die Kirche der Reformierten. Wer die Gasse nach Süden verlässt, stößt auf die römisch-katholische Augustinerkirche, in der Abraham a Sancta Clara gegen Türken, Juden und Protestanten predigte; geht man ein Stück nach Norden, so kommt man am Jüdischen Museum vorbei, das dort 1988 eingerichtet wurde. Seit Kaiser Joseph II. 1781 (1782 für die Juden) seinen »accatholischen Unterthanen«, wie er sie nannte, Toleranz gewährte, durften auch Juden und Protestanten Gotteshäuser bauen, zuerst unauffällige ohne Straßeneingang, später sogar mit Turm. Als in der Zeit zwischen den beiden Weltkriegen ab 1934 ein katholisch-autoritäres Regime Österreich beherrschte und der Anschluss an Hitler-Deutschland bevorstand, beschlossen zwei Brüder, aus Protest in die evangelische Kirche einzutreten. Sie verabredeten sich in der Dorotheergasse, trafen einander aber nicht. Abends zu Hause warf einer dem anderen vor, nicht gekommen zu sein, aber es stellte sich heraus, dass beide evangelisch geworden waren: Der eine hatte die Gasse von Süden betreten und war nun Lutheraner, der andere war von Norden gekommen und ein reformierter Protestant geworden.²²¹

Diese wahre Geschichte demonstriert nicht nur den heute vielbeschworenen Pluralismus auf engstem Raum als ein altes europäisches Phänomen; sie belegt zudem, dass die Unterschiede der christlichen Konfessionen auch von solchen Menschen, die religiös interessiert sind, nicht mehr ernst genommen werden. Das gilt inzwischen auch weitgehend zwischen römisch-katholischen und evangelischen Christen ungeachtet restriktiver amtskirchlicher Vorschriften. Das war nicht immer so. Zerwürfnisse und gegenseitige Ausgrenzungen begannen, seit das Christentum zur Staatskirche geworden war. Auf Konzilien wurde versucht, sich auf eine einheitliche Formulierung des Glaubensbekenntnisses zu verständigen. Immer aber spielten auch politische Interessen mit, wenn sich Christen dazu hinreißen ließen, Glaubensüberzeugungen mit Gewalt einzufordern und Andersdenkende zu verfolgen und zu vernichten. Das liefert den Stoff für die Kriminalgeschichte des Christentums bis heute.

Der Konflikt zwischen dem universalen Anspruch des Christentums und seiner vielfachen Aufsplitterung wurde durch den Kolonialismus im 19. Jahrhundert noch dadurch verstärkt, dass Christen verschiedener Bekenntnisse darangingen, in Afrika und Asien gegeneinander zu missionieren. Aus der Einsicht, wie sehr sie ihren Glauben damit fortgesetzt kompromittierten, entwickelte sich unter den protestantischen Kirchen eine Ökumenische Bewegung, die in den verschiedenen Traditionen das Bewusstsein einer grundlegenden Einheit weckte. Schon um 1800 waren erste interkonfessionelle Bibelgesellschaften entstanden, 1878 und 1888 fanden in London internationale Missionskonferenzen statt, denen die Weltmissionskonferenzen von New York (1900) und Edinburgh (1910) folgten. Von da an formierte sich eine ganze Reihe von Initiativen, die schließlich 1948 zur Bildung des Ökumenischen Rates der Kirchen führte (ÖRK, Weltkirchenrat, mit Zentrale in Genf): Bei der Gründungsversammlung in Amsterdam waren 147 Kirchen aus 44 Ländern vertreten; heute umfasst der ÖRK 369 Mitgliedskirchen und kirchliche Gemeinschaften aus 110 Ländern mit mehr als 560 Millionen Christen. Als Minimalerfordernis der Mitgliedschaft gilt die Anerkennung der Bibel als Zeugnis der Offenbarung Gottes in Jesus, dem Christus und Gottessohn, und des dreieinigen Gottes. Der ÖRK versteht sich nicht als »Überkirche«, und die Mitgliedschaft bedeutet keine Fusion der Kirchen untereinander. Dennoch gehört die größte christliche Kirche, die römisch-katholische, dem ÖRK nicht an. Erst seit 1961 hat sie auf Initiative von Papst Johannes XXIII. beim ÖRK Beobachterstatus und arbeitet in Kommissionen und Ausschüssen sowie auf nationaler Ebene mit.

Der Geist weht, wo er will

Die Glaubwürdigkeit der christlichen Religion ist durch ihre konfessionellen Streitigkeiten schwer beeinträchtigt. Obwohl darüber Einverständnis herrscht, unterscheiden sich die Vorstellungen, wie dem Übel abgeholfen werden kann, noch immer beträchtlich. Einheit der Christen und Zusammenarbeit zwischen Christen verschiedener Bekenntnisse war für römische Vorstellungen lange Zeit nur als Rückkehr zur Papstkirche denkbar. Erst allmählich setzt sich die Überzeugung durch, dass eine Vielfalt der Richtungen und Konfessionen bei einem einheitlichen Grundbekenntnis nicht nur unvermeidlich, sondern auch ein Gewinn ist. Darüber hinaus hat sich in den letzten Jahrzehnten das Verhältnis der Christen zu den anderen Religionen in einer Weise verändert, die durch Jahrhunderte undenkbar gewesen wäre. Das Zweite Vatikanische Konzil gab 1965 eine für die römische Kirche bemerkenswerte Erklärung ab: »Die Katholische Kirche lehnt nichts von alledem ab, was in diesen nichtchristlichen Religionen wahr und heilig ist. Mit aufrichtigem Ernst betrachtet sie jene Handlungen und Lebensweisen, jene Vorschriften und Lehren, die zwar in manchem von dem abweichen, was sie selbst für wahr hält und lehrt, doch nicht selten einen Strahl jener Wahrheit erkennen lassen, die alle Menschen erleuchtet.«[222] Und zwanzig Jahre später organisierte der damalige Papst Johannes Paul II. in Assisi ein Friedensgebet, zu dem er nicht nur alle christlichen Konfessionen, sondern Vertreter aller Religionen einlud. In seiner Schlussansprache bekannte er: »Mit den Weltreligionen teilen wir eine gemeinsame Achtung des Gewissens und Gehorsam ihm gegenüber, das uns alle lehrt, die Wahrheit zu suchen, die Einzelnen und die Völker zu lieben und ihnen zu dienen und deshalb unter den einzelnen Menschen und unter den Nationen Frieden zu stiften.«[223]

Diese Initiativen sind nicht nur auf Zustimmung gestoßen. Traditionsverhaftete Katholiken haben sich von der römischen Papstkirche abgewandt, weil sie meinten, damit werde die christliche Religion als die einzig wahre relativiert – eine Meinung, die tatsächlich über Jahrhunderte in Geltung war, die aber auch bedeutet, dem Wirken des Heiligen Geistes Grenzen zu setzen, zugespitzt gesagt:

Sollte der Gott der Christen auch freundlich zu Andersgläubigen sein, so ist ihm nicht mehr zu trauen. Diesen Denkfehler charakterisiert der evangelische Bischof Wolfgang Huber treffend: »Insofern in den anderen Religionen wirklich Gott vorkommt, muss es der eine Gott sein, den die biblische Botschaft bezeugt und zu dem wir uns als Christen bekennen. Karl Barth, der große Theologe, hat daraus an einer späten Stelle seines Werks die Folgerung gezogen: Ich kann nicht ausschließen, dass Gott auch andere Religionen dazu benutzt, um das Licht seiner Versöhnung leuchten zu lassen. In dem Maß, in dem ich das bemerke, kann ich nur Gott die Ehre und insoweit den anderen Religionen recht geben.«[224]

Angesichts einer solchen Entwicklung ist die Spaltung der christlichen Konfessionen längst obsolet, umso mehr als das Christentum von allem Anfang an in sehr verschiedenen Spiritualitäts- und Organisationsformen aufgetreten ist. Der Geist weht, wo er will[225], und hält sich an keine institutionellen Schranken. In einer anderen Kirche, in einer anderen Gemeinde mag es anders zugehen. Dennoch gilt im Raum des Christentums die grundlegende Übereinstimmung, wenn es um die christliche Matrix geht und um das, worauf sie beruht – wie immer man das im Einzelnen formuliert und sich vorstellt.

Späte Bekehrung

Veränderungen im Weltmaßstab haben auch das Verhältnis der Religionen zueinander in Bewegung gebracht. Die Völkerwanderungen, ausgelöst durch zwei Weltkriege im 20. Jahrhundert, Vertreibungen und Vermischungen der Ethnien und Religionen und vor allem der nationalsozialistische Judenmord haben zu einer allzu späten »Bekehrung« der Christen geführt. Denn ohne Zweifel ist der Jahrhunderte währende christliche Antijudaismus eine der Ursachen für den Holocaust. Das Judentum ist und bleibt aber die Wurzel der christlichen Religion. Judentum und Christentum stehen gemeinsam auf dem Boden der biblischen Geschichtsauffassung: Die Welt hat einen Anfang und ein Ende; nicht immer wiederkehrende Kreisläufe ordnen die Geschichte, sondern ein fortschreitender Weg vom Beginn der Schöpfung über das Gericht an ihrem Ende bis zur Vollendung, die die Bibel im Bild des neuen oder himmlischen Jerusalems darstellt.[226] Gott ist ein klares Gegenüber zur Welt, er steht als Schöpfer am Anfang, er begleitet und gestaltet das Drama der Geschichte, er ist ihr Richter und führt sie zu einem guten Ende. Seine unsichtbare Gegenwart umfängt und durchdringt die sichtbare Welt. Ebenso liegen auch Anfang und Ende des einzelnen Menschen unverfügbar in der Hand Gottes und sind nicht dem Zufall überlassen; der Lebensweg muss verantwortlich gegangen werden, denn im dramatischen Wechselspiel von Schuld und Vergebung wird zuletzt Rechenschaft gefordert. Der christliche Glaube daran, dass mit Tod und Auferstehung des Jesus von Nazaret die letzte Phase der Geschichte bereits begonnen hat, unterscheidet das Christentum zwar vom Judentum, trennt es aber nicht von seiner Herkunft. Juden und Christen beten zum einen Gott, dessen Geschichte mit den Menschen in der Bibel erzählt wird. Diese Einsicht hat in den letzten Jahrzehnten zum Schuldeingeständnis auf christlicher Seite und zu einer gemeinsamen Gesprächsbasis geführt.

Eine ganz andere Herausforderung stellt die Begegnung mit dem Islam dar. Muslime waren seit eh und je in Europa heimisch, auf dem Balkan und in Spanien gab es Jahrhunderte des friedlichen Zusammenlebens. Aber beide Religionen setzten auf militärische Expansion, der Islam überrannte die Gebiete des byzantinischen Reiches und ganz Nordafrika, Christen glaubten sich zu Kreuzzügen nach Palästina berechtigt und vertrieben die Muslime aus Spanien. Europa wurde vom Osmanischen Reich bedroht und überrollte später mit der Überheblichkeit des Kolonialismus und mit fadenscheiniger christlicher Legitimation die gesamte islamische Welt. Daraus sind Misstrauen und Verletzungen entstanden mit gewalttätigen Reaktionen bis heute. Umso bedeutender ist das geduldige Gespräch zwischen den Religionen, damit die Idee vom Zusammenprall der Kulturen zu keiner sich selbst erfüllenden Prophetie wird. Dieses Gespräch ist noch durch geringe gegenseitige Kenntnis und eine Fülle von Vorurteilen belastet und wird zudem politisch behindert: Politik scheint ohne Feindbilder nicht auszukommen. So entsteht der Eindruck, dass der Antisemitismus durch einen Antiislamismus ersetzt wird. Christentum und Islam haben den überzeugten Monotheismus gemeinsam, und obwohl die beiden Religionen sonst vieles unterscheidet, finden sich in ihren Schriften und Traditionen genügend Aufforderungen, für Respekt und Frieden einzutreten. Diesen Aufforderungen zu folgen, bedeutet eine Umkehr auf beiden Seiten – eine »Bekehrung« als langfristiges Projekt mit einem hoffentlich guten Ausgang.

SO LEBT DER MENSCH
Das Unsichtbare im Bild

René Magritte, La condition humaine
(Übers.: Die Beschaffenheit des Menschen oder: So lebt der Mensch),
1933, Öl auf Leinwand 100 × 81, siehe Farbtafel nach S. 224

Magritte malt eine Landschaft

I

An der spanischen Treppe in Rom, vor den Uffizien in Florenz, auf dem Markusplatz in Venedig, auf dem Montmartre in Paris: Da sitzen die Maler mit Pinsel und Staffelei, um den Touristen eine Erinnerung zu verkaufen, die ein wenig origineller ist als die Fotos, die sie selbst machen. Sie malen – naturgetreu oder etwas verfremdet durch den persönlichen Pinselstrich. Aber immer versuchen sie, abzubilden, was sie sehen.

Das tut auch René Magritte. Er bildet die Landschaft ab, die er sieht – sehr genau und naturgetreu. Aber er tritt zurück und tut noch mehr: Er bildet auch die Staffelei ab, auf der das Bild steht, und das Fenster, durch das der Blick in die Landschaft fällt. Das Bild auf der Staffelei entspricht genau dem Ausschnitt aus der Landschaft, den Magritte sieht. Das Bild geht in die Landschaft über, und die Landschaft geht in das Bild über. Bild und Wirklichkeit verschmelzen miteinander.

II

Auf den ersten Blick nichts Besonderes: Ein Maler bildet ab, was er sieht, sehr naturalistisch, ja überscharf, schärfer und genauer sogar, als das menschliche Auge wahrnehmen kann – eine Provokation, selbst noch einmal genauer hinzusehen. Denn: Wer sagt denn, dass die Landschaft hinter dem Bild genauso aussieht, wie sie auf dem Bild gemalt ist? Das Bild verdeckt die Landschaft, und es könnte dahinter ganz anders aussehen. Vielleicht macht das Bild uns nur etwas vor. Vielleicht verdeckt das Bild etwas ganz Anderes, das verborgen bleibt, weil es der Maler mit seinem Bild verstellt. Wer weiß, was es hinter dem Bild wirklich zu sehen gäbe.

Magritte provoziert mit Absicht: Niemand soll sich einbilden, dass die vielen Bilder, die uns vor Augen stehen oder die in unseren Köpfen nisten, die Wirklichkeit wiedergeben. Im Gegenteil: Die Bilder stehen immer dazwischen, vorgeschobene Filter wie gefärbte Brillen, manchmal auch wie ein Brett, eine Staffelei vor dem Kopf. Wer also könnte sagen: So und so ist es?

III

Magritte verwendet gerne das Wort »Mysterium«, nennt es ein »letztes Geheimnis«, das sich verbirgt. Aber in Momenten kann das Mysterium aufblitzen, sich zu erkennen geben und hellsichtig machen: Auch wenn es nicht möglich ist, hinter die Kulissen der Realität zu schauen, kann an den sichtbaren Dingen aufgehen: Wirklich ist nicht nur das, was wir sehen. »Der Glaube ist aus dem Stoff der Hoffnung gemacht, ein Überführtwerden durch das Unsichtbare«[227], so drückt es der Hebräerbrief aus. Das, woran Menschen glauben, liegt nicht offen zutage und lässt sich nicht anschauen wie die Sehenswürdigkeiten in Rom, Florenz oder Paris. Deshalb gibt es für einen Glauben keine Beweise, sodass es möglich wäre, einfach nur hinzuzeigen und zu sagen: »Da, schau! Da siehst du, worauf es ankommt.«

Was sich hinter dem Bild auf der Staffelei verbirgt, muss nicht nichts sein. Die Welt, die uns umgibt, die Welt, die wir selbst in uns aufbauen, ist getragen von etwas, das allem zugrunde liegt, das wir nicht gemacht haben, nicht sehen oder uns ausdenken können. Für den Hebräerbrief ist das die Kraft Gottes, die unsichtbar wirkt – in der Natur, in der Geschichte und in den Menschen, in ihrem Geist und ihrem Herzen. In Momenten, wo das aufblitzt und einleuchtet, gibt es Grund zu hoffen, dass nicht alles so bleiben muss, wie es ist.

Aber der Glaube ist nicht mit den Ideen identisch, die im Kopf wohnen, und nicht mit den Bildern, die wir uns machen, wie auch das Bild auf der Staffelei keine sichere Auskunft darüber gibt, was dahinter liegt. Magritte hat nicht nur gemalt, er hat auch geschrieben. Er sagt immer wieder: Ich will mit meinen Bildern keine Ideen oder Gefühle ausdrücken.[228] Er will einen Moment auf die Leinwand bringen, den Moment, in dem ihm etwas aufgeht, ihm etwas plötzlich einleuchtet.

IV

Der Belgier Magritte, 1898 geboren und 1967 gestorben, gehört zum Kreis der Surrealisten, hat aber einen ganz eigenen Stil entwickelt. Er fällt aus allen Schulen heraus. Weil er so eigenständig ist, hat man ihn einen Surrealisten ohne Dogma genannt. Von seinem Freundeskreis unterscheidet ihn auch sein Verhältnis zur Religion. Als Georgette, Magrittes Frau, bei einem Treffen der Freunde mit einem Kreuz an ihrer Halskette erscheint, wird sie verspottet. Und René, mit ihr solidarisch, verlässt die Runde – für immer.[229]

Bei aller Achtung für Georgettes Frömmigkeit fühlt sich Magritte selbst nicht an einen bestimmten, auch nicht an den christlichen Glauben gebunden. Er hält auch nicht viel von der Kirche. Er verdächtigt die Priester, bloß Propaganda für eine Doktrin zu machen.[230] Aber er kann sagen: »Ja, ich glaube an Gott, aber ich glaube nicht, dass man irgendetwas über Gott sagen kann. Statt Gott sage ich Mysterium.«[231] Alles steht für ihn mit diesem Mysterium in Beziehung – auch die banalsten Dinge: »Essen, Schlafen, Wachsen, Spielen, Sterben ... Leben und Tod, Sonne und Mond, Feuer und Wasser.« Sie alle kann man »analysieren, sezieren, auf einen Nenner bringen, aber hat man damit das Mysterium gelöst?«[232]

Es geht Magritte um das unsichtbare Mysterium, das im sichtbar Realen verborgen ist als Grund, der alles trägt und ohne den nichts sein und sichtbar werden könnte.[233] Die Malerei, die sichtbar ist, kann das Unsichtbare nicht darstellen, aber Magrittes Bilder rechnen mit dem Unsichtbaren. Seine ganze Kunst versteht Magritte als Provokation, in einem gewohnten Gegenstand oder durch diesen hindurch das Unsichtbare zu entdecken. Was zu sehen ist, das Bild auf der Staffelei, soll uninteressant werden, und was nicht sichtbar ist, ins Auge springen.

V

Magritte ist ein Bilderstürmer. Er hat mit den alten christlichen Ikonoklasten gemeinsam, dass er das Bilderverbot ernst nimmt. Wie sie bringt auch er das Unsichtbare zur Geltung, um von den gewöhnlichen, vordergründigen Vorstellungen zu befreien. Jedes Bild, das wir uns von der unsichtbaren Welt machen, legt fest, fixiert den lebendigen Gott und auch uns selbst. Ist Gott nur der liebe Gott, der alles gutheißt und rechtfertigt, oder nur der grausame Richter, der unbarmherzig alle Lebensfreude zunichte macht? Weder die Maler der Idylle noch die Maler des Schreckens wissen, wie es sich wirklich verhält. Gottesbilder täuschen wie das Bild auf der Staffelei. Wer könnte sagen: Gott ist dies oder das, wenn die Leinwand der Bilder dazwischensteht? Solche Bilder schotten ab, verhindern die Momente, in denen sich der unsichtbare Gott in ganz unterschiedlicher Weise bemerkbar macht – begeisternd, überraschend, erschreckend, aber immer so, dass sich eine neue Perspektive ergibt.

Magritte, der Bilderstürmer, malt Bilder, er bedient sich der dritten Sprache. Thomas, einer der zwölf Apostel, glaubt nicht, dass Jesus auferstanden ist, solange er ihn nicht mit eigenen Augen sieht und seine Wunden berühren kann. Und mitten in diese sinnliche und leibliche Begegnung hinein redet das Johannesevangelium vom Gegenteil: »Selig sind die, die glauben, auch wenn sie nicht sehen.«[234] Denn der Glaube ist ein Überführtwerden durch das Unsichtbare.

VI

Dass Gott sich in ein menschliches Format begibt, sich den Bedingungen eines menschlichen Lebens aussetzt, gehört zum Zentrum des christlichen Glaubens. »So lebt der Mensch« – so hat Magritte sein Bild benannt: Das Sichtbare sehend und angewiesen darauf, dass sich das Unsichtbare zeigt: So lebt der Mensch. Unter diesen Bedingungen lebt auch Gott, seit er das Menschsein teilt. Seitdem müssen die gewöhnlichen sichtbaren Dinge nicht mehr das Brett vor dem Kopf sein. Seitdem kann gerade an den sichtbaren Dingen etwas einleuchten: Wir können zwar nicht hinter die Kulissen der sichtbaren Welt schauen, Gott nicht ins Angesicht blicken, aber dennoch erfassen, dass die Wirklichkeit nicht nur aus dem besteht, was sich sehen lässt.

Magritte hat sich selbst nie einen Christen genannt, und das verlangt Respekt. Und doch hat er etwas von dem zum Ausdruck gebracht, was mit Inkarnation, mit der »Einfleischung« Gottes gemeint ist, und kann seine Kunst den Blick für die christliche Matrix öffnen. Er denkt dialektisch, wenn er sagt: »Was unsichtbar ist, kann unseren Blicken nicht verborgen sein.«[235] Was er meint, klingt sehr christlich. Denn für ihn sind es gerade die sinnlichen Dinge, die gewöhnlichen Gegenstände, die alltäglichen Begegnungen, in denen oder durch die hindurch sich das Unsichtbare, der tragende Grund, das Geheimnis der Welt entdecken lässt.

Für Martin Luther gehören zu solchen gewöhnlichen Gegenständen Windeln und Krippe, aber auch das Kreuz. »Nicht gen Himmel gaffen«, lautet seine Empfehlung, den unsichtbaren Gott nicht enträtseln wollen. Wer das versucht, wäre wie die »Gemsensteiger, die den Hals sturzen«[236], die zu hoch hinaufklettern, abstürzen und sich den Hals brechen. Sache des Menschen ist es, hinunterzuschauen: auf Windeln, Krippe und Kreuz, auf diese vordergründigen Dinge – so lange, bis das Bild umspringt, die Dinge uninteressant werden, und das Mysterium sich zeigt: die Hoffnung im Leiden, der Verlierer als Sieger, das Leben im Tod.

VII

Magritte wird hoffentlich verzeihen, wenn er so christlich interpretiert wird, denn er hat vom Christentum nichts gehalten. Vielleicht hängt seine Skepsis damit zusammen, dass auch eine Lehre zu einem Bild auf der Staffelei, zu einem Brett vor dem Kopf werden kann. Die Versuchung ist groß, eine Lehre für das getreue Abbild dessen zu halten, was sich menschlichen Blicken entzieht. Eine Lehre lässt sich lehren und lernen, wie sich ein Bild von dem malen lässt, was sichtbar ist. Aber hat das etwas mit jenem Glauben zu tun, von dem der Hebräerbrief spricht? Denn dort heißt es: Es ist das Unsichtbare selbst, das dazu verlockt, sich überzeugen zu lassen, damit der Glaube nicht auf angelerntes Wissen herunterkommt.

Aus der Unsichtbarkeit Gottes folgt kein striktes Bilderverbot. Thomas darf sehen und mit seinen Händen die Wunden Christi ertasten. Und es ist auch nicht absurd, wenn Magritte, der Bilderstürmer, Bilder malt. Denn Menschen sind sinnliche Wesen. Würde den Menschen das Bildermachen ausgetrieben, blieben nur Schatten übrig, ausgezehrt von Zahlen und Begriffen.

Und doch ist es gerade diese Sinnlichkeit, die auf Leinwand, Buchstaben, Ideen und Vorstellungen fixiert und damit die Aussicht auf neue Perspektiven raubt. Daher muss der Bildersturm innerhalb der Bilder stattfinden. Wer sich Bilder macht, hat auch die Chance, das eigene Brett vor dem Kopf zu erkennen, die Chance, dass die Augen aufgehen für eine andere Dimension. Sich keine Bilder zu machen, schützt nicht davor, vernagelt zu sein.

René Magritte kann vielleicht eine Vorschule des Sehens sein, die bewusst macht: Unsere Ideen und Vorstellungen, aber auch Lehrtraditionen sind nie getreue Abbilder jenes Unsichtbaren, das wir nicht gemacht haben, das uns aber umgibt und allem zugrunde liegt. Es ist diese unsichtbare Wirklichkeit selbst, die unseren Glauben sucht.

KLEINES LEXIKON

1. Verzeichnis der biblischen Bücher

Die jüdische Bibel (Das Alte Testament)

Die fünf Bücher des Mose (Tora)

Genesis	Gen
Exodus	Ex
Levitikus	Lev
Numeri	Num
Deuteronomium	Dtn

Die Geschichtsbücher

Josua	Jos
Richter	Ri
Rut	Rut
1. Buch Samuel	1 Sam
2. Buch Samuel	2 Sam
1. Buch der Könige	1 Kön
2. Buch der Könige	2 Kön
1. Buch der Chronik	1 Chr
2. Buch der Chronik	2 Chr
Esra	Esra
Nehemia	Neh
*Tobit	Tob
*Judit	Jdt
Ester	Est
*1. Buch der Makkabäer	1 Makk
*2. Buch der Makkabäer	2 Makk

Die Lehrbücher und Psalmen

Hiob (Ijob)	Hiob (Ijob)
Psalmen	Ps
Sprüche (Sprichwörter)	Spr
Kohelet (Prediger)	Koh
Das Hohelied	Hld
*Weisheit	Weish
*Jesus Sirach	Sir

Die Prophetenbücher

Jesaja	Jes
Jeremia	Jer
Klagelieder	Klgl
*Baruch	Bar
Ezechiel	Ez
Daniel	Dan
Hosea	Hos
Joël	Joël
Amos	Am

Obadja	Obd
Jona	Jona
Micha	Mi
Nahum	Nah
Habakuk	Hab
Zefanja	Zef
Sacharja	Sach
Maleachi	Mal

Das Neue Testament

Die vier Evangelien

Evangelium nach Matthäus	Mt
Evangelium nach Markus	Mk
Evangelium nach Lukas	Lk
Evangelium nach Johannes	Joh

Die Apostelgeschichte

Apostelgeschichte	Apg

Die Briefe

Brief an die Römer	Röm
1. Brief an die Korinther	1 Kor
2. Brief an die Korinther	2 Kor
Brief an die Galater	Gal
Brief an die Epheser	Eph
Brief an die Philipper	Phil
Brief an die Kolosser	Kol
1. Brief an die Thessalonicher	1 Thess
2. Brief an die Thessalonicher	2 Thess
1. Brief an Timotheus	1 Tim
2. Brief an Timotheus	2 Tim
Brief an Titus	Tit
Brief an Philemon	Phlm
Brief an die Hebräer	Hebr
Brief des Jakobus	Jak
1. Brief des Petrus	1 Petr
2. Brief des Petrus	2 Petr
1. Brief des Johannes	1 Joh
2. Brief des Johannes	2 Joh
3. Brief des Johannes	3 Joh
Brief des Judas	Jud

Die Offenbarung

Offenbarung des Johannes	Offb

Die mit * bezeichneten Bücher gehören nicht zum jüdischen Kanon, der die übrigen Bücher zudem in anderer Reihenfolge anordnet. Die Kirchen der Reformation halten sich an den Kanon der jüdischen Bibel, jedoch in der christlichen Anordnung. Die römische Kirche zählt auch die mit * bezeichneten Bücher zu ihrer Bibel, weil die Septuaginta sie enthält. Zum Kanon der Orthodoxen Kirchen gehören weitere Bücher: Esra und Makkabäer.

2. Namen, Sachen und Ereignisse

Hier werden Personen, Fachausdrücke und einige historische Ereignisse in wenigen Sätzen erläutert, jedoch nur dann, wenn sie nicht im Text des Buches ausreichend erklärt wurden. Dieses kurzgefasste Lexikon mit fragmentarischen Hinweisen darf nicht mit einem gründlichen Nachschlagewerk verwechselt werden; auch die Werke der Dichter, Philosophen und Theologen aufzuzählen, ist nicht möglich. Immerhin mögen die knappen Texte helfen, Namen und Ereignisse geografisch und historisch einzuordnen, damit es bei Interesse leichter fällt, nach ihnen weiter zu suchen.

Adorno, Theodor (1903-1969)

Deutscher Sozialphilosoph und Musiktheoretiker aus Frankfurt/Main, musste 1934 emigrieren, lehrte in Oxford, später in den USA, kehrte 1949 nach Frankfurt zurück, wo er im Institut für Sozialforschung ein führendes Mitglied der »Frankfurter Schule« (mit Max Horkheimer) wurde. Er war ein scharfer Kritiker des Kapitalismus, sympathisierte mit der studentischen Protestbewegung von 1968, distanzierte sich aber zugleich von deren naiver Verherrlichung des kommunistischen Systems.

Alexander der Große (356-323 v.Chr.)

König von Makedonien, Sohn Philipps II. und Schüler des Philosophen → Aristoteles, eroberte den gesamten Nahen Osten, drang nach Persien und bis Indien vor und unterwarf Ägypten. Damit kam es zu einer völligen politischen Neuordnung auf den Territorien Kleinasiens, Palästinas, Babylons, Ägyptens und Persiens und einer Ausbreitung griechischer Sprache und Kultur (Beginn des Hellenismus). Alexanders Nachfolger (Diadochen) teilten das Riesenreich unter sich auf. Ihre Herrschaft endete erst durch die Expansion des Römischen Reiches im ersten vorchristlichen Jahrhundert.

Altes Testament

ist die christliche Bezeichnung der jüdischen Bibel (→ Verzeichnis der biblischen Bücher), um sie von den um Jesus von Nazaret gruppierten späteren Schriften abzuheben (→ Neues Testament). Die christlichen Kirchen verstehen auch das Alte Testament als ihre heilige Schrift, aber ihre rückblickende Interpretation (Relektüre) auf Christus hin darf nicht übersehen lassen, dass die jüdische Bibel für sich genommen nichts mit dem Christentum zu tun hat und der bleibende Besitz des Judentums ist.

Anselm von Canterbury (1033-1109)

Philosoph und Theologe aus dem norditalienischen Aosta, später Benediktiner in Frankreich, ab 1093 in England mit Unterbrechungen Erzbischof von Canterbury, musste wegen Streit mit den englischen Königen zwei Mal ins Exil gehen. Er gilt als einer der Begründer der rationalen scholastischen Theologie, die aus der Vernunft argumentierte (»Ich glaube, um zu erkennen«); sie war bis ins 20. Jh. wirksam (→ Scholastik). Seine These vom

Sühnetod Jesu zur Befriedigung Gott Vaters (Satisfaktionslehre) in seinem Buch *Cur Deus Homo* (Warum Gott Mensch wurde) hatte eine bedauerliche Wirkungsgeschichte.

Apokalypsen
Wörtlich »Offenbarungen« bzw. »Enthüllungen«, sind eine besondere Literaturgattung; sie entstand im Judentum der Makkabäerzeit (Buch Daniel) und findet sich auch im → Neuen Testament (Offb). Charakteristisch ist die Vorstellung eines neuen Zeitalters, das Gott in Kürze herbeiführen wird im Kampf gegen diese Welt, die von bösen Mächten (Satan) beherrscht wird. Durch diesen radikalen Zweiwelten-Dualismus unterscheiden sich Apokalypsen von Prophetie und → Eschatologie, wo die Welt nicht durch und durch böse, sondern ein Ort der Bewährung ist. Die Apokalypsen schildern den blutigen »Endkampf« zwischen Licht und Finsternis mit allen seinen Gräueln, nur die wenigen Gerechten können darin bestehen, müssen aber u.U. das Martyrium erleiden und schöpfen Hoffnung aus den Visionen von der himmlischen Welt. Als Verfasser treten u.a. Adam oder Mose auf, um den Eindruck von Geheimschriften aus grauer Vorzeit zu erwecken. Auch in der christlichen Apokalypse des Johannes (Ende 1. Jh.) geht es um Trost und Ausharren in Verfolgung. Selbst hellenistisch geprägt, sind Apokalypsen zugleich eine kritische Reaktion auf die Verbreitung hellenistischer Kultur.

Arendt, Hannah (1906-1975)
Deutsche Journalistin und politische Philosophin, langjährige Freundin des Philosophen Martin Heidegger, 1933 zur Emigration in die USA gezwungen; setzte sich mit dem Nachkriegs-Deutschland kritisch auseinander und trat für den Staat Israel und den Frieden im Nahen Osten ein. Ihre Werke kreisen um die Wirkungsweise totalitärer Herrschaftssysteme. Ihre Berichte vom Prozess gegen Adolf Eichmann 1961 wurden berühmt und waren zugleich umstritten, als sie von der »Banalität des Bösen« schrieb. Im Zusammenhang mit den Themen Liebe, Verzeihen, Versöhnung spielen auch christliche Motive eine Rolle, besonders in ihrem Buch »Vita activa«.

Arianismus
Eine Lehrmeinung, benannt nach dem Priester Arius aus Alexandrien (†336), im Streit um die Dreifaltigkeit Gottes, wonach nur der Vater Gott ist, der Sohn ihm zwar wesen*ähnlich*, aber nicht wesens*gleich* ist und untergeordnet bleibt; als geschaffen, wenn auch vor aller Zeit, kann er den Vater nicht voll repräsentieren. Der Streit veranlasste Kaiser → Konstantin, das erste → Konzil 325 nach Nicäa einzuberufen (dort entstand das nicänische Glaubensbekenntnis). Die Lehre fand politische Unterstützung, wurde aber auf dem nächsten Konzil 381 in Konstantinopel endgültig verurteilt (nicäno-konstantinopolitanisches Glaubensbekenntnis, das noch heute alle christlichen Kirchen verbindet). Doch war die arianische Auffassung insbesondere bei den germanischen Stämmen bis weit über die Völkerwanderung hinaus maßgebend.

Aristoteles (384-322 v.Chr.)
Griechischer Philosoph, studierte und lehrte 20 Jahre lang in der Akademie des → Platon in Athen, war seinem Lehrer gegenüber jedoch kritisch und entwickelte eine eigene Philosophie u.a. auf der Basis von Naturbeobachtungen. Daraus entstand seine → Metaphysik (Naturphilosophie), in der er von zwei unsichtbaren Prinzipien ausgeht: Form als energetische Kraft und Materie, die zusammen die sichtbaren Dinge hervorbringen und ihnen ihr Wesen (lateinisch: Substanz) verleihen. Das Formprinzip ist für ihn unsterblich und daher göttlich, und die menschliche Vernunft, die ohne Bezug zum Sinnlichen Begriffe bilden kann, entspricht der reinen Form. Muslime, Juden und Christen haben seine Werke ab dem Mittelalter studiert und zur Auslegung ihrer religiösen Schriften herangezogen. Auch die neuzeitliche Philosophie steht anknüpfend oder kritisch unter seinem Einfluss. Für einige Jahre holte ihn König Philipp als Erzieher seines Sohnes → Alexander nach Mazedonien. Diese Verbindung war den Athenern verdächtig; sie klagten ihn, wie schon → Sokrates, der Gottlosigkeit an. Er floh nach Euböa, wo er auch starb.

Athanasius der Große (†373)
Bischof von Alexandrien (Ägypten), wichtiger Gegner des → Arianismus, wurde mehrmals aus Alexandrien vertrieben, wenn die Arianer die Oberhand gewonnen hatten. Sein Osterbrief von 367 enthält eine erste Aufzählung der 27 Bücher des → Neuen Testaments, wie sie sich später als → Kanon der christlichen Bibel durchsetzte. Das ihm zugeschriebene Glaubensbekenntnis stammt wahrscheinlich aus späterer Zeit, wird aber den Glaubensbekenntnissen der alten → Konzilien zugerechnet.

Augustinus, Aurelius (354-430)
Rhetoriker und Philosoph, bekehrte sich, beeindruckt von der Sündenlehre, zum Christentum, ließ sich von Bischof Ambrosius in Mailand taufen, wurde zum Priester geweiht und 395 Bischof von Hippo-Regius (heute Annaba/Algerien). Als einer der bedeutendsten Kirchenlehrer versuchte er, die biblischen Texte mithilfe platonischen Gedankenguts (→ Platon) auszulegen, was sich nicht gut mit aristotelischen Denkformen (→ Aristoteles) verträgt. Im Mittelpunkt steht für ihn die Liebe Gottes, die mit dem Herzen erkannt wird, weshalb Nächstenliebe immer in der Gottesliebe gründet bzw. zu dieser hinführt; daher ist der Wille nicht frei, sondern angewiesen auf die liebende Gnade Gottes, die den Willen formt. Dieser Gedanke, dass Gott das, was er fordert, erst selbst geben muss, wurde von → Martin Luther aufgenommen und in den Mittelpunkt seiner Theologie gestellt.

Bacon, Francis (1561-1626)
Englischer Politiker und Philosoph; immer wieder in Ungnade gefallen, hatte er es dennoch bis zum Lordkanzler gebracht, wurde aber zuletzt vom Hof verbannt. Als Philosoph wandte er sich von der Naturphilosophie der Aristoteliander (→ Aristoteles) ab und setzte auf die Untersuchung bisheriger Irrtümer im Denken und auf das Experiment. Damit gilt er als einer der Begründer des Empirismus und der denkerischen Voraussetzungen der Naturwissenschaften.

Barth, Karl (1886-1968)

Schweizer evangelischer Theologe, Professor für Systematische Theologie u.a. in Bonn; nach Hitlers Machtergreifung verlor er seinen Lehrstuhl und ging an die Universität Basel. Während die liberale Theologie das Christentum auf Ethik und Anthropologie reduzierte, betonte er den radikalen Unterschied zwischen Gott und Mensch und stellte die Offenbarung in Jesus Christus ins Zentrum. Damit gab er den Pfarrern ein neues Selbstbewusstsein und leistete dem Nazi-Regime Widerstand. Er war Mitbegründer der »Bekennenden Kirche«, auf ihn geht auch das Bekenntnis von Barmen 1934 zurück, das sich von den nationalsozialistischen »Deutschen Christen« abgrenzt. Sein Hauptwerk ist die vielbändige »Kirchliche Dogmatik«. Seine Dialektische Theologie oder Wort-Gottes-Theologie hat bis heute großen Einfluss, wurde aber auch als Neokonservativismus kritisiert, der die Fähigkeiten des Menschen abwertet.

Barth, Ulrich (*1945)

Deutscher evangelischer Theologe, Professor an der Universität Halle-Wittenberg, der Religion in der Moderne philosophisch und auch kulturwissenschaftlich interpretiert. Er ist Vorsitzender der Schleiermacher-Gesellschaft, mit Karl Barth nicht verwandt, auch nicht in Bezug auf das theologische Konzept.

Becker, Ernest (1925-1974)

Anthropologe und Psychologe, stammt aus einer jüdischen Familie, die in die USA einwanderte. Als Soldat gehörte er einer Truppe an, die 1945 in Deutschland ein Konzentrationslager der Nazis befreite; seitdem wollte er begreifen, was den Menschen ausmacht. Nach dem Doktorat arbeitete er in der Psychiatrie der Universität Syracuse im Staat New York. Dass der Mensch existenziell in einer Spannung zwischen körperlichen Notwendigkeiten und seelisch-geistigen Prozessen steht, wurde sein Lebensthema. Da er sich mit den Studierenden in Demonstrationen gegen den Vietnamkrieg engagierte, wurde er fristlos entlassen. Die letzte Station des folgenden unsteten Lebens war die Fraser-Universität in Vancouver/Kanada.

Bengel, Johann Albrecht (1687-1752)

Deutscher evangelischer Theologe, Lehrer und prominenter Vertreter des württembergischen Pietismus, der nach dem Studium in Tübingen im Kloster Denkendorf als Präzeptor alte Sprachen und Bibelexegese, aber auch Mathematik lehrte; für ihn war Gottvertrauen der Weg zur Gelehrsamkeit. Später unterrichtete er als Probst des ehemaligen Augustinerkonvents Herbrechtingen und danach als Prälat von Alpirsbach im Schwarzwald. Diese Klöster waren im Zuge der → Reformation aufgelöst und in Schulen für angehende Pfarrer umgewandelt worden. Er verstand sich selbst als apokalyptischer Offenbarungsengel und entwarf eine universale heilsgeschichtliche Weltalter-Chronologie mit mathematischen Berechnungen der Wiederkunft Christi. Trotz dieser Ausrichtung blieb er seiner Landeskirche verbunden.

Blumenberg, Hans (1920-1996)
Deutscher Philosoph, zuletzt Professor in Münster, der auch Auslegung von Literatur betrieb. Katholisch erzogen, studierte er eine Zeit lang Theologie, bis ihn die Nürnberger Rassegesetze auf sein Judentum aufmerksam machten. Er verstand sich dennoch nicht als Jude, aber als Skeptiker. Seine Originalität besteht darin, dass er Begriffe in Geschichten auflöst, in Metaphern spricht und sie zugleich analysiert. Er erteilt der neuzeitlichen Fortschrittsidee und der Vernunftgläubigkeit eine deutliche Absage und sieht den Mythos näher an der Wahrheit als den Logos, da sich der Mythos aufgrund der Vielzahl seiner Erzählungen nicht in eine dogmatische Lehre zwingen lässt.

Bodzenta, Erich (1927-1996)
Österreichischer Soziologe, Direktor des Instituts für kirchliche Sozialforschung, Professor in Linz, ab 1971 in Wien, arbeitete u.a. über Großstadtsoziologie, kirchliche Regionalplanung, empirische Sozialforschung. Der zitierte Text ist einem Band entnommen, der zum 75. Geburtstag des Wiener Hochschulseelsorgers Karl Strobl 1983 zusammengestellt wurde.

Bonhoeffer, Dietrich (1906-1945)
Evangelischer Theologe, gebürtig aus Breslau, nach Aufenthalten in Spanien und in den USA Dozent in Berlin. Führendes Mitglied der »Bekennenden Kirche« gegen den Nationalsozialismus, wurde mit Rede- und Schreibverbot belegt, 1943 verhaftet und als einer der letzten Gegner Hitlers hingerichtet, die mit dem Attentat vom 20. Juli 1944 zu tun hatten. Trat gegen die Judenverfolgung auf (»Nur wer für die Juden schreit, darf gregorianisch singen«) und setzte sich für die → Ökumene der christlichen Kirchen ein. Sein Schlagwort von einem »religionslosen Christentum« meint, dass Glaube tätig sein muss im Dienste des Nächsten und der Gesellschaft, ohne sich auf die Suche nach persönlicher Heilsgewissheit durch religiöse Übungen zu beschränken.

Buber, Martin (1878-1965)
Jüdischer Schriftsteller und Religionsphilosoph, wuchs in Lemberg und Wien auf, schloss sich in Wien der zionistischen Bewegung Theodor Herzls an, lehrte bis 1933 jüdische Ethik in Frankfurt/Main, konnte 1938 nach Jerusalem emigrieren und lehrte dort an der Hebräischen Universität. Er übersetzte gemeinsam mit Franz Rosenzweig die jüdische Bibel in ein dem Hebräischen nahes Deutsch und sammelte die »Erzählungen der → Chassidim«. Sein Buch »Ich und Du« ist das Hauptwerk einer dialogischen Philosophie: »Ich habe keine Lehre, aber ich führe ein Gespräch.«

Chassidim
Wörtlich »die Frommen«, Vertreter des Chassidismus, mehrerer jüdischer Bewegungen seit dem Mittelalter. Repräsentativ ist der osteuropäische Chassidismus ab etwa 1700: eine mystisch-spirituelle Bewegung als Reaktion auf russische Pogrome im 17. Jh. Als Begründer gilt Baal Schem Tow (†1760). Er und seine Nachfolger bis ins 19. Jh. sind im deutschen Sprach-

raum durch die Sammlung ihrer Sprüche und Erzählungen durch Martin →
Buber bekannt geworden.

Claudius, Matthias (1740-1815)
Deutscher Dichter, Journalist und Theologe, lernte in Kopenhagen Friedrich Gottlieb Klopstock (1724-1803) kennen und arbeitete für dessen Bruder bei einer Hamburger Zeitung. 1771 übersiedelte er nach Wandsbek (heute ein Stadtteil Hamburgs) und schrieb den »Wandsbeker Boten«. Er durchlebte die Zeit der Napoleonischen Kriege, musste in seinen letzten Jahren nach Lübeck und Kiel fliehen; seine Erzählungen und Gedichte zeugen dennoch von einem unerschütterten Gottvertrauen.

Demiurg
Wörtlich »Handwerker« bzw. »Künstler«, bei → Platon der göttliche Weltbaumeister, der den Kosmos gemäß den platonischen Ideen geordnet hat, in der → Gnosis ein vom höchsten Gott unterschiedener, von diesem abgefallener Erschaffer der sinnlich-materiellen Welt, der als dumm und lüstern gilt und fälschlicherweise oft mit dem Gott der Juden identifiziert wurde.

Descartes, René (1596-1650)
Französischer Philosoph und Mathematiker, studierter Jurist, kämpfte zu Beginn des 30-jährigen Krieges in der katholischen Liga, fühlte sich im Feldlager durch visionäre Träume zur Wissenschaft berufen, der er sein weiteres Leben widmete. Von Königin Christine zum Unterricht in Philosophie eingeladen, übersiedelte er an den schwedischen Hof und starb bald darauf in Stockholm. Durch seine Frage, wie das Denken funktioniert, gilt er als Begründer des neuzeitlichen Rationalismus; für ihn gibt es zwei voneinander getrennte Substanzen: die immaterielle Seele, die im reinen Denken tätig ist (Geist), und die Materie, weshalb Organismen mechanische Automaten sind. Da Tiere nach seiner Auffassung keine Seele und keine Schmerzempfindung haben, konnte er die Funktionen der Körpermaschine durch Vivisektion erforschen. Der Cartesianismus begründete die Subjekt-Objekt-Trennung und damit die Natur- und Realwissenschaften.

Diesterweg, Friedrich Adolph Wilhelm (1790-1866)
Deutscher Gymnasiallehrer und Reformpädagoge, in der Lehrerausbildung tätig, Abgeordneter der Fortschrittspartei im preußischen Landtag; er vertrat eine Pädagogik des natürlichen Wachsens und Reifens (Naturalismus; vgl. → Salzmann) und kämpfte für konfessionslose allgemeine Schulen als Schutzraum vor kirchlichen, aber auch wirtschaftlichen Einflüssen. Vor allem die Erbsündenlehre und der Pietismus waren ihm ein Dorn im Auge, die die Menschennatur knechten und an der Entfaltung hindern; er wollte zum freien und kritischen Bürger erziehen. Aufgrund seiner antikirchlichen Einstellung wurde er in den frühzeitigen Ruhestand versetzt.

Dionysius Exiguus (†540)
lebte als Mönch und Übersetzer aus dem Griechischen in Rom, sammelte Konzilsbeschlüsse und päpstliche Entscheidungen. Er errechnete 525 das Geburtsjahr Jesu und begründete damit die christliche Zeitrechnung, die

sich allerdings erst Jahrhunderte später allgemein durchsetzte. Abgesehen von der unzutreffenden Berechnung besteht das Problem darin, dass es kein Jahr 0 geben konnte.

Doketismus
Eine von der → Gnosis beeinflusste Lehre des 2. Jh., die die Gottheit des Christus so stark betonte, dass sie ihn für die Dauer seines irdischen Lebens nur mit einem Scheinleib ausgestattet sah (griechisch *dokein* = scheinen): Gott habe bei der Geburt des Jesus von Nazaret in ihm Wohnung genommen und ihn bei der Kreuzigung wieder verlassen, weil Leiden und Tod mit seiner Gottheit unvereinbar seien. Damit geht freilich die Überzeugung von der uneingeschränkten Solidarität Gottes mit den Menschen zugunsten eines »Zaubertricks« verloren.

Eco, Umberto (*1932)
Italienischer Semiotiker, Medienwissenschaftler und Schriftsteller, arbeitete beim Fernsehen und im Verlagswesen, seit 1971 Professor an der Universität Bologna. Sein Buch »Das offene Kunstwerk« machte ihn als Kulturtheoretiker bekannt, außerhalb der Wissenschaft wurde sein Roman »Der Name der Rose« ein Weltbestseller. Weitere Romane folgten, in denen er seine genaue Kenntnis der Kulturgeschichte verarbeitete. »Woran glaubt, wer nicht glaubt?« ist ein in wechselnden Zeitungsbeiträgen geführtes Gespräch mit dem Mailänder Kardinal Carlo Maria Martini (*1927).

Erasmus von Rotterdam (1466 [1465? 1469?]-1536)
Niederländischer Humanist und Theologe, Priester, zuerst Augustiner, dann freier Gelehrter, studierte in Paris und London, wo er Thomas → Morus kennenlernte, dem er seine Satire »Lob der Torheit« widmete. Als bedeutendster Humanist seiner Zeit, der sich für die Frauenbildung einsetzte und ganz Europa bereiste, publizierte er die erste kritische, auf den griechischen Urtexten basierende Ausgabe des → Neuen Testaments, die Martin → Luther für die deutsche Übersetzung benutzte. Mit ihm kam er übers Kreuz in Bezug auf die Frage nach der Reichweite des freien Willens, ansonsten hielt er sich aus den konfessionellen Streitigkeiten heraus. Er war zwar auch kirchenkritisch, aber weniger radikal als Luther und versuchte, durch Kompromisse eine Kirchenspaltung und den Niedergang einer christlichen Gesellschaftsordnung (*res publica Christiana*) zu verhindern, freilich ohne Erfolg.

Eschatologie
Wörtlich die »Lehre vom Letzten« (→ Apokalypsen), die von zwei Welten ausgeht, einer irdisch-materiellen und einer himmlisch/göttlich-geistigen, von Immanenz (Welt) und Transzendenz (Gott), wobei die Transzendenz die Immanenz umfasst und damit den Übergang von der einen in die andere Welt, in ein Leben ohne Tod (ewiges Leben) möglich macht. Dies ist in der Regel mit einer moralischen Krise verbunden, wie etwa die Wiedergeburt als Strafe für ein unvollkommenes Leben in den östlichen oder das Letzte Gericht in den drei monotheistischen Religionen. Solche Vorstellungen finden sich in vielen Religionen und Philosophien, wenn auch im

Detail mit erheblichen Unterschieden. Der griechische Glaube, dass die Seele etwas Göttliches und daher unsterblich ist, wurde vom Christentum teils aufgenommen, teils aufgrund des radikalen Unterschiedes zwischen Gott und Mensch abgelehnt. Die neuzeitliche Religionskritik richtet sich gegen jede Art von Transzendenz, da sie als »Hinterwelt« weder der Erfahrung noch dem Denken zugänglich sei.

Esoterik
Nach dem griechischen Wort für »innerlich« ursprünglich die Bezeichnung einer religiösen oder philosophischen Lehre für einen Kreis eingeweihter Personen. Heute werden darunter die vielen verschiedenen spirituellen Praktiken verstanden, die aus den Traditionen alter Völker, aus den östlichen Weisheitslehren und aus christlichen Versatzstücken zusammengestellt sind und das Bedürfnis nach etwas Mystischem jenseits der etablierten Religionen befriedigen.

Exil, Babylonisches (586-536 v.Chr.)
Mehrfache Wegführung von prominenten Juden aus dem Südreich Juda (das Nordreich war schon 722 zerstört worden) während der Herrschaft des babylonischen Königs Nebukadnezzar II. (Nabucco in der Oper von Verdi), immer dann, wenn sich Juda weigerte, Tribut zu zahlen: schon 605 v.Chr. (darunter Daniel), dann 598/97 v.Chr. (darunter der Prophet Ezechiel). Als unter König Zedekia trotz der ausdrücklichen Warnung des Propheten Jeremia (Jer 38,14ff.) neuerlich der Tribut verweigert wurde, zerstörte Nebukadnezzar 587 v.Chr. Jerusalem und den Tempel und deportierte die gesamte jüdische Oberschicht nach Babylonien (2 Kön 25, 2 Chr 36). Erst durch das Edikt des Perserkönigs Kyros II. von 536 durften die Juden wieder zurückkehren. In der Zeit des Babylonischen Exils wurden große Teile der jüdischen Bibel (→ Altes Testament) neu zusammengestellt und redigiert.

Feuerbach, Ludwig (1804-1872)
Deutscher Philosoph und Religionskritiker, studierte zuerst in Heidelberg Theologie, dann in Berlin bei → Hegel Philosophie. Obwohl ab 1828 habilitiert, verbaute ihm seine Religionskritik die akademische Karriere. 1841 erschien sein Hauptwerk »Vom Wesen des Christentums«, in dem er sich von Hegels spekulativer Philosophie abwandte und Gott als Projektion menschlicher Wünsche darstellte, was Sigmund → Freud beeindruckte. Er begegnete → Marx und Engels und kämpfte engagiert gegen die politische Restauration nach 1848.

Franz von Assisi (1181/82-1226)
Sohn reicher Kaufleute, Offizier, geriet beim Städtekrieg mit Perugia 1202 in Gefangenschaft. Es folgte eine radikale Bekehrung, er sammelte Gefährten und gründete den Orden der Franziskaner (Minoriten), der 1210 von Papst Innozenz III. bestätigt wurde. Er pflegte Aussätzige und reiste mit den Kreuzfahrern nach Palästina und Ägypten, wo er bei der Belagerung von Damiette 1219 vor dem Sultan predigte. Sein intimer Umgang mit Mensch und Tier trug ihm die Nachrede ein, er könne mit Fischen und

Vögeln reden, und machte ihn zu einem der wenigen christlichen Heiligen, die ein Sensorium für die Schöpfung entwickelten.

Freud, Sigmund (1856-1939)
Österreichischer Physiologe und Nervenarzt, Begründer der Psychoanalyse, wollte eine Erklärung für psychische Leiden finden. Ausgehend von den Triebbedürfnissen, arbeitete er zuerst als Naturwissenschaftler, um bald die Bedeutung der sozialen Beziehungen zu entdecken, die von der Geburt eines Menschen an eine entscheidende Rolle spielen. Viele seiner Theorien hat er an der Literatur entdeckt, wie an der Sage des Königs Ödipus, der seinen Vater tötete und sein Mutter heiratete, ein Beispiel für unbewusste Prozesse. Er verstand sich als Aufklärer und gottloser Jude, der sein Judentum dennoch nie verleugnet hat; sein Menschenbild trägt biblische Züge, wenn auch ohne Gott. Sein psychologisches Ideal ist die höhere Geistigkeit, der Primat der Intelligenz, die nur durch Triebverzicht erreicht werden können.

Gibson, William Ford (*1948)
Amerikanischer Science-Fiction-Autor zahlreicher Romane und Erzählungen, gilt als Vater des Cyberspace, erhielt viele Preise, lebt seit 1968 in Kanada. Einige seiner Bücher spielen in einem eigenen Neuromancer-Universum; das Kunstwort setzt sich zusammen aus *neuro*, meint Nerven und künstliche Intelligenz, und *mancer*, meint Magier; das sind die Hacker, die die Welt ins Chaos stürzen.

Gnosis
Wörtlich aus dem Griechischen »Erkenntnis«, ab dem 1. Jh. eine geistige Strömung mit einem strengen Dualismus von Geist und Materie und einer vielgestaltigen Mythologie: Aus einer rein geistigen göttlichen Welt entsteht durch eine Art Sündenfall der böse Demiurg, der die materielle Welt schafft, womit ein göttlicher Lichtfunke in der menschlichen Seele im Körper eingesperrt wird; damit erübrigte sich die Frage, warum Gott so viel Schreckliches in der Welt zulässt, da der Demiurg nicht mit dem wahren Gott identisch ist. In der Vielzahl gnostischer Schriften geht es darum, durch Erkenntnis dieses Lichtfunkens innezuwerden und durch Negierung des Körperlichen zu befreien. Daher lebten die Gnostiker asketisch, um die Schöpfung des Demiurgen zu zerstören; sie waren in den christlichen Gemeinden präsent und wirkten »undercover«. Mehrere Jahrhunderte kämpfte die Kirche gegen die Gnosis, schließlich erfolgreich. Neugnostisches Gedankengut spielt freilich heute wieder eine Rolle (→ Esoterik).

Goethe, Johann Wolfgang von (1749-1832)
Deutscher Dichter aus Frankfurt/Main, studierte in Leipzig und Straßburg Jura, war ab 1775 Minister des Herzogs von Sachsen-Weimar, bis er 1786 für zwei Jahre nach Italien reiste. Zurück in Weimar war er gemeinsam mit Schiller der poetische Mittelpunkt des Landes, obwohl er selbst bisweilen seine naturwissenschaftlichen Studien (Farbenlehre) für wichtiger hielt als seine Werke, die zum Kanon der deutschen Literatur zählen. Sie avan-

cierten nach seinem Tod für mehr als ein Jahrhundert zur anständigen bürgerlichen Schulbildung, ungeachtet der vielen Liebesaffären des Dichters, die ihn zu bedeutender Lyrik inspirierten, obgleich sie zum Teil schon von seinen Zeitgenossen für unanständig gehalten wurden. Er verstand sich als aufgeklärter Pantheist, sein Glaube an das religiöse Gefühl (Faust: »Gefühl ist alles«) macht aus dem Klassiker bereits einen Romantiker.

Hacks, Peter (1928-2003)
Deutscher Schriftsteller aus Breslau, studierte in München, übersiedelte 1955 in die DDR. Er bekannte sich auch nach der Wende von 1989 zum Kommunismus. Als bedeutendster Dramatiker der DDR nach Bertolt Brecht wurde er auch im Westen vielfach aufgeführt. Sein bekanntestes Stück: »Ein Gespräch im Hause Stein über den abwesenden Herrn von → Goethe«.

Hair (Musical)
Im Untertitel »An American Tribal Rock Musical« genannt, war weltweit erfolgreich, wurde 1968 am Broadway uraufgeführt, 1979 mit einer etwas veränderten Story verfilmt. Von James Rado stammt die Idee, die er gemeinsam mit Gerome Ragni entwickelte; sie schrieben 1967 die Gesangstexte, beide damals arbeitslose Broadway-Schauspieler. Der Kanadier Galt MacDermot übernahm die musikalische Gestaltung. Mit dem Lebensgefühl der Flower-Power-Generation und der Hippieszene verbinden sich freie Liebe, Drogenkonsum und ekstatisches Hare-Krishna-Bewusstsein sowie der Protest gegen das »Establishment« und den Vietnamkrieg; die → New-Age-Bewegung spielt eine prominente Rolle.

Hegel, Georg Wilhelm Friedrich (1770-1831)
Deutscher Philosoph aus Stuttgart mit nachhaltiger Wirkung, studierte in Tübingen, war zuletzt Professor in Berlin. Er beschäftigte sich in seinen frühen Arbeiten mit der Liebe, durch die Menschen im Anderen zu sich selbst kommen. Später entwickelte er daraus ein umfassendes System, nach dem der endliche Geist im Anderen, dem absoluten (göttlichen) Geist, zu sich selbst kommt, d.h. sich als absoluten Geist erkennt. Diesen Prozess nennt er auch den Fortschritt im Bewusstsein der Freiheit. Das Absolute, in der Religion Gott genannt, erhält für ihn erst im reinen Denken seine entsprechende Form. Hier zeigen sich deutlich gnostische Züge (ohne Mythologie, → Gnosis), da der menschliche Geist das Absolute erkennen kann, weil er selbst absolut ist. Nach diesem System manifestiert sich der absolute Geist als objektiver Geist im Staat (vgl. → Platon), woraus allerdings leicht die Legitimierung bestehender Verhältnisse folgt; hier setzt die Kritik von Karl → Marx an.

Heiden
Ursprünglich eine Bezeichnung für Leute eines fremden Volkes, dann Nicht-Juden und Nicht-Christen. Kaum zufällig gibt es eine etymologische Verbindung zur »Heide«, einem brachliegenden, nicht kultivierten Landstrich. Als Heiden wurden in der christlichen Antike die Landbewohner

angesehen, lateinisch *pagani*: Hinterwäldler, denen man noch den Glauben an Dämonen und alte Gottheiten zutraute. Der Ausdruck wurde zu einem Schimpfwort und verdeckt, dass die sogenannten Heiden keineswegs religionslos waren. Dagegen galten die Städter als aufgeklärt und daher christlich – im Gegensatz zu heute, wo ein traditioneller christlicher Glaube eher in ländlichen Gebieten zu finden ist.

Herder, Johann Gottfried (1744-1803)
Deutscher Dichter, evangelischer Theologe und Philosoph, bedeutender Vertreter der »Weimarer Klassik« um → Goethe, Schiller und Wieland. Er studierte bei Immanuel → Kant in Königsberg, war Freimaurer, Aushilfslehrer und Fürstenerzieher in ganz Deutschland, Hofprediger und schließlich Superintendent in Weimar. Sein besonderes Interesse galt dem »Ursprung der Sprache«; durch seine Studien zur Literatur der Völker wurde er zu einem der Anreger romantischer volkstümlicher Textsammlungen.

Hillel (Rabbi, ca. 60 v.Chr.-10 n.Chr.)
Autorität der Pharisäer vor der Tempelzerstörung (70 n.Chr.), Begründer einer Schule von Rabbinern, die im Gegensatz zu Rabbi → Schammai die Gesetze der → Tora milder und dem täglichen Leben besser angepasst auslegte. Er betonte die Nächstenliebe und die Goldene Regel als Kern der Tora.

Hofmann (Hoffmann, Hoffman), Melchior (ca. 1498-1543/44)
Deutscher evangelischer Prediger, der in den baltischen Staaten sowie in Schweden und Dänemark wirkte, immer wieder vertrieben wurde, weil u.a. seine Auffassung vom Abendmahl nicht mit derjenigen der Lutheraner übereinstimmte. Er ging nach Straßburg und in die Schweiz, schloss sich schließlich den → Wiedertäufern an und predigte in Holland, wo sich seine Anhänger Melchioriten nannten. Viele davon waren in das religiöse Terrorregime in Münster 1533/34 verwickelt (→ Jan van Leiden, Jan → Matthys); er selbst aber verbrachte seine letzten zehn Jahre im Gefängnis in Straßburg, obwohl er gemeint hatte, diese Stadt würde das neue Jerusalem sein, von dem die Offenbarung des Johannes (Offb) spricht.

Hofmannsthal, Hugo von (1874-1929)
Österreichischer Dichter, trat schon als Gymnasiast unter Pseudonym mit eindrucksvoller Lyrik hervor, wandelte sich nach einer schweren Krise (Brief des Lord Chandos, 1902) zum Theaterdichter (Der Schwierige, Jedermann, Der Turm) und Librettisten für Opern von Richard Strauss (Rosenkavalier u.a.). Er litt schwer unter dem Zusammenbruch der Österreichisch-Ungarischen Monarchie, gründete mit Max Reinhardt 1920 die Salzburger Festspiele. Er starb auf dem Weg zum Begräbnis seines Sohnes, der Selbstmord begangen hatte.

Huber, Wolfgang (*1942)
Deutscher evangelischer Theologe, Professor für Sozialethik (Marburg/Lahn) und Systematische Theologie (Heidelberg), seit 1993 Bischof der Evangelischen Kirche Berlin-Brandenburg, seit 2003 Vorsitzender des

Rates der Evangelischen Kirche in Deutschland (EKD). Engagiert sich für die Herausgabe der Werke →Dietrich Bonhoeffers, sorgt unter dem Stichwort → »Ökumene der Profile« für eine klarere Unterscheidung der christlichen Konfessionen und betont die Differenzen im Dialog zwischen Christen und Muslimen.

Huizinga, Johan (1872-1945)
Niederländischer Kulturwissenschaftler, Sprachtheoretiker und Historiker, ab 1905 in Groningen, später in Leiden Professor bis zur Schließung der Universität 1942 durch die deutschen Besatzer. Huizinga, der gegen den Antisemitismus der Nationalsozialisten auftrat, wurde zeitweise interniert, seine Bücher wurden verboten. Er verstand Geschichte als Kultur- und Mentalitätsgeschichte, insbesondere in seinen beiden Hauptwerken »Herbst des Mittelalters« und »Homo Ludens«.

Huxley, Aldous (1884-1963)
Britischer Schriftsteller, Spross einer Familie von Intellektuellen und Wissenschaftlern. Sein Roman »Brave New World« (1932) ist eine hellsichtige negative Utopie. Ab 1937 in Kalifornien, schrieb er Romane, Essays und Drehbücher und wandte sich dabei zunehmend den östlichen Weisheitslehren zu. Er experimentierte mit den Drogen Meskalin und LSD, um sein Bewusstsein »psychedelisch« zu erweitern.

Ikonoklasten
Bilderverehrung und Wallfahrtswesen führten im byzantinischen Reich ab 730 zu jahrzehntelangen Auseinandersetzungen. Die Ikonen galten z.T. als nicht von Menschenhand gefertigt, und man schrieb ihnen Wunderkraft zu. Die Bilderfeinde (Ikonoklasten) beriefen sich auf das alttestamentarische Bilderverbot (Ex 20,4f.), die Bilderfreunde auf die Inkarnation Gottes in Christus. Das Zweite Konzil von Nicäa (787) erklärte, dass die Bilderverehrung keine Anbetung darstelle, die allein Gott zukomme. Die Ablehnung und Zerstörung von Bildern und Statuen hat sich im Zuge von radikalen Kirchenreformen, so auch in der → Reformation, wiederholt.

Jan van Leiden (1509-1536)
Niederländischer Handwerker, der sich 1533 den → Wiedertäufern anschloss. → Jan Matthys sandte ihn nach Münster und wurde dann mit ihm gemeinsam Führer des dort errichteten »Gottesreichs«, nach dem Tod von Matthys »König« von Münster, wo er jeden innerstädtischen Widerstand blutig niederschlug. Als die Stadt 1535 fiel, wurde Jan van Leiden eingekerkert und im Jahr darauf zu Tode gefoltert.

Joachim von Fiore (ca. 1130-1202)
Italienischer Zisterziensermönch, gründete um 1190 das Kloster S. Giovanni in Fiore in Kalabrien. Er entwarf eine apokalyptische Geschichtstheologie: Wie die Schöpfung in der Bibel als Werk Gottes in sieben Tagen beschrieben wird, so teilte er das → Alte und das → Neue Testament in sieben Epochen ein. Daher ist für ihn auch die Zeit der Kirche begrenzt, und er erwartete nach dem Zeitalter des Vaters vor Christus und dem Zeitalter

des Sohnes seit Christus die Zeit des Heiligen Geistes als »Drittes Reich«, in dem vollständiger Friede herrschen werde. Joachim ist ein Anreger der Geschichtskonstruktionen des deutschen Idealismus (→ Hegel).

Johannes Paul II. (1920-2005)
Polnischer katholischer Priester Karol Józef Wojtyła, ab 1964 Erzbischof von Krakau, 1978 zum Papst gewählt. 1981 überlebte er knapp ein Attentat. Er war von seinen Erfahrungen im Kampf gegen den polnischen Kommunismus geprägt, sorgte für einen kompromisslosen innerkirchlichen Zusammenhalt und unterdrückte die Befreiungstheologie aufgrund ihrer Tendenzen zum Marxismus. Offenheit zeigte er gegenüber den anderen Religionen (Besuch der jüdischen Synagoge in Rom, der Hauptmoschee in Damaskus) vor allem beim Friedensgebet der Religionen in Assisi 1986. Als wäre er der Pfarrer der Weltkirche, unternahm er 104 Auslandsreisen und besuchte dabei 127 Länder.

Johannes XXIII. (1881-1963)
Italienischer Priester Angelo Giuseppe Roncalli, bäuerlicher Herkunft, war vatikanischer Diplomat (Nuntius) in Bulgarien, in der Türkei und in Frankreich. Ab 1953 Patriarch von Venedig, wurde er 1958 als Nachfolger des Aristokraten Pius XII. zum Papst gewählt. Er galt als Kompromisskandidat und Übergangslösung, leitete aber eine entscheidende Wende in der römischen Kirche ein durch die Einberufung des Zweiten Vatikanischen → Konzils (1962-1965), das erst sein Nachfolger Paul VI. beenden konnte. Johannes XXIII. verlangte ein »Aggiornamento« (»Verheutigung«) der Kirche und stellte die Weichen für die Beendigung des kirchlichen Antijudaismus und für eine → Ökumene der christlichen Kirchen.

Joseph II. (1741-1790)
Österreichischer Herrscher, Sohn Maria Theresias, ab 1765 deutscher Kaiser. Verfolgte eine aufgeklärte zentralistische Reformpolitik, mit der er revolutionären Tendenzen zuvorkam und die Macht der Habsburger festigte. Sein Toleranzpatent von 1781 gab den Protestanten, das von 1782 den Juden beschränkte Religionsfreiheit. Er löste gegen den Widerstand Papst Pius' VI., der 1782 vergeblich nach Wien anreiste, alle Klöster auf, die nicht öffentlich nützlich waren (Schule, Krankenpflege), und bildete aus ihrem Vermögen den Religionsfonds, aus dem die Priester als Staatsbeamte bis ins 20. Jh. besoldet wurden.

Josephus Flavius (37/38-ca. 101)
Jüdischer Militärkommandant beim Aufstand der Galiläer gegen die Römer (66-70/74), den Pharisäern nahestehend und rabbinisch erzogen, wurde gefangen genommen und wechselte die Fronten, wurde freigelassen und ging mit Titus, dem Eroberer Jerusalems, nach Rom, wo er von einer Pension des Kaisers (aus dem Geschlecht der Flavier, daher sein Name) lebte. Er verfasste mehrere historische Werke über den Jüdischen Krieg bis zum Fall der Festung →Masada und über die Geschichte des Judentums. Seine Erwähnung von Jesus könnte auch nachträglich in sein Werk eingefügt, mindestens christlich überarbeitet worden sein.

Jung, Carl Gustav (1875-1961)
Schweizer Psychiater, Sohn eines evangelischen Pfarrers, schloss sich Sigmund → Freud an, der ihn als seinen designierten Nachfolger sah. Aufgrund politischer Differenzen (Jung war antisemitisch eingestellt) und sachlicher Kontroversen kam es 1913 zum Bruch. Jung lehrte in Zürich und Basel, betrieb aber vor allem seine private Praxis, in der er die Abstinenzregel der Psychoanalyse (keine intimen Beziehungen zu Klientinnen) mehrfach missachtete. Jungs eigenes Seelenverständnis baut auf dem Konzept einer selbsttätigen Energie der Natur auf, die im ganzen Kosmos und in jedem Individuum wirkt und alles zur bestmöglichen Entfaltung bringt, von ihm kollektives Unbewusstes genannt, mit dem »Selbst« als Zentrum, das sich in archetypischen Bildern zu erkennen gibt. Er bedient sich dabei einer religiösen Sprache, die aber durch sein Konzept eine andere Bedeutung erhält. Die Selbstentfaltung darf nicht gestört werden durch Intellekt oder Moral, sonst wehren sich die Archetypen dagegen und machen psychische Probleme. Durch Traumanalyse soll das produktive Ziel der archetypischen Umtriebe erkannt werden. Diese Richtung nennt sich analytische oder komplexe Psychologie, in Unterscheidung von der Psychoanalyse manchmal auch Tiefenpsychologie.

Kanon
wörtlich aus dem Griechischen »Maßstab«, »Regel«, ist die Gesamtheit der anerkannten biblischen Bücher (→ Verzeichnis der biblischen Bücher). Was das → Alte Testament betrifft, so erfolgte die früheste Festlegung der → Tora um 398 v.Chr. nach der Rückkehr aus dem Babylonischen → Exil (Neh 8). Die anderen Schriften der jüdischen Bibel wurden nach und nach in einem lange dauernden Prozess bis etwa 100 n.Chr. als kanonisch erklärt (vgl. dazu auch → Septuaginta). Der Kanon des → Neuen Testaments brauchte zur Festlegung bis ins 4. Jh. und ist in der Form, wie ihn heute mit kleinen Varianten alle christlichen Kirchen anerkennen, erstmals 387 durch → Athanasius belegt.

Kant, Immanuel (1724-1804)
Deutscher kritischer Philosoph, Professor für Logik und Metaphysik in Königsberg, Begründer der Transzendentalphilosophie, die nichts mit Transzendenz zu tun hat (→ Eschatologie), sondern mit der Frage nach den Bedingungen der Möglichkeit des Erkennens. Er wandte sich von allen Spekulationen über das Absolute ab, um die Grenzen der Erkenntnis zu reflektieren. Erkennen beginnt für ihn bei der Erfahrung, die aber durch bestimmte vorgegebene und erfahrungsunabhängige Denkformen (Kategorien *apriori*) erfasst wird. In der Ethik entwickelte er den kategorischen Imperativ, der dazu auffordert, so zu handeln, dass daraus auch ein allgemeiner Maßstab für alle Menschen gemacht werden könnte, jedenfalls soll niemand bloß als Mittel gebraucht werden; damit und durch ein Gottesverständnis als notwendige höchste moralische Leitidee löste er die Ethik aus der moralischen Autorität der Kirche.

Koldewey, Robert (1855-1925)
Deutscher Architekt und Archäologe, beteiligte sich bis zum Ersten Weltkrieg an verschiedenen Ausgrabungen in Italien und Griechenland. Seine wichtigsten Leistungen sind die Ausgrabung in Mesopotamien, die Auffindung des alten Babylon mit dem Ischtar-Tor (heute im Pergamon-Museum in Berlin) und der Fundamente des babylonischen Turms.

König, Franz (1905-2004)
Österreichischer katholischer Priester, Professor für Moraltheologie in Salzburg, Fachmann für Religionswissenschaft, 1952 Weihbischof in St. Pölten. 1956-1985 war er Erzbischof von Wien und Kardinal. Er überschritt den Eisernen Vorhang und besuchte auf mehreren Reisen die Bischöfe in den kommunistischen Nachbarstaaten Österreichs. Als wichtiger Teilnehmer des Zweiten Vatikanischen → Konzils, gemeinsam mit dem Theologen Karl → Rahner, leitete er zwei Jahrzehnte das »Päpstliche Sekretariat für die Nichtglaubenden«. Als Gründer der Stiftung »Pro Oriente« vermittelte er erfolgreich zwischen Rom und den Ostkirchen.

Konstantin der Große (272/285-337)
Römischer Kaiser ab 306, besiegte 312 seinen Rivalen Maxentius und erließ 313 in Mailand ein Edikt zur Religionsfreiheit im ganzen Reich. Er begünstigte das Christentum, stellte die christliche Hierarchie den Staatsbeamten gleich und sorgte durch die Einberufung des ersten → Konzils nach Nicäa für die Beilegung innerchristlicher Streitigkeiten. Bereits 326 erließ er ein Gesetz gegen christliche Abweichler. Er selbst bekannte sich nicht ausdrücklich zum Christentum, sorgte aber für eine christliche Erziehung seiner Söhne; einen von ihnen und dessen Mutter Fausta ließ er wegen einer angeblichen Intrige hinrichten.

Konzilien
In der Antike war das Konzil eine Versammlung von Autoritäten der Reichskirche zur Klärung strittiger Glaubensfragen. Nicht nur Bischöfe und Priester, auch Politiker nahmen daran teil, die Einberufung erfolgte zumeist durch den Kaiser. Die ersten sieben Konzilien (von Nicäa I/325 über Chalcedon, Ephesos und dreimal Konstantinopel bis Nicäa II/787) werden von der ganzen Christenheit anerkannt. Weitere 14 Konzilien galten nur der westlichen Kirche, die drei letzten davon (Trient 1545-63 und die beiden Vatikanischen Konzilien 1869-70 und 1962-65) nach der → Reformation wurden nur mehr von der römischen Kirche allein veranstaltet. Seither und bis heute beschränkt sich die Teilnahme auf römisch-katholische Bischöfe, und sowohl die Tagesordnung als auch die Beschlüsse unterliegen der Zustimmung des Papstes.

Koran (Qur'an)
Das heilige Buch des Islams, in dem die an den Propheten → Muhammad ergangenen Offenbarungen Gottes (Allahs) niedergeschrieben sind. Der Islam ist nach Judentum und Christentum die dritte monotheistische Religion, in der biblische Personen und Ereignisse ebenfalls eine Rolle spielen. Die mündlichen Offenbarungen und deren Niederschrift im Koran mit sei-

nen 114 Suren (Abschnitten) erfolgten über zwei Jahrzehnte; die Suren enthalten religiöse Weisungen, gesellschaftspolitische Vorschriften und poetische Passagen, viele von ihnen hängen mit bestimmten historischen Ereignissen im Leben Muhammads und der Gemeinschaft zusammen (Offenbarungsanlässe). Der Koran gilt als ein Buch, das aus dem Urbuch bei Gott stammt und somit präexistent ist (wie →Tora und Christus), sodass nichts daran verändert werden darf.

Kritias (ca. 460-403 v.Chr.)
Nachkomme einer mächtigen Familie in Athen, Schüler des → Sokrates (→ Platons Schrift »Kritias«), von dem sich Sokrates aber klar distanzierte. Nach dem 30-jährigen Peloponnesischen Krieg, der 404 v.Chr. mit dem Sieg Spartas endete, etablierte Kritias in Athen die Herrschaft der »Dreißig Tyrannen«, ließ alle Gegner ermorden und konnte sich doch nur ein Jahr an der Macht halten. Wie der Sophist Kallikles in Platons Schrift »Gorgias« kann Kritias als Vorbild für → Nietzsches Herrenmenschen gelten.

Lessing, Gotthold Ephraim (1729-1781)
Wichtiger Schriftsteller der deutschen Aufklärung, studierte Theologie und Medizin in Leipzig, Wittenberg und Berlin, arbeitete als Journalist und Kritiker, ab 1769 als Bibliothekar in Wolfenbüttel. Er war vor allem erfolgreich durch seine Dramen, die bis heute zum Bühnenrepertoire zählen. Ab 1774 veröffentlichte er die religionskritischen Schriften des → Reimarus, die 1779 verboten wurden. Danach verfasste Lessing sein bekanntes Werk »Nathan der Weise« als einen Aufruf zur Toleranz unter den Religionen.

Lichtenberg, Georg Christoph (1742-1799)
Deutscher Naturwissenschaftler und Schriftsteller, nach England-Aufenthalten ab 1770 Professor in Göttingen. Er entwickelte eine Influenzmaschine zur Erzeugung hoher Spannungen und führte in Göttingen den Blitzableiter ein. Sein freizügiges Leben verschaffte ihm viele Feinde. Nachruhm bringen ihm bis heute seine treffsicheren und sarkastischen Aphorismen (Sudelbücher) und Essays, in denen sein scharfer analytischer Verstand jeden Dogmatismus, den religiösen vor allem, bekämpfte und sich über Vorurteile lustig machte.

Luther, Martin (1483-1546)
studierte an der Universität Erfurt, trat dort in das Augustinerkloster ein, wurde zum Priester geweiht und später Professor für Bibelauslegung an der Universität Wittenberg. Abgestoßen vom florierenden Ablasshandel, durch den man sich Gottes Gnade erkaufen konnte (gegen den er 1517 seine 95 Thesen formulierte), und für sich auf der Suche nach Glaubenserkenntnis im Herzen, fand er aufgrund der Lektüre des Römerbriefes (Röm 1,17) zur Gewissheit der Liebe Gottes als Geschenk. Von daher kritisierte er alle Versuche des Menschen, durch Leistungen wie gute Werke, Stiftungen oder ein zölibatäres Leben Gott gütig stimmen zu wollen (demonstrativ heiratete er später); für ihn folgen die Werke aus dem Dank an Gott. Seine öffentliche Kritik an der Kirche brachte ihm den Ketzerprozess, die Exkommunikation und den Bannfluch des Papstes (Leo X., 1445-1521) ein. Geschützt

von seinem Kurfürsten (Friedrich d. Weise) übersetzte er ab 1521 die Bibel ins Deutsche, stützte sich dabei auf die Ausgabe des → Erasmus von Rotterdam und schuf damit die Grundlage für die neuhochdeutsche Schriftsprache. In Wittenberg konnte er schließlich das Zentrum der → Reformation aufbauen; er wollte keine neue Kirche gründen, sondern die bestehende reformieren, wobei Rom freilich nicht mitspielte.

Magritte, René (1898-1967)
Belgischer Maler mit ganz eigenem Stil, daher ein Surrealist ohne Dogma genannt. Sein Lebensthema war das unsichtbare Mysterium, das Geheimnis der Wirklichkeit, das im sichtbaren Realen, auch in den banalsten Dingen, verborgen liegt als Grund, ohne den nichts existieren und sichtbar werden könnte. Das brachte er durch die ungewöhnliche Zusammenstellung von Perspektiven und realistisch gemalten Gegenständen zum Ausdruck. Damit erweist er sich als → Ikonoklast, der auf subtile Weise den Abbildcharakter der Kunst infrage stellt. Um seinen Lebensunterhalt zu verdienen, entwarf er auch Plakate und Tapeten.

Marquardt, Odo (*1928)
Deutscher Philosoph, Professor in Gießen, setzt sich mit der Psychoanalyse auseinander, verweigert die »Bürgerlichkeitsverweigerung« der Frankfurter Schule (→ Adorno), schreibt und redet humorvoll. Im Mittelpunkt seiner Anthropologie steht der Mensch als Mängelwesen, als »Sitzenbleiber der Evolution«. Totalitärer Politik und politischem Utopismus stellt er einen »Usualismus« entgegen, eine lebensweltliche Orientierung auf skeptischer Grundlage, die pragmatische Überlegungen prinzipiellen vorzieht; politisch und religiös tritt er für einen Pluralismus ein.

Marx, Karl (1818-1883)
Deutscher Journalist und politischer Philosoph aus jüdischer Familie, die zum Protestantismus konvertierte. Er studierte in Bonn, Jena und Berlin Jus und Philosophie unter dem Einfluss → Hegels, leitete eine liberale Zeitung, bis sie von der Zensur 1842 verboten wurde. Marx ging nach Paris, wurde aber nach Brüssel ausgewiesen. Gemeinsam mit Friedrich Engels (1820-1895) verfasste er 1848 das »Kommunistische Manifest«, beteiligte sich an der Revolution dieses Jahres, musste aber schließlich für den Rest seines Lebens nach England emigrieren. Das Manifest und sein Hauptwerk »Das Kapital« wurden zur Grundlage einer neuen sozialen und ökonomischen Theorie der sozialistischen und kommunistischen Parteien Europas.

Masada
Festung an der Westküste des Toten Meers, die Herodes der Große (73-4 v.Chr.) zu einer Residenz ausbauen ließ. Im Jüdischen Krieg, der 70 n.Chr. zur Einnahme Jerusalems durch Titus und zur Zerstörung des Tempels führte, blieb Masada die letzte Zuflucht der Widerstandskämpfer gegen die Römer und fiel erst etwa 73 n.Chr., nachdem die Verteidiger kurz vor dem Eindringen der Römer Massenselbstmord verübt hatten. Masada gilt heute als Symbol für den Staat Israel, der dort seine Soldaten vereidigt.

Maslow, Abraham (1908-1970)

Amerikanischer Psychologe, Professor in Boston, gehört zum Kreis der Humanistischen Psychologie, einer Aufbruchsbewegung, die sich in den 1960er-Jahren mit den damaligen Gegenkulturen wie der Hippie-Bewegung verband (vgl. → Rogers). Er vertrat ein Konzept der natürlichen Selbstentfaltung, weshalb C. G. → Jung als Vordenker galt. Indem er den Menschen mit Tieren und Pflanzen vergleicht, will er sagen, dass das Gute überall in der vollen Entfaltung des von Natur aus gegebenen inneren Wesens besteht, während ethische oder religiöse Normen wie überhaupt gesellschaftliche Einflüsse von außen das Wachstum hemmen. Er entwickelte auch das Konzept der Transpersonalen Psychologie, die ihren Mittelpunkt im selbstentfaltenden All hat und für ihn ein notwendiges Religionssurrogat darstellt.

Matrix (Kultfilm)

Der amerikanische Film »Matrix« wurde 1999 von den Brüdern Wachowski gedreht. Es geht um die Entwicklung künstlicher Intelligenz, die Menschen als Energiequelle ausbeutet und versklavt. Der Film arbeitet mit zahlreichen religiösen Anspielungen: Ein Auserwählter wird erwartet, der die Menschen befreit, der Kuss der Trinity erweckt den Helden Neo, nachdem er erschossen wurde, wieder zum Leben. → Platonische Philosophie und buddhistische Weisheit spielen ebenfalls eine Rolle. Insofern bietet der Film eine dramatisierte Form der → Esoterik. Der große Erfolg des Films hat zur Produktion zweier (schwächerer) Fortsetzungen geführt und im Internet und bei Computerspielen seine Spuren hinterlassen.

Matthys, Jan (ca. 1500-1534)

Niederländer von Geburt, schloss sich der Täuferbewegung (→ Wiedertäufer) an, war ein begeisterter Anhänger Melchior → Hofmanns und Anführer der nach diesem benannten Melchioriten in Amsterdam. Er verstand sich als Endzeitprophet (→ Eschatologie) und drängte auf die Errichtung eines Gottesstaates, den er als Terrorregime (Taufzwang, Bücherverbrennung, Gütergemeinschaft, Polygamie) gemeinsam mit → Jan van Leiden 1534 in Münster etablierte. Beim Verlassen der Stadt wurde er gelyncht, Münster wurde belagert und fiel 1535. Die »rechtgläubigen Befreier« richteten dann unter den Täufern ein Blutbad an.

McLuhan, Marshall (1911-1980)

Kanadischer Kommunikationswissenschaftler und Medientheoretiker, steht für einen umfassenden Begriff des Mediums: Buch, Eisenbahn, Auto, Radio, Fernsehen sind Medien im Sinne von Transportmitteln, die, ungeachtet ihrer Inhalte, Leben und Verhaltensweisen der Menschen prägen. Zuletzt ist das Internet für McLuhan das Medium, das Raum und Zeit überwindet und die Welt zum »Global Village« (so sein letztes Werk) macht; denn: »The medium is the message.«

Mercier, Louis-Sébastien (1740-1814)
Französischer Schriftsteller, Dramatiker und Journalist aus Paris, jahrelang in der Schweiz, um der Verhaftung zu entgehen, dann in die Ereignisse der Französischen Revolution verwickelt. Von bleibendem Interesse ist seine Hinwendung zur Utopie in seinem Roman »Das Jahr 2440«, der als einer der frühesten Science-Fiction-Romane gilt: Das Paris des Jahres 2440 wird von einem Rat verwaltet, für den das Wohl der Allgemeinheit vor jedem Individuum Vorrang hat (vgl. die Utopien von → Platon und → Morus).

Metaphysik
ist ein vieldeutiger Begriff, bei dem die wörtliche Bedeutung nicht weiterhilft; er kann »nach« der Physik (Reihenfolge) und »über« der Physik bedeuten sowie das, was der Physik bzw. dem Physischen zugrunde liegt; ein anderes Wort dafür ist »Ontologie«, die Lehre vom Sein. Dabei geht es wie z.B. bei → Platon um die ewigen präexistenten Ideen oder wie bei → Aristoteles um die Frage nach dem grundlegenden Wesen der sinnlichen Erscheinungen, das die Natur in einer Vielfalt von Formen aus sich selbst und ohne menschliches Zutun hervorbringt. Dazu gehört für Aristoteles auch der Geist, der das Wesen des Menschen bestimmt. Viele psychologische und pädagogische Konzepte arbeiten mit metaphysischen Aspekten (→ Jung, Humanistische Psychologie, → Montessori). Da die Theologie Gott, den Schöpfer, an die Stelle der Natur gesetzt hat, wird Metaphysik meist als Spekulation über das Wesen Gottes verstanden und kritisiert, weil der Vernunft nicht zugänglich.

Monophysitismus
Trat gegen die Zwei-Naturen-Lehre (göttliche und menschliche Natur in Christus) auf und ließ nur eine Natur (wie der Name sagt), nämlich die Göttlichkeit Jesu, gelten. Der Monophysitismus wurde vom → Konzil von Chalcedon 451 zwar verurteilt, hielt sich aber in einigen Ostkirchen (Äthiopien, Syrien, bei den ägyptischen Kopten). Neuere Konsensgespräche im Rahmen der Stiftung »Pro Oriente« von Kardinal → König haben gezeigt, dass die Differenzen vorwiegend aus Missverständnissen und damaligen politischen Interessen hervorgegangen sind.

Montessori, Maria (1870-1952)
Italienische Reformpädagogin, studierte als erste Frau in Italien Medizin, arbeitete als Kinderärztin und an der Psychiatrie sowie mit behinderten Kindern. Durch Studien der Literatur nahm sie von einer biologischen Erklärung der Behinderung Abstand, um sich von der Natur selbst Einblicke in deren göttliche Geheimnisse offenbaren zu lassen – für sie ein Bekehrungserlebnis. Sie entwickelte eine Methode, die der Kraft des natürlichen Entfaltungsdrangs den nötigen Freiraum schaffen soll im Kampf gegen die Erwachsenen und die herkömmliche Schule. Sie sah in ihrer kosmischen Erziehung die Rettung der ganzen Menschheit durch das ewig wiederkehrende, messianische Kind. Sie war keine Gläubige, und wenn sie sich christlicher Sprache und Bilder bediente, dann immer im Dienst des göttlichen Naturprinzips. Auf ihr ehrgeiziges Betreiben wurde ihre Methode von Mussolini in den italienischen Schulen eingeführt; sie war Ehrenmit-

glied der faschistischen Partei. Als während einer Reise nach Indien der Zweite Weltkrieg ausbrach, wurde sie dort interniert. 1946 wieder frei, unternahm sie weitere Reisen und starb in den Niederlanden. Ihre Methoden werden heute in eigenen Kindergärten und Schulen praktiziert.

Morus, Thomas (1478-1535)
Englischer Humanist, Rechtsanwalt und Politiker, trat in den Staatsdienst ein, war ab 1529 Lordkanzler und ein entschiedener Gegner Martin → Luthers. Als aber der Papst König Heinrich VIII. die Annulierung seiner Ehe verweigerte, stellte sich Morus auf den Standpunkt des Kirchenrechts, wurde eingekerkert und hingerichtet, während der König sich zum Oberhaupt der von Rom unabhängigen Anglikanischen Kirche erklärte. 1516 schrieb Thomas Morus seine »Utopia«, den Entwurf eines Idealstaats, der ähnlich dem »Staat« → Platons mit strenger Disziplin, Gütergemeinschaft und ohne individuelle Freiheit funktionieren sollte.

Muhammad (ca. 570-632)
Arabischer Prophet aus Mekka, Empfänger von Offenbarungen, die den Islam begründeten, und charismatischer geistlicher Kopf sowie politischer Gestalter der muslimischen Gemeinschaft (Umma). Er war Kaufmann, empfing mit 40 Jahren erste Offenbarungen und begann zu predigen. Er verkündete den einen Gott gegen den traditionellen arabischen Polytheismus. Als ihn die Mekkaner deshalb verfolgten, fand er 622 Aufnahme in Medina (mit diesem Jahr beginnt die islamische Zeitrechnung). Seine Anhängerschar wuchs, und zehn Jahre später konnte er, unmittelbar vor seinem Tod, Mekka zurückerobern. Die über zwanzig Jahre empfangenen Offenbarungen wurden niedergeschrieben und im → Koran gesammelt. Als Politiker und Feldherr gab er den arabischen Stämmen neben religiösen Weisungen zahlreiche Regeln für das zivile Zusammenleben und die Verteidigung. Der Islam einigte Arabien, drängte die expandierenden Nachbarvölker zurück (Byzanz, Persien) und unternahm selbst weitreichende Expansionen in den Nahen Osten und nach Nordafrika und Spanien.

Nestorianismus
Nestorius (†451), Priester aus Antiochien, wurde 428 Bischof von Konstantinopel und lehnte es ab, Maria als »Gottesgebärerin« anzuerkennen. Das daraufhin 431 einberufene → Konzil von Ephesus bestätigte jedoch diesen Titel und schloss Nestorius aus der Kirche aus. Er lehnte zwar nicht, wie später der → Monophysitismus, die Zwei-Naturen Lehre ab, derzufolge Gott und Mensch in Christus von Anfang an verbunden waren, neigte aber zu einem Dualismus, der die Einheit der Person infrage stellte: Gott und Mensch stehen in einer Person unverbunden nebeneinander. Die persischen Sassaniden, die oströmisches Gebiet bis ins 7. Jh. besetzt hielten, ebenso später die muslimischen Araber legten unter ihrer Herrschaft Wert auf eine klare Trennung der Christen von der byzantinischen Reichskirche. Daher gibt es bis heute von Syrien bis Indien nestorianische Kirchen (Assyrer, Chaldäer, Thomaschristen).

Nestroy, Johann (1801-1862)
Österreichischer Schauspieler und Dramatiker aus Wien, dem es gelang, das Alt-Wiener Volksstück auf bleibendes literarisches Niveau zu heben. Er spielte in Amsterdam, Brünn und Graz, erntete durchschlagenden Erfolg in Wien nicht nur auf der Bühne, sondern auch als Autor: Er schrieb 85 Theaterstücke, die sich durch gewandten Wortwitz und zahlreiche politische Anspielungen auszeichnen, mit denen er die Zensur des Polizeistaats austrickste, der vor 1848 in Österreich herrschte.

Neues Testament
Besteht aus 27 Schriften, die die Offenbarung Gottes in Jesus Christus bezeugen, der als das Wort Gottes gilt, auch wenn manchmal (in der Liturgie) die Schriften Wort Gottes genannt werden (→ Verzeichnis der biblischen Bücher). Der Begriff »neu« will zum Ausdruck bringen, dass es sich um den zweiten Bund (= Testament) Gottes mit den Menschen handelt, der den ersten (→ Altes Testament) mit dem Volk Israel nicht aufhebt. Die heute in der griechischen Ausgabe vorliegenden Texte wurden in aufwendiger Forschungstätigkeit aus alten Handschriften, Papyrusfragmenten, Kirchenväterzitaten und durch den Vergleich verschiedener früher Übersetzungen rekonstruiert. Neuere Handschriftenfunde machten eine immer präzisere Arbeit möglich; so entdeckte z.B. 1844 Konstantin von Tischendorf (1815-1874) im Katharinenkloster am Sinai die älteste griechische Handschrift mit dem kompletten Neuen Testament (ca. 350 n.Chr.). Der älteste Text ist ein Papyrusfragment mit einem Ausschnitt aus dem Johannesevangelium (ca. 100 n.Chr.). Während → Erasmus von Rotterdam für seine griechische Ausgabe nur wenige Handschriften zur Verfügung hatte, liegen heute mehr als 5 000 vor. Es gibt kein ursprüngliches Original der neutestamentlichen Schriften, aber viele übereinstimmende Textzeugnisse.

New-Age-Bewegung
Gegen zunehmende Ökonomisierung, Krieg (Vietnam) und Umweltkatastrophen, die die Welt an einen Abgrund führen, erwartet die New-Age-Bewegung den Anbruch eines neuen Zeitalters, in dem sich die Mentalität der Menschen grundlegend ändern wird, sodass Menschenfreundlichkeit, Friede und Kreativität herrschen werden. Das sollte nach alten astrologischen Vorstellungen mit dem Wechsel vom Fische- ins Wassermannzeitalter im letzten Drittel des 20. Jh. geschehen. Die Bewegung hat ihre Wurzeln in der Hippiebewegung der 1960er-Jahre, versammelte vielerlei Formen der → Esoterik und fand klassischen Ausdruck im Musical → »Hair«.

Nietzsche, Friedrich (1844-1900)
Deutscher Philosoph und Dichter, entstammt einer sächsischen Pastorenfamilie und studierte klassische Philologie und Theologie in Bonn und Leipzig. Schon 1869 wurde er Professor in Basel, legte seine Professur aber 1879 wegen ständiger Krankheit nieder. Er war zeitweise ein Verehrer Richard Wagners, verfasste zahlreiche religionskritische Bücher in poetischer Sprache (»Also sprach → Zarathustra«) und propagierte damit einen Kult des starken und gesunden »Übermenschen«, der ohne moralische Schranken zur Herrschaft berufen ist; das machte ihn später zu einem Lieb-

lingsphilosophen der Nationalsozialisten. 1889 brach während eines Aufenthalts in Turin seine psychische Erkrankung aus; er blieb bis zu seinem Tod umnachtet.

Nikolaus von Kues (1401-1464)
Deutscher Universalgelehrter, studierte Mathematik, Jus und Naturwissenschaften, erst spät auch Theologie. Bereiste als Bevollmächtigter des Kaisers und des Papstes ganz Europa, kam auch nach Konstantinopel und hatte Kontakt mit den bedeutenden Humanisten der Zeit. Ab 1450 war er Fürstbischof in Brixen und Kardinal. Sein wichtigstes Werk »De docta ignorantia« (Über die gelehrte Unwissenheit) entwirft die Vorstellung Gottes in der Denkform des Zusammenfallens aller Gegensätze (coincidentia oppositorum).

Ökumene
Ursprünglich die Bezeichnung für den ganzen bewohnten Erdkreis der Antike. Seit der → Reformation und der weiteren Aufsplitterung der reformatorischen Kirchen werden darunter die Bemühungen um eine Zusammenarbeit der christlichen Kirchen verstanden mit dem zukünftigen Ziel einer Wiedervereinigung in »versöhnter Verschiedenheit«.

Oosterhuis, Huub (*1933)
Niederländischer katholischer Priester und Dichter, war ab 1953 Jesuit, leitete die Amsterdamer Studentengemeinde, für die er zahlreiche an der Bibel orientierte Texte und Lieder schrieb, die nach wie vor auch im deutschen Sprachraum verwendet werden. 1969 trat er aus dem Orden aus und heiratete 1970, führte aber die Studentengemeinde außerhalb der Verantwortung des zuständigen Bischofs weiter. Er veröffentlichte zahlreiche Essay- und Lyrikbände und übersetzte den Pentateuch (→ Tora) in seiner poetischen Sprache neu ins Niederländische.

Ovid – Publius Ovidius Naso (43 v.Chr.-17 n.Chr.)
Bedeutender römischer Dichter, dessen »Metamorphosen« bis heute zum Lateinunterricht gehören, nicht so seine frivolen »Amores«, die den restaurativen Tendenzen des Staates unter Kaiser Augustus (63 v.Chr.-14 n.Chr.) nicht entsprachen. Im Jahr 8 n. Chr. wurde er ohne Gerichtsverfahren nach Tomi am Schwarzen Meer verbannt und durfte zeitlebens nicht mehr nach Rom zurückkehren.

Pascal, Blaise (1623-1662)
Französischer Mathematiker, Naturwissenschaftler und Philosoph, erfand 1642 u.a. eine erste Rechenmaschine. Unter dem Einfluss seiner Schwester Jaqueline im Kloster Port Royal bei Paris und des holländischen, an → Augustinus orientierten Reformbischofs Jansenius widmete er sich mehr und mehr theologischen Reflexionen, die in seinen nur auf Zetteln hinterlassenen »Pensées« dargelegt sind. Entscheidend war sein Bekehrungserlebnis von 1654: »Gott Abrahams, Gott Isaaks, Gott Jakobs, nicht der Philosophen und Gelehrten. Gewissheit, Gewissheit, Empfinden: Freude, Friede. Gott Jesu Christi.«

Pessach (Pascha)
Das hebräische Wort Pessach, wörtlich »Vorüberschreiten, Verschonung«, bezeichnet jenes jüdische Fest, das an den Auszug aus Ägypten (Ex 12) erinnert. Als letzte Plage, um den Pharao zur Freilassung der Hebräer zu zwingen, tötete ein Engel die Erstgeborenen der Ägypter, verschonte aber die Häuser der Hebräer, wenn die Türpfosten mit dem Blut des frisch geschlachteten Pessachlammes bestrichen waren. Als Zeichen des schnellen Aufbruchs wird bis heute bei der häuslichen Feier (Sederabend) ungesäuertes Brot gegessen. Da Tod und Auferstehung Jesu in die Zeit des Pessachfestes fielen, wurde daraus das christliche Osterfest, auch (in gräzisierter Form) Paschafest genannt, wobei Christus als Paschalamm gilt (Hebr 9,12); die Auferstehung entspricht der Befreiung aus Ägypten.

Platon (428/27-348/47 v. Chr)
Griechischer Philosoph aus Athen, Schüler des → Sokrates, den er in seinen Dialogen verewigte. Er gründete 387 v.Chr. die Akademie in Athen als philosophische Unterrichtsstätte. Platons Ideenlehre geht davon aus, dass die sinnlich zugängliche Welt keine sichere Erkenntnis bringt, weil alles veränderlich und endlich ist, aber zugleich auch Schattenbild ewiger Formen und Ideen, die nur die Vernunft erkennen kann. Sie steigt zu den Ideen auf, indem sie durch das sinnlich Wahrgenommene zur Wiedererinnerung der präexistenten Ideen angeregt wird; die höchste Idee des Guten ist Gott. So kann die Vernunft Prinzipien erkennen und Begriffe bilden, die nicht aus der sinnlichen Anschauung stammen. Für Platon ist die Vernunft freilich im Körper gefangen, bis der Tod sie daraus befreit; deshalb kann Sokrates gefasst und erwartungsvoll sterben. Platons Philosophie hatte starken Einfluss auf die christliche Theologie, darunter auf →Augustinus. Auf drei Reisen nach Sizilien versuchte er, seine Staatsidee in die Praxis umzusetzen.

Pontius Pilatus (1. Jahrhundert)
Römischer Politiker unbekannter Herkunft, war von 26 bis 36 n.Chr. der fünfte Statthalter (Prokurator) der Provinz Judäa. → Tacitus erwähnt, dass Jesus unter seiner Amtszeit hingerichtet wurde, und bestätigt damit die Berichte der Evangelien. Der durch Willkür und Brutalität berüchtigte Mann wurde 36 vom vorgesetzten Legaten in Syrien abgesetzt und sollte sich in Rom verantworten. Was weiter mit ihm geschah, ist unbekannt.

Rahner, Karl (1904-1984)
Deutscher Theologe aus Freiburg im Breisgau, Jesuit ab 1922, lehrte an den Universitäten Wien, München, Innsbruck und Münster. Als Berater von Kardinal Franz → König prägte er entscheidend das Zweite Vatikanische → Konzil. Sein umfangreiches theologisches Werk initiierte eine Neuorientierung der römisch-katholischen Theologie, weg von der kirchenamtlichen → Scholastik unter Einbeziehung der Philosophie des 19. und 20. Jh.

Ranke, Leopold von (1795-1886)
Deutscher Historiker, ab 1825 Professor in Berlin. Publizierte 12 Bücher

über die preußische Geschichte, eine Geschichte der römischen Päpste und diktierte – schon erblindet – eine »Weltgeschichte«, die ab 1880 erschien. Ranke gilt als einer der Gründerväter der modernen Geschichtsschreibung mit dem Anspruch, mithilfe kritischer Quellensichtung herauszuarbeiten, »wie es eigentlich gewesen« ist (Historismus).

Reformation
Die Verweltlichung der römischen Kirche (Reichtum, Hierarchisierung, politische Macht) gegenüber dem einfachen Leben und der Verkündigung Jesu nach den Evangelien (»evangelisch«) war immer wieder Anlass für Reformversuche. Jan Hus in Prag, John Wyclif in England oder die Waldenser, heute in Italien, gelten als Vorreformatoren. Die große Reformation des 16. Jh. begann in Deutschland, fiel mit den Unabhängigkeitsbestrebungen der Fürsten und Bürger und humanistischem Gedankengut zusammen, was zur raschen Verbreitung in ganz Europa durch evangelische Prediger führte. Durch die Erfindung des Buchdrucks konnte der Wittenberger Kreis um Martin → Luther mit Schriften, Flugblättern und Bildern aus der Werkstatt der Familie Cranach viele gewinnen. Neben den lutherischen Kirchen entstanden durch Johannes Calvin in Genf und Ulrich Zwingli in Zürich die reformierten Kirchen. Die gewaltsame römische Gegenreformation nach dem → Konzil von Trient (1545-63) führte, angetrieben von politischen Machtinteressen, zu Hinrichtungen, Massakern und massenhaften Vertreibungen. Erst nach dem 30-jährigen Krieg kam es zur Konsolidierung Europas durch konfessionelle Regionen.

Reimarus, Hermann Samuel (1694-1768)
Gymnasialprofessor für orientalische Sprachen in Hamburg nach dem Studium der Theologie und Philosophie in Jena und Wittenberg. Er vertrat eine »natürliche Religion«, die gegen die Bibel mit der Vernunft zu begründen sei. Seine Schriften wurden erst posthum und ohne Namensangabe von → Lessing veröffentlicht. Mit seinem kritischen Umgang mit der Bibel begann die historische Leben-Jesu-Forschung, der Albert → Schweitzer ein vorläufiges Ende setzte.

Rizzuto, Ana-Maria (Geburtsdatum unbekannt)
Ärztin (Doktorat 1959), Psychiaterin, in Argentinien geboren, ging 1965 in die USA, wo sie ihre Lizenz für Psychoanalyse erwarb, war Professorin an der Tufts-Universität bei Boston und arbeitet heute in freier therapeutischer Praxis als Trainerin und Supervisorin. Auf ihren Vortragsreisen befasst sie sich auch mit aktuellen Themen, wie etwa mit der Krise der römisch-katholischen Kirche aufgrund des sexuellen Missbrauchs durch Kleriker. Bekannt wurde sie durch ihr Buch »The Birth of the Living God« (1979), das versucht, die Entstehung der Gottesbilder in der Seele zu entschlüsseln: kein Buch über Religion, aber mit viel Sympathie für Religion.

Robespierre, Maximilien (1758-1794)
Französischer Anwalt aus Arras, beteiligte sich ab 1789 am Sturz des Königs und wurde zum Führer einer radikalen Partei innerhalb der Gruppierungen der Französischen Revolution. Er verschrieb sich zunehmend terro-

ristischen Säuberungsmethoden gegen gemäßigte Revolutionäre, bis ihn der Konvent 1794 stürzte und mit seinen Anhängern sofort hinrichten ließ.

Rogers, Carl (1902-1987)
Amerikanischer Psychotherapeut, Mitbegründer der Humanistischen Psychologie (vgl. → Maslow), geht von der Selbstentfaltung des Individuums wie des ganzen Universums aus, da in jedem Organismus eine Grundtendenz zur Erfüllung der ihm innewohnenden Potenziale vorhanden sei. Er protestierte gegen die Dehumanisierung durch Erziehung und Religion und berief sich auf holistische Denker u.a. in der → New-Age-Bewegung. In seinen therapeutisch-personenzentrierten Gesprächen und Begegnungsgruppen setzte er auf Echtheit, Empathie und Wertschätzung, um das Wachstum des einzelnen Klienten zu fördern, freilich ungeachtet der daraus entstehenden Folgen für die Menschen in dessen Umfeld. In modifizierter Form zählt dieser psychologische Ansatz heute zu den am meisten praktizierten Therapien.

Rothmann, Bernhard (1495-1535?)
Gebürtig aus der Gegend von Münster, 1529 zum Priester geweiht, jedoch der Reformation zugewandt; in die Auseinandersetzungen zwischen Luther und Zwingli verstrickt, schloss er sich schließlich den → Wiedertäufern an. Als Münster unter die Herrschaft des Jan → Matthys und des → Jan van Leiden kam, war er in der Stadt als Hauptprediger der intellektuelle Scharfmacher des Regimes. Als die Stadt erstürmt wurde, war er unauffindbar, man weiß nicht, ob und wann er umgekommen ist.

Rousseau, Jean-Jacques (1712-1778)
Französischer Philosoph, Schriftsteller und Komponist aus Genf. Als Halbwaise unter schlechten Bedingungen aufgewachsen, genialer Autodidakt ohne systematische Bildung; als Diener und Sekretär in Adelshäusern führte er ein unstetes Wanderleben. 1745 machte er in Paris Bekanntschaft mit den Intellektuellen der Aufklärung und begann selbst zu schreiben (Theaterstücke, Opern). Er entwickelte eine Staatstheorie vom freiwilligen Vertrag unter gleichen Bürgern (*Contrat social*) und war damit ein Impulsgeber für die Französische Revolution (1789). Er vertrat eine Pädagogik der selbsttätigen natürlichen Entfaltung und verlangte eine Rückkehr zu Einfachheit und Natürlichkeit, weil die Zivilisation die Natur verdorben habe. Seine Bücher wurden mehrfach verboten, und er musste sich wiederholt durch Flucht der Verhaftung entziehen. Obwohl er seine eigenen Kinder weggab, sind seine pädagogischen Ansichten bis in die Gegenwart wirksam.

Salzmann, Christian Gotthilf (1744-1811)
Deutscher evangelischer Pfarrer und Pädagoge. Nachdem er mit dem Erzieher und Aufklärer Johann Bernhard Basedow gearbeitet hatte, gründete er eine eigene philanthropische Erziehungsanstalt in Schnepfenthal bei Gotha, die bis heute existiert. Er löste sich aus der Enge der lutherischen Kir-

che, trat für die Achtung und die Rechte des Kindes ein und kämpfte unermüdlich gegen alle Formen des Elends, glaubte allerdings daran, dass der Mensch durch Aufklärung und Erziehung eine gottähnliche Gesinnung erreichen könne (vgl. → Diesterweg).

Schammai (Rabbi, ca. 50 v.Chr.-30 n.Chr.)
Pharisäischer Gelehrter, der im Unterschied zu Rabbi → Hillel das jüdische Gesetz in der → Tora außerordentlich streng und gewissenhaft auslegte, so auch die Schule, die sich auf seine Tradition beruft.

Schisma von 1054
Bruch zwischen der römischen Westkirche und der östlichen Orthodoxie. Schon mit der Verlegung der Kaiserresidenz nach Konstantinopel unter → Konstantin verlagerte sich der Schwerpunkt des Römischen Reiches nach Osten. Der Anspruch des römischen Papstes, Rechtsnachfolger des weströmischen Kaisers und Oberhaupt der gesamten Christenheit zu sein, wurde im Osten nie anerkannt. Patriarch Michael Kerullarios von Konstantinopel verurteilte römische Bräuche (darunter den Zölibat), der römische Gesandte, Kardinal Humbert, agierte selbstherrlich, während es in Rom gerade keinen Papst gab. 1054 kam es zum Zerwürfnis, Ost- und Westkirche schlossen sich gegenseitig aus der Kirche aus. Erst im Zuge des Zweiten Vatikanischen → Konzils wurden diese Verurteilungen aufgehoben, freilich ohne dass es zu einer Wiedervereinigung gekommen wäre.

Scholastik
bezeichnet die mittelalterliche Theologie, die in schulmäßiger Methode insbesondere die kirchliche Lehre mithilfe der Logik antiker Philosophie rational zu begründen versuchte, wie z.B. → Anselm von Canterbury. Als die Schriften des Aristoteles im 13. Jh. wieder entdeckt wurden, bediente man sich vornehmlich seiner Logik. Großmeister der Scholastik, der mit Aristoteles arbeitete, war der in Paris lehrende Thomas von Aquin (†1274). Die Argumentationsmuster der Scholastik wurden erst allmählich von mehr erfahrungsbezogenen Denkwegen abgelöst. Die im 19. Jh. in die Defensive geratene römische Kirche verordnete ihren Theologen eine Neuscholastik und versuchte, diese bis in die Mitte des 20. Jh. als einzige rechtmäßige theologische Denkweise aufrechtzuerhalten.

Schutz, Roger – Frère Roger (1915-2005)
Schweizer evangelischer Theologe, studierte in Lausanne und Straßburg. 1940 ließ er sich im französischen Taizé nieder, wo er mit Freunden Juden und Regimekritiker vor den Nazis versteckte. Dort gründete er 1949 mit sieben Gefährten die ökumenische Bruderschaft von Taizé, der heute etwa hundert Mitglieder aus vielen Ländern, Protestanten, Katholiken, Anglikaner angehören. Frère Roger nahm auf Einladung Papst → Johannes' XXIII. am Zweiten Vatikanischen → Konzil teil. Taizé übt mit seinen Jugendtreffen, die z.T. in anderen europäischen Städten stattfinden, eine große internationale Anziehungskraft aus.

Schweitzer, Albert (1875-1965)
Deutscher evangelischer Theologe, Musiker und Arzt aus dem Elsass, studierte in Straßburg, Paris, Berlin und Lüttich und promovierte in Theologie, Philosophie und Medizin. Er setzte sich mit der Leben-Jesu-Forschung auseinander (→ Reimarus), gab Orgelkonzerte und verfasste eine wichtige Monografie über Johann Sebastian Bach. 1913 gründete er das Tropenspital Lambarene in Westafrika, wurde während des Ersten Weltkriegs von den Franzosen interniert, wirkte dort aber bis zu seinem Lebensende; 1952 erhielt er den Friedensnobelpreis.

Septuaginta
ist die altgriechische Übersetzung der gesamten Hebräischen Bibel (→ Altes Testament), die nach der Überlieferung angeblich von 72 jüdischen Gelehrten in Alexandrien hergestellt wurde (daher der Name, auch als LXX abgekürzt). Sie entstand ab etwa 250 v.Chr. während mehr als eines Jahrhunderts. Das Judentum kehrte später zum Gebrauch des hebräischen Urtextes zurück; in den christlichen Ostkirchen wird die Septuaginta bis heute verwendet.

Sokrates (469-399 v.Chr.)
Griechischer Philosoph aus Athen, der selbst nichts Schriftliches hinterlassen hat, aber in den Dialogen → Platons die Hauptfigur darstellt. Er wird als tapferer, alle Beschwernisse ruhig ertragender Soldat geschildert, ehe er in der Öffentlichkeit Athens zu Dialogen herausforderte und damit eine neue Art des Philosophierens begründete. Er beteiligte sich aktiv an politischen Auseinandersetzungen der Stadt und wurde dafür bekannt, dass er von seinen eigenständigen Positionen nicht abwich, was ihm auch später die Verurteilung zum Tod bescherte. Seine Philosophie ist vom Ringen um Erkenntnis geprägt, die bei der Selbsterkenntnis beginnt und durch Argument und Gegenargument an Klarheit gewinnt.

Stalin, Josef (1878-1953)
Sowjetischer Politiker und kommunistischer Diktator aus Georgien, ab 1922 Generalsekretär der KPdSU und im Zweiten Weltkrieg Oberbefehlshaber der russischen Armee im Kampf gegen Hitler-Deutschland. Stalin wurde im zaristischen Russland mehrmals verhaftet, arbeitete nach der Oktoberrevolution von 1917 mit Lenin zusammen und riss nach dessen Tod schrittweise die Macht an sich. Sein landwirtschaftliches Kollektivierungsprogramm führte zu Hungersnöten mit Millionen Toten, seine Gegner in der Partei vernichtete er in Schauprozessen. Er teilt sich mit Hitler den Ruf des größten Massenmörders des 20. Jh.

Tacitus, Publius Cornelius (ca. 55-115/16)
Bedeutender römischer Geschichtsschreiber, Senator und in verschiedenen Staatsämtern. Seine Hauptwerke, die »Annalen« und die »Historien«, behandeln in präziser Beschreibung die Zeit vom Tod des Kaisers Augustus (14) bis in die 90er-Jahre des 1. Jh. als eine Zeit des politischen Niedergangs und Sittenverfalls.

Theodosius der Große (347-395)

Gebürtig aus Spanien, ab 379 oströmischer Kaiser. Die Aufteilung des Reiches unter seinen Söhnen führte zur endgültigen Trennung zwischen Rom und Byzanz (Konstantinopel). Theodosius siedelte erstmals Goten auf dem Boden des Reiches an. Er machte das Christentum, dem → Konstantin die Freiheit gegeben hatte, zur Staatsreligion und erließ Gesetze gegen den heidnischen Götterkult. Auch Abweichungen von der offiziellen christlichen Lehre wurden von da an mit staatlichen Strafen belegt.

Tora

bedeutet Lehre oder Weisung und bezieht sich auf die ersten fünf Bücher der jüdischen Bibel (→ Altes Testament). Die Tora wird als präexistent angesehen (vgl. → Koran), als der der Schöpfung vorausliegende Plan für die Ordnung der Welt und wurde – so die jüdische Überlieferung – dem Mose offenbart als Weisung für das Volk Israel, letztlich für alle Menschen. Daher ist die Tora der heiligste Teil der Bibel, und die Erfüllung ihrer Weisungen stellt die Voraussetzung für das Kommen des Messias dar. Die Tora gilt als unabänderlich, bedarf aber einer immer neuen Interpretation durch die Rabbiner.

Trinitarier

»Brüder der Heiligsten Dreifaltigkeit«; der Orden wurde 1193 in Frankreich zum Loskauf und Austausch christlicher Gefangener und Sklaven gegründet, die vor allem im Zuge der Kreuzzüge in die Hände der Muslime geraten waren; engagiert sich heute für soziale Randgruppen.

Vergil – Publius Vergilius Maro (70-19 v.Chr.)

Bedeutender römischer Dichter, der mit seinem Epos »Aeneis« über die Flucht des Äneas aus dem brennenden Troja und dessen Ankunft in Italien den nationalen Gründungsmythos Roms mit den um sieben Jahrhunderte älteren griechischen Epen Homers verknüpfte. Seine zehn Hirtengedichte (Bucolica oder Eklogen) verschlüsseln aktuelle politische Ereignisse der Zeit des Kaisers Augustus (63 v.Chr.-14 n.Chr.) und wurden schon früh allegorisch gedeutet, später auch aus christlicher Sicht.

Vulgata

Lateinische Bibelübersetzung aus griechischen und altlateinischen Vorgängertexten, im Wesentlichen angefertigt von Sophronius Eusebius Hieronymus (ca. 347-419/20). Die Vulgata war in der Westkirche über Jahrhunderte gebräuchlich, wurde vom → Konzil von Trient (1545-1563) für die römische Kirche als authentisch erklärt, obwohl sie nachweislich Übersetzungsfehler enthält, während die Reformatoren bereits auf die vorhandenen Urtexte zurückgegriffen hatten.

Weisheitsliteratur

ist in der alttestamentlich-jüdischen Tradition die Bezeichnung einer bestimmten Literaturgattung, in der es um Erfahrungswissen geht, das durch Beobachtung, Erkennen von Regeln und Einsicht in vorgegebene Ordnungen (→ Tora, Natur) gewonnen wird, um den Weg zu einem gerechten und gelingenden Leben zu finden. Dazu werden die Bücher Hiob und Kohelet (Prediger Salomos) und Sammlungen wie die Sprüche Salomos (Proverbien) und Jesus Sirach gezählt (→ Verzeichnis der biblischen Bücher). Manchmal tritt die Weisheit als Lehrmeisterin, personifiziert in einer Frau, auf (z.B. Sprüche 8). Diese Literaturgattung war in der orientalischen Welt verbreitet, wurde aber in Israel auf Gott und Gottesfurcht bezogen. Als Entstehungszeit wird die Periode nach dem Babylonischen → Exil angenommen, aber auch in älteren Schriften und in den Psalmen finden sich weisheitliche Elemente.

Wiedertäufer
(Wieder)Täufer sind eine radikale reformatorische Gruppe, die um 1525 vermutlich in Zürich entstand und sich rasch in die Niederlande, nach Deutschland, Tirol und Böhmen ausbreitete. Sie lehnten die Kindertaufe und damit die Volkskirche ab, verweigerten Eid und Kriegsdienst, traten für soziale Gerechtigkeit ein und unterwarfen sich keiner staatlichen Obrigkeit. Wer sich ihnen anschloss, aber schon getauft war, musste noch einmal getauft werden (daher der Name). Diese Haltung führte schnell zu Verfolgungen, sowohl von katholischer wie auch protestantischer Seite. Die Reaktion darauf, Höhepunkt und zugleich abschreckendes Beispiel, war das Terrorregime der Täufer 1534/35 in Münster (Jan → Matthys, → Jan van Leiden). Sie erwarteten dort das Reich Gottes wie Melchior → Hofmann in Straßburg. Die Ideen der Täufer setzten sich gewaltlos fort bei den Mennoniten (nach Menno Simons), die wegen der Verfolgungen in die USA auswanderten, bei den Hutterschen Brüdern (Täufer aus Mähren) und bei den erst später in England entstandenen Baptisten.

Wiesel, Elie (*1928)
In Rumänien geborener amerikanischer Schriftsteller, Überlebender des Holocaust (KZ Auschwitz und Buchenwald), lebte nach 1945 als Journalist in Frankreich, ab 1963 in den USA. Er verarbeitet seine Erfahrungen in Romanen in jiddischer und französischer Sprache und erhielt 1986 den Friedensnobelpreis.

Zarathustra (Zoroaster; um 600 v.Chr.)
Persischer Begründer einer dualistischen Religion mit hohen ethischen Ansprüchen. Die heilige Schrift »Avesta« verkündet einen einzigen Gott Ahura Mazda, dem aber ein böses Prinzip gegenübersteht. Wegen der Verehrung für das Feuer galten die Anhänger dieser Religion als Feueranbeter. Nach der Eroberung Persiens durch die Muslime 636 kam es zur sukzessiven Auswanderung nach Indien, wo heute mehr Zoroastrier (Parsen) leben als im Iran.

QUELLENVERZEICHNIS

1. René Magritte, La ligne de vie, in: Gisèle Ollinger-Zinque/Frederik Leen (Hg.), Magritte, Stuttgart-Zürich 1998, 48 (zit. Ollinger-Zinque/ Leen).
2. Theodor W. Adorno, Minima Moralia. Reflexionen aus dem beschädigten Leben, Frankfurt/Main 1951, 57 (zit. Adorno).
3. Johann Wolfgang Goethe, Maximen und Reflektionen, Nr. 624 (zit. Goethe, Maximen)
4. Franz König, Glaube ist Freiheit. Erinnerungen und Gedanken eines Mannes der Kirche, Wien-München-Zürich-New York 1981, 282f.
5. So der Titel des Buches von Richard Dawkins, Der Gotteswahn, Berlin 2007.
6. Christopher Hitchens, Der Herr ist kein Hirte. Wie Religion die Welt vergiftet. München 2007, 25.
7. Niklas Luhmann nennt das »selbstsubstitutiv«, in: Funktion der Religion, Frankfurt/Main 1977; Tabu: Frankfurt/Main [5]1999.
8. Dorothee Sölle, Stellvertretung. Ein Kapitel Theologie nach dem »Tode Gottes«, Stuttgart [4]1967, 201, 205.
9. So in seiner Auslegung des ersten Gebotes im Großen Katechismus von 1529.
10. Ernest Becker, Escape from Evil, New York 1975, 1ff. (Übersetzung Susanne Heine).
11. In: Jan Sokol, Mensch und Religion. Religion im Leben und in der Geschichte, Freiburg 2007, 141.
12. Vgl. Susanne Heine, Grundlagen der Religionspsychologie, Göttingen 2005, 215ff.
13. Hugo von Hofmannsthal, Ein Brief (Brief des Lord Chandos), in: Hugo von Hofmannsthal, Das erzählerische Werk, Frankfurt/Main 1969, 105f. (zit. Hofmannsthal, Chandos).
14. Diese Wendungen stammen aus dem Roman von William Gibson »Neuromancer« von 1984.
15. Peter Hacks, Das Poetische, Frankfurt/Main 1972, 91.
16. Mt 10,30f.
17. Darum geht es in der Genesis, dem ersten Buch der Bibel, in der sogenannten Geschichte vom Sündenfall, Kapitel 3.
18. So schildert der Psychotherapeut Gaetano Benedetti mit großer Einfühlung seine Erfahrung, wenn Patienten erzählen, wie man sie missverstanden hat, wie andere an ihnen schuldig wurden; in: Psychotherapie und Seelsorge (1968), in: Volker Laepple/Joachim Scharfenberg (Hg.), Psychotherapie und Seelsorge, Darmstadt 1977, 327f.
19. Gen 4,9.
20. So z.B.: Jes 44,22; Jer 3,12.22; 31,21; Ez 33,11; 18; Hos 12,7; 14,2. Das ganze Alte Testament ist durchzogen von diesem Ruf Gottes.
21. Lk 15,3–7; Mt 18,12.
22. Gal 4,4.

[23] Mt 5,43–47.
[24] Mt 25,34–40.
[25] Lk 17,21; vgl. Mt 3,2; 4,17; 10,7; 12,28. Mk 1,15. Lk 11,20.
[26] 1 Joh 3,14.
[27] Joh 3,1–7.
[28] Matthias Claudius, Sämtliche Werke, München 1984, 149.
[29] Es handelt sich um die letzte Strophe eines Gedichts, das Dietrich Bonhoeffer am 19. Dezember 1944, knapp vier Monate vor seiner Hinrichtung durch Hitler (8. April 1945), einem Brief aus dem Gefängnis beilegte. Der Text ist zu einem Kirchenlied geworden und in allen einschlägigen Gesangbüchern zu finden.
[30] Martin Luther, Vorrede auf den Psalter (1528), in: Dietrich Rössler, Grundriß der Praktischen Theologie, Berlin-New York ²1994, 352.
[31] Gen 11,1–9.
[32] Alle Zitate aus: Huub Oosterhuis, Im Vorübergehen, Wien 1969, 357ff.
[33] Alle Zitate aus: Hofmannsthal, Chandos, 102ff.
[34] Ebd.
[35] Karl Rahner, Meditation über das Wort »Gott«, in: Hans Jürgen Schultz (Hg.), Wer ist das eigentlich – Gott?, München 1969, 16.
[36] Ernest Becker, Dynamik des Todes (The Denial of Death, 1973), Olten 1976, 22.
[37] Umberto Eco, Im Wald der Fiktionen. Sechs Streifzüge durch die Literatur, München 1996, 15.
[38] Blumenberg nennt das recht steil: »Eine das Bezugsganze des Bedeutens tragende Bedeutsamkeit«, in: Arbeit am Mythos, Frankfurt/Main 1996 (1979), 124.
[39] Helmut Gehrke, Theologie im Gesamtraum des Wirklichen, München 1981, 237.
[40] Goethe, Maximen, Nr. 82.
[41] Immanuel Kant, Kritik der Urteilskraft (1790), Weischedel-Ausgabe, Bd.8, 460.
[42] Vgl. Wim A. de Pater, Erschließungssituationen und religiöse Sprache, in: Manfred Kaempfert (Hg.), Probleme der religiösen Sprache, Darmstadt 1983, 209.
[43] Blaise Pascal, Pensées, Nr. 238 (Bunschvicg).
[44] Marlene Streeruwitz, in: Falter 15/2002, 22, 55.
[45] So lautet der Titel eines Buches, hg. von Jean-Pierre van Noppen (Frankfurt/Main 1988), das sich mit Metaphernanalyse beschäftigt.
[46] Markus Buntfuß, Tradition und Innovation. Die Funktion der Metapher in der theologischen Theoriesprache. Berlin-New York 1997, 187.
[47] Janet Martin Soskice, Metapher und Offenbarung, in: Jean-Pierre van Noppen (Hg.), Erinnern, um Neues zu sagen, Frankfurt/Main 1988, 69 (zit. Noppen).
[48] Karl-Josef Kuschel, Im Spiegel der Dichter. Mensch, Gott und Jesus in der Literatur des 20. Jahrhunderts, Düsseldorf 1997, 450 (zit. Kuschel).

⁴⁹ Earl R. MacCormac, Die semantische und syntaktische Bedeutung von religiösen Metaphern, in: Noppen, 91.
⁵⁰ Hos 5, 2.
⁵¹ Immanuel Kant, Köche ohne Zunge. Notizen aus dem Nachlass, Jens Kulenkampff (Hg.), Göttingen 1997, 62.
⁵² Reinhard Nowak, Grenzen der Sprachanalyse, Tübingen 1981, 110f.
⁵³ Friedrich Schleiermacher, Hermeneutik (1816), Heinz Kimmerle (Hg.), Heidelberg 1959, 80.
⁵⁴ Wörtlich heißt Prämisse das »Vorausgeschickte«.
⁵⁵ Wörtlich heißt »Ontologie« die »Lehre vom Sein«, das Denken in Kategorien des von Natur aus Gegebenen.
⁵⁶ Johann Wolfgang Goethe, Faust. Der Tragödie erster Teil, Verse 382f. (zit. Goethe, Faust).
⁵⁷ C.G. Jung, Wotan (1936), in: GW 10, Olten 1974, 204, 210; Nach der Katastrophe (1945), in: GW 10, Olten 1974, 239. Jung sieht Krieg und Katastrophen als mögliches Mittel zu einem »höheren« Zweck, weil durch sie vernachlässigte Aspekte des Unbewussten wieder ins Lot gebracht werden könnten.
⁵⁸ C.G. Jung, Komplikationen der amerikanischen Psychologie (1930), in: GW 10, Olten 1974, 553.
⁵⁹ Der Begriff kommt vom griechischen *dialégein*: sich unterreden.
⁶⁰ Erich Bozenta, Hinüber, in: Von Person zu Person, St. Pölten 1983, 28. Der Hinweis auf den Saphir beim zweiten Tor in der Stadt aus Gold und Glas ist eine Anspielung auf das neue Jerusalem in Offb 21,18–19.
⁶¹ Martin Seel, Diesseits von Gut und Böse. Moralpsychologische Betrachtungen, in: Konrad Liessmann (Hg.), Faszination des Bösen. Über die Abgründe des Menschlichen, Philosophicum Lech, Wien 1997, 129 (zit. Liessmann, Faszination).
⁶² Goethe, Maximen, Nr. 694.
⁶³ Röm 7, 18ff.
⁶⁴ Martin Luther, Das Magnificat, verdeutscht und ausgelegt (1521), in: Ausgewählte Schriften, Karin Bornkamm/Gerhard Ebeling (Hg.), Bd. 2, Frankfurt/Main 1982, 137, 141.
⁶⁵ Joh 13,37; Mt 26,35; Mk 14,31; Lk 22,33.
⁶⁶ Aurelius Augustinus, Gottesstaat XIV, 16, 23; XIII, 14.
⁶⁷ Vgl. Tom Kleffmann, Die Erbsündenlehre im sprachtheologischen Horizont, Tübingen 1994, 71f. u.ö.
⁶⁸ Aurelius Augustinus, Bekenntnisse, Paderborn 1952, Zweites Buch, III, ab 6.
⁶⁹ Immanuel Kant, Die Religion innerhalb der Grenzen der bloßen Vernunft (1793), Weischedel-Ausgabe, Bd. 7, Darmstadt 1968, 683.
⁷⁰ G. E. Lessing, Werke, Herbert G. Göpfert (Hg.), Darmstadt 1996, Bd. VII (Theologiekritische Schriften I und II): Fragment I, § 2, 332–344; 333; § 85.
⁷¹ F.A.W. Diesterweg, Kirchenlehre oder Pädagogik? (1852), in: Sämtliche Werke, Heinrich Deiters u.a. (Hg.), Bd. IX, Berlin 1967, 433, 208.

Quellenverzeichnis

72 Immanuel Kant, Über Pädagogik (1803), Weischedel-Ausgabe, Bd.10, Darmstadt 1968, 700.
73 Brief von Salzmann an Campe von 1780, in: Ludwig Fertig (Hg.), Bildungsgang und Lebensplan. Briefe über Erziehung von 1750–1900, Darmstadt 1991, 83–85; 85.
74 Odo Marquard, Apologie des Zufälligen, Stuttgart 1987.
75 Martin Luther, Vom unfreien Willen, in: Kurt Aland (Hg.), Luther Deutsch, Bd. 3, Stuttgart-Göttingen ³1961, 241.
76 Johann Nestroy, Die schlimmen Buben in der Schule (1847), zit. nach: Die Nächstenlieb fängt bei ei'm selber an. Nestroy und der Ernst des Lebens, Peter Karner (Hg.), Wien-Freiburg-Basel 1984, 33f.
77 www.gerhardbeck.de/?download=dogmatik-barth-web.pdf, 17. Februar 2007.
78 Gen 1,12.18.25.31.
79 Gen 6,12.
80 Jer 31,31.33f.
81 Ez 11,19f.; 36,26f.
82 Jes 65,17f.; 66,22; vgl. Jes 43,19; Ez 37,1ff.
83 Jes 11,6ff.
84 Übersetzt von Johannes und Maria Götte, in: Vergil, Sämtliche Werke, München 1972, 16.
85 Jes 7,14; 8,6f.
86 In: Richard van Dülmen, Reformation als Revolution, München 1977, 314.
87 Dieser Satz wird auf Pierre Vergniaud zurückgeführt, einen begeisterten Revolutionär und Republikaner, der aber das Revolutionstribunal unter Robespierre als anarchistisch ablehnte und daher guillotiniert wurde.
88 Carlo Schmid (Hg.), Maximilien Robespierre. Ausgewählte Texte, Hamburg ²1989, 584f.
89 Johannes Hoffmeister (Hg.), Briefe von und an Hegel, Bd.1, Berlin ³1969, Nr. 18.
90 Herbert Jaumann (Hg.), Louis-Sébastien Mercier, Das Jahr 2440, Frankfurt/Main 1982, 283.
91 J.G. Herder, Auch eine Philosophie der Geschichte zur Bildung der Menschheit, Frankfurt/Main 1967, 125.
92 G.W.F. Hegel, Vorlesungen über die Philosophie der Geschichte, Suhrkamp Werkausgabe, Bd. 12, Frankfurt/Main 1980, 33ff., 49.
93 Marshall McLuhan, Understanding Media. The Extension of Man (1964), Cambridge Mass. 1994, 80.
94 Offb 21,4.
95 Lk 1,52f.
96 In den Jahren 46 und 47 n.Chr.; damals sammelte die Christengemeinde in Antiochien für die Glaubensgeschwister in Jerusalem: Apg 11,27–30.
97 Lukas setzt die Geburt Jesu zur Zeit des Königs Herodes des Großen und des Statthalters Quirinius an, aber zwischen den Amtszeiten der Betreffenden liegen zehn Jahre. Möglicherweise hat der Evangelist rückblickend die beiden Aufstände von 4 v.Chr. (Tod des Herodes)

und 6 n.Chr. (aus Anlass der Steuererhebung) miteinander identifiziert, vgl. S. 113.
98 Johannes hatte die Ehe zwischen Herodes Antipas und Herodias, der Frau seines Bruders, kritisiert. Die Geschichte vom Tanz der Herodias-Tochter, die den Kopf des Johannes verlangte, findet sich bei Mt 14,3–12; der Name Salome wird dort nicht genannt.
99 Rüdiger Safranski, Das Böse oder: Das Drama der Freiheit, in: Liessmann, Faszination, 35.
100 Joh 20,24–29.
101 Mt 11,9.
102 Die Bibelwissenschaft geht davon aus, dass es schriftliche Quellen gab, die von den Evangelisten verarbeitet wurden, die sich aber nicht erhalten haben.
103 Kuschel, 449.
104 Phil 2,5–11.
105 Kol 1,1–5.
106 Joh 1,4.18; 12,45; 14,9.
107 Jes 63,15–19.
108 Ex 33,20.
109 Joh 1,18.
110 1 Kor 13,12.
111 Die Formel stammt aus den Beschlüssen des Konzils von Chalcedon im Jahr 451.
112 Goethe, Faust, Verse 2038f.
113 1 Kor 1,22–23.
114 Joh 20,28.
115 Z.B. Ps 2.
116 Dan 7,13–14.
117 Mt 1,1–17.
118 Mt 1,20; 2,5–6; Lk 2,4.
119 Goethe, Faust, Verse 1225–1238.
120 Joh 14,23–26 u.ö.
121 Hebr 1,1f.
122 Gal 4,4.
123 Die Legende geht auf eine apokryphe (außerbiblische) Schrift aus dem 2. Jahrhundert zurück, das sogenannte Protoevangelium des Jakobus, das auch den Namen der Hebamme nennt; sie heißt Salome (20,1). Aber sie bereut ihren Unglauben, bittet Gott um Heilung und wird dadurch wieder gesund, dass sie das Christuskind berührt und verehrt. Vgl. auch: Lexikon der christlichen Ikonografie, Rom-Freiburg-Basel-Wien 1970, Bd. 2, Spalte 96ff.
124 Jes 7,14; viele christliche Übersetzungen schreiben wie Matthäus: Jungfrau.
125 1 Sam 1.
126 Lk 1,39–80.
127 Jer 31,33 oder Ez 11,19–20.
128 Gal 6,15f. und 2 Kor 5,17; zitiert in Hebr 10,16.
129 Dtn 9,26; 13,6; 21,8; 24,18; 2 Sam 2,73; Ps 111,9; Jes 1,27; Mi 6,4.

[130] Vgl. Jörg Frey/Jan Rohls/Ruben Zimmermann (Hg.), Metaphorik und Christologie, Berlin-New York 2003, 65.
[131] Im Kapitel 12 des Buches Exodus dient das Blut des Lammes zur Verschonung der Israeliten vor der letzten Plage, die Gott über die Ägypter schickt, damit der Pharao ihrer Auswanderung zustimmt.
[132] Hebr 9,12.
[133] Hebr 10,2.
[134] Martin Buber, Die Erzählungen der Chassidim, Zürich 1949, 298.
[135] Alle Zitate aus Platons Politeia in der Übersetzung von Friedrich Schleiermacher, Zweites Buch, 361a ff., Reinbek b. Hamburg 1994.
[136] Ps 73,12.4.9.10.
[137] Jes 52,13–53,12.
[138] Joseph Roth, Hiob, Roman eines einfachen Mannes, in: Romane 1, Amsterdam-Köln 1984, 223.
[139] Lk 17,20–21.
[140] Mt 5,3–12.
[141] Lk 19,1–10.
[142] Lk 7,36–50.
[143] Mt 21,31.
[144] 1 Kor 15,14.
[145] Adorno, 42.
[146] Röm 7,18.
[147] Röm 7,12.
[148] Röm 7,10.
[149] »Glaube ist Freiheit« ist der Titel eines Buches von Kardinal Franz König, Wien-München-Zürich-New York 1981.
[150] Röm 5,1–2.
[151] Röm 7,25.
[152] Kurt Marti, Zärtlichkeit und Schmerz. Notizen, Darmstadt-Neuwied 1979, 119 (zit. Marti).
[153] Sure 4, Vers 171; Übersetzung der Azhar-Universität Kairo, SKD Bavaria, München 1998.
[154] Sure 5, Vers 116; vgl. dazu: Der Koran, übersetzt und kommentiert von Adel Theodor Khoury, Gütersloh 2007. Die Kommentatoren werden in den Erläuterungen zu Sure 4 auf Seite 155 genannt.
[155] Marti, 119.
[156] Joh 10,30.
[157] 2 Kor 3,3.
[158] 1 Joh 4,16.
[159] Albert Schweitzer, Von Reimarus zu Wrede. Eine Geschichte der Leben-Jesu-Forschung, Tübingen 1906, 397.
[160] Die These von der Hellenisierung des Christentums wurde zuerst von Adolf von Harnack (1851–1930) aufgestellt.
[161] Psalm 19 ist ein treffendes Beispiel dafür, da er im ersten Teil den griechischen kosmischen Ordnungsgedanken mit dem einen Gott als Schöpfer verbindet und im zweiten Teil mit einem Hymnus auf das Gesetz des Mose.
[162] Lk 24,44.
[163] So z.B. Paul Wess, Wahrer Mensch vom wahren Gott. Eine Antwort

auf das Buch »Jesus von Nazareth« Papst Benedikts XVI., Jesus von Nazareth kontrovers. Rückfragen an Joseph Ratzinger, Münster-Hamburg-Berlin-Wien-London-Zürich 2007, 65ff., insbesondere ab 79.
[164] 1 Kor 1,23–31.
[165] Mk 1,15.
[166] Lk 11,20.
[167] Mt 8,11f.; 22,1f.; 25,1f.; Mk 14,25; Lk 12,37; 14,15f.; 22,29; Joh 6,1f.; Apg 16,34; Offb 19,17.
[168] Lk 5,27f.; 7,36; 19,1f.; Mt 11,19; Joh 2,1f.
[169] 2 Kor 13,13.
[170] Joh 14,9.
[171] Apg 15,28.
[172] Mt 28,19.
[173] 1 Joh 4,8.
[174] Joh 14,26.
[175] Hiob 19,7.
[176] Hiob 22,5.29; 13,4; 16,2; 9,22f.
[177] Willi Oelmüller, Die unbefriedigte Aufklärung, Frankfurt/Main 1979, VI.
[178] Hiob 10,1.
[179] Elie Wiesel, Geschichten gegen die Melancholie. Die Weisheit der chassidischen Meister, Freiburg 1984, 80f., in: Kuschel, 267f.; vgl. Martin Buber, die Erzählungen der Chassidim, Zürich 1949, 538, wo die Geschichte in einer anderen Variante über Rabbi Moshe Löb von Sasow berichtet wird.
[180] Hiob 42,8.
[181] Hiob 2,13.
[182] Mt 7,45.
[183] Ps 43,1.
[184] Mt 25,41.
[185] Lk 16,19–31.
[186] Mt 7,1–5.
[187] Der Schriftsteller Michael Köhlmeier hatte vor einigen Jahren unerwarteten Erfolg, als er im Radio die griechischen Sagen nacherzählte. Später tat er das auch mit den biblischen Geschichten. »Es war auch für mich überraschend«, sagte er über das starke Echo: »Ich glaube, dass das Geheimnis darin besteht, dass sich alles auf alles bezieht. Es hat alles mit allem zu tun. Und wo alles mit allem zu tun hat, dort ist auch ein Platz für mich übrig, für jeden Menschen. Die Geschichten sind wie ein Netz – ich kann nicht durchfallen.« Michael Köhlmeier in: Peter Pawlowsky/Franz Grabner, 100-mal kreuz+quer, Graz-Wien-Köln 2000, 229.
[188] Manfred Josuttis, Gesetz und Evangelium in der Predigt, Gütersloh 1995, 63, 159.
[189] Peter L. Berger, Der Zwang zur Häresie. Religion in einer pluralistischen Gesellschaft, Frankfurt/Main 1980, 202 (zit. Berger).
[190] Cornelius Tacitus, Sämtliche Werke, Annalen XV, 44., Berlin 1935, 740.

[191] Apg 9,3–9.
[192] Apg 7,54ff.
[193] Apg 12,1–3.
[194] Apg 5,21ff.
[195] Apg 11,27–30; vgl. Röm 15,25–27; 1 Kor 16,1–4.
[196] Röm 11,19.
[197] 1 Tim, 2 Tim, Tit.
[198] 1 Tim 2,2.
[199] 1 Tim 2,11f.
[200] 1 Tim 2,15.
[201] Vgl. Ekkehard Mühlenberg (Hg.), Die Konstantinische Wende, Gütersloh 1998.
[202] Johan Huizinga, Homo ludens. Vom Ursprung der Kultur im Spiel (1938), Hamburg 1956, 32.
[203] Es gibt im Griechischen zwei Wörter für »handeln«: *práttein* und *poiein*. Aristoteles hat daraus eine grundlegende Unterscheidung zwischen tun (Praxis) und gestalten (Poiesis: Kunst und Technik) gemacht.
[204] Odo Marquard, Moratorium des Alltags, in: Walter Haug/Rainer Warning (Hg.), Das Fest, in: Poetik und Hermeneutik, Bd. XIV, München 1989, 684–691, 685.
[205] Mt 1,18ff.; Lk 2,4ff.
[206] Mt 21,8–10; Mk 11,1–11; Lk 19,28–40; Joh 12,12–19.
[207] Mt ab Kap. 26; Mk ab Kap. 14; Lk ab Kap. 22; Joh ab Kap. 18.
[208] Apg 1,9–11.
[209] Apg 2,1–13.
[210] So der Titel des Buches von Michel Quenot, Die Ikone. Fenster zum Absoluten, Würzburg 1992.
[211] Gregor von Nyssa in: Auslegung von Kol 1,15: Christus ist das Bild des unsichtbaren Gottes, in: 38. Brief des Basilius von Cäsarea, Autor jedoch: Gregor, in: Anton Stegmann, Basilius, Bd. I (BKV), München 1925, 69–80.
[212] Werner Jetter, Symbol und Ritual. Anthropologische Elemente im Gottesdienst, Göttingen 1978, 96 (zit. Jetter).
[213] 2 Kor 13,13.
[214] Lk 2,14.
[215] Je nach Konfession Abendmahl, Eucharistie oder Kommunion genannt.
[216] Vgl. Winfried Gebhardt, Der Reiz des Außeralltäglichen. Zur Soziologie des Festes, in: Bernhard Casper/Walter Sparn (Hg.), Alltag und Transzendenz, München 1992.
[217] Ingolf U. Dalferth, Die soteriologische Relevanz der Kategorie des Opfers, in: Jahrbuch für Biblische Theologie, Bd. 6, 1991, 194.
[218] In: Widerstand und Ergebung, Eberhard Bethge (Hg.), München ³1985, Brief vom 11. April 1944.
[219] Jetter, 105.
[220] Berger, 12.
[221] Peter Karner (Hg.), Die Evangelische Gemeinde H.B. in Wien,

Jubiläumsfestschrift. Forschungen und Beiträge zur Wiener Stadtgeschichte, Bd. 16, Wien 1986, 176.
[222] Zweites Vatikanisches Konzil, Erklärung über das Verhältnis der Kirche zu den nichtchristlichen Religionen, »Nostra aetate«, Nr. 2., beschlossen am 28. Oktober 1965.
[223] Ansprache von Papst Johannes Paul II. zum Abschluss des Weltgebetstags der Religionen für den Frieden vor der Franziskus-Basilika in Assisi am 27. Oktober 1986.
[224] Wolfgang Huber, Toleranz ist nicht Beliebigkeit. Zum Dialog der Religionen, Marktkirche in Essen, 8. Februar 2008, in: www.ekd.de, 18. Juni 2008.
[225] Joh 3,8.
[226] Offb 21,9ff.
[227] Hebr 11,1.
[228] André Blavier (Hg.), René Magritte, Sämtliche Schriften, Frankfurt/Main-Berlin-Wien 1985, 310 (zit. Blavier).
[229] Charly Herscovivi, Von Georgette zur »Ewigen Evidenz«, in: Ollinger-Zinque/Leen (Hg.), 134.
[230] Blavier, 455.
[231] Wieland Schmied, Das Mysterium des Sichtbaren, in: René Magritte, Ausstellung Kunsthalle München 1988, 14.
[232] Blavier, 513.
[233] Ebd., 463.
[234] Joh 20,29.
[235] Ollinger-Zinque in: Ollinger-Zinque/Leen (Hg.), 16, Anm. 1.
[236] So in der Wittenberger Weihnachtspredigt vom 26. Dezember 1529, in: Emanuel Hirsch (Hg.), Luthers Werke in Auswahl, Bd. 7, Berlin ³1962, 189.

BILDNACHWEIS

S. 207 und Farbtafel: Copyright © National Gallery of Art, Washington, Dc. Foto: interfoto, München

Spiritualität & Religion

»Die Welt nicht ins Heil prügeln«

Antje Vollmer
GOTT IM KOMMEN?
Eine Unruhestiftung
160 Seiten, Geb. mit
Schutzumschlag
ISBN 978-3-466-36776-4

Eine kenntnisreiche und aufregende Studie zum Gewaltpotenzial der Religionen.
Geschichte und Gegenwart zeigen, wie leicht der Glaube an Gott funktionalisiert und missbraucht werden kann.
Ein einzigartiges Plädoyer, diesen fundamentalistischen Versuchen zu wehren: Neugier, Toleranz und intellektuelle Verantwortung – statt apokalyptischem Umsturz.

SACHBÜCHER UND RATGEBER
kompetent & lebendig.

www.koesel.de
Kösel-Verlag München, info@koesel.de